IBRASA

LIVROS QUE CONSTROEM

Biblioteca "JOGOS E DIVERSÕES" – 7

Volumes publicados:

1.	*Xadrez – Partidas Selecionadas*	V. V. Smyslov
2.	*Completo Manual de Jogos de Cartas*	E. Culbertson
3.	*Divertimentos Matemáticos*	Martin Gardner
4.	*Primeiro Livro de Xadrez*	Fred Reinfeld
5.	*Manual Completo de Aberturas de Xadrez*	Fred Reinfeld
6.	*Ataque e Contra Ataque no Xadrez*	Fred Reinfeld
7.	*A Aventura do Xadrez (História do Xadrez)*	Edward Lasker
8.	*Moderno Dicionário de Xadrez*	Byrne J. Horton

Livros de Edward Lasker

Modern Chess Strategy
Chess for Fun and Chess for Blood
Go and Go-Moku
Chess and Checkers

Dados Internacionais de Catalogação na Publicação (CIP)
(Câmara Brasileira do Livro, SP, Brasil)

Lasker, Edward
História do xadrez / Edward Lasker ; tradução de Aydano Arruda. -- 2. ed. -- São Paulo : IBRASA, 1999.

Título original : The adventure of Chess.

1. Xadrez 2. Xadrez – História I. Título

98-4247 CDD-794.12

Índice para catálogo sistemático:

1. Xadrez : História 794.12

EDWARD LASKER

HISTÓRIA DO XADREZ

Tradução de
AYDANO ARRUDA
Segunda edição

IBRASA
INSTITUIÇÃO BRASILEIRA DE DIFUSÃO CULTURAL LTDA.
SÃO PAULO

Título do original
norte-americano:
THE ADVENTURE OF CHESS
Segunda edição revisada

Publicado em 2009

Capa de
MAURÍCIUS M. MARTINO

Editoração eletrônica
TERA DOREA

Direitos exclusivos para
a língua portuguesa da

IBRASA
INSTITUIÇÃO BRASILEIRA DE DIFUSÃO CULTURAL LTDA.

Rua 13 de Maio, 446 - Tel.: 3284-8382
01327-000 - Bela Vista - São Paulo - SP

IMPRESSO NO BRASIL – PRINTED IN BRAZIL

A primeira edição deste livro foi publicada com o título: *A Aventura do Xadrez.*

Já se disse que o homem se distingue do animal porque compra mais livros do que pode ler. Gostaria de sugerir que a inclusão de alguns livros de xadrez ajudaria a tornar inconfundível a distinção.

Reconhecimento

Tenho uma grande dívida para com o intelectual inglês H. J. R. Murray, pela bondosa permissão que me deu para citar livremente trechos de seu livro *A History of Chess* (Oxford University Press, 1913). Todos os dados autênticos que apresento sobre o xadrez antigo e medieval são extraídos daquele magnífico trabalho. Com efeito, parece inconcebível que alguém possa hoje dizer algo de significação histórica sobre o xadrez, que já não tenha sido dito antes por Murray.

Prefácio

Para o observador casual, que nada entenda do jogo, os jogadores de xadrez devem parecer um tanto excêntricos quando se empenham apaixonadamente em sua silenciosa atividade. No entanto, um olhar mais cuidadoso ao seu mundo revela que suas preocupações são, em muitos sentidos, fascinantes. Para alguns existe mesmo um elemento de perigo, pois o jogo pode atuar como uma droga capaz de formar hábito. Com uma simples exposição pode transformar em viciado qualquer pessoa com senso de aventura, e eu não conheço nenhum antídoto seguro. Felizmente, ao contrário do álcool ou do ópio, o xadrez proporciona intenso prazer, sem causar efeitos secundários perniciosos.

Certa vez perguntei a diversas pessoas eminentes por que eram apaixonadas pelo xadrez. Dois conhecidos líderes comerciais deram-me respostas quase idênticas. Disseram que era porque o xadrez limitava o elemento de sorte e acentuava a importância do planejamento. Um músico escreveu que para ele o xadrez era como a própria vida: ensinava-o a coordenar a razão com o instinto. Um matemático apreciava o elemento estético do jogo; encontrava numa série de movimentos sutis a mesma emoção que um belo teorema.

Um famoso filósofo admitiu que seu gosto pelo jogo envolvia um paradoxo. Teoricamente um filósofo podia admirar o xadrez porque ele nada deixa à sorte, porque nele a razão e a lógica triunfam. No entanto, repetidas vezes, depois de ter feito o máximo para encontrar o lance mais vigoroso, seu próprio raciocínio demonstrava-se indigno de confiança. Sua conclusão era a de que gostava do xadrez por suas incertezas. Para ele o jogo tinha o encanto do imprevisto.

Na verdade, não é preciso saber jogar xadrez para apreciar alguns de seus mais fascinantes aspectos. Este livro, que em sua maior parte trata de assuntos não relacionados com o mecanismo do jogo, revelará muitas relações curiosas com nossas mais significativas atividades, as quais, em geral, nem mesmo os apaixonados do xadrez identificam com seu passatempo.

A história da invenção do xadrez e de suas migrações através da terra é por si só de absorvente interesse. E quando o leitor verificar quantas pessoas que ele admira na História ou na Literatura foram apaixonadas pelo xadrez, sentir-se-á ligeiramente emocionado se também souber jogar. Se não souber, poderá aprender e estabelecer assim uma espécie de ligação póstuma com seus heróis.

Existem também prazeres afins, mesmo para o amador, que apenas ocasionalmente joga uma partida. Por mais longe de sua casa que possa estar, um jogador de xadrez nunca precisará sentir-se solitário. O xadrez é um idioma internacional, e podemos ter certeza de encontrar cordial recepção em qualquer dos clubes que os aficionados do jogo espalharam pela terra.

Se o leitor gosta de conhecer pessoas excêntricas, pode-se observar, a propósito, que um clube de xadrez não é mau lugar para procurá-las. O xadrez sempre foi um ímã pelo qual pessoas pitorescas e criadoras sentiram forte atração. Foi assim que eu tive o privilégio de conhecer homens famosos em muitos setores da vida. Desses encontros resultaram amizades, que incluo entre minhas mais queridas recordações.

Incluí na primeira parte do livro algumas reminiscências e anedotas a respeito desses homens. Se contribuírem para induzir o leitor que não joga xadrez a aprender o jogo, estudando a segunda parte, terei conseguido exatamente o que me dispusera a fazer.

Nova York, 15 de abril de 1950

EDWARD LASKER

Sumário

SEGUNDA PARTE

Ilustrações

te. Os nomes dos peixes estão gravados na base, em latim (Cortesia de Lessing J. Rosenwald)

174 Página do livro de Caxton: *The Game and the Playe of the Chess*, Londres, 1481 (Cortesia de Lessing J. Rosenwald)

176 Do *Libro di Giuocho di Scacchi*, Florença, 1493

191 No alto, as peças brancas, e embaixo, as peças negras, de um caprichoso jogo de xadrez de marfim, cujos Peões (mostrados na gravura seguinte) representam ofícios e profissões diferentes, como foi sugerido no livro de Caxton: *The Game and the Playe of the Chess* (Figura superior, cortesia de Lessing J. Rosenwald. Figura inferior, cortesia de Julien Levy)

192 No alto, os Peões do jogo mostrado na gravura anterior (Cortesia de Lessing J. Rosenwald). Embaixo, moderno jogo de xadrez desenhado pelo surrealista Max Ernst (Cortesia de Julien Levy)

223 Sammy Reshevsky, criança prodígio do xadrez, jogando simultaneamente contra vinte adversários, na Academia Militar de West Point (Copyright, Underwood and Underwood, 1920)

224 O dr. Claude E. Shannon demonstrando ao autor seu primeiro enxadrista autômato elétrico

Introdução

O veterano saltador de prefácios provavelmente tem a tendência de incluir introduções em seu lamentável preconceito. Todavia, um apelo lhe é dirigido no sentido de abrir exceção para estas páginas. Contêm elas alguns sólidos argumentos tendentes a destruir as afirmações, ouvidas com freqüência, de que o xadrez é um jogo antissocial, uma perda de tempo e nada mais do que uma distração mental. E pôr-se a par desses argumentos não pode fazer mal a ninguém, seja qual for o campo em que se coloque.

Parece até impiedoso qualificar o xadrez de jogo antissocial apenas porque permite a duas pessoas divertirem-se plenamente sem prestar a mínima atenção aos demais presentes. A presença de alguém que não toma conhecimento de nossa estimulante conversação pode ser irritante. Quando vemos, porém, dois amigos normalmente bem comportados passarem uma hora esquecida diante do tabuleiro de xadrez, ao invés de ouvir o que estamos dizendo, não será isso razão para tentarmos descobrir o que os mantém tão encantados? Por que não investigar o que talvez seja uma fonte de prazer que estamos perdendo?

Talvez você se sinta um pouco assustado porque o xadrez tem a reputação de ser um jogo "muito científico", que somente as pessoas altamente dotadas podem dominar. Esqueça seus receios! Não foram apenas homens como Napoleão, Benjamin Franklin e Voltaire que fizeram do xadrez seu passatempo. À medida que se tornou cada vez menos perigoso dedicar-se a prazeres outrora reservados a reis e outras personalidades privilegiadas, o xadrez conquistou crescente número de aficionados e hoje é jogado em todo o mundo por pessoas como você e como eu: Humphrey Bogart e Charles Boyer, por exemplo. Você já deve tê-los visto jogando, em filmes ou em fotografias de revistas.

Não imagina quantas pessoas, sobre as quais você nunca supôs isso, jogam xadrez. A. S. M. Hutchinson, o autor de *If Winter Comes*, escreveu certa vez: "Todos os personagens masculinos simpáticos, de meus romances, jogam xadrez. Nem sempre isso está declarado, mas pode ser considerado como coisa certa... Aprendi xadrez na escola, quando estava na enfermaria com sarampo, e tem sido desde então para mim uma fonte de alegria, embora minhas oportunidades de jogar sejam muito poucas e minha aptidão mais do que ruim..."

Sei que essa alegria é partilhada por muitos jogadores de xadrez que disputam ocasionalmente uma partida e que nunca melhoraram sua aptidão, nem se preocupam muito com isso. Por uma razão qualquer, o xadrez causa-lhes uma emoção especial, que nada tem a ver com o espírito de competição, com a intensidade da batalha e com a excitação decorrente das aventuras de suas peças.

Muitas pessoas são atraídas para o xadrez porque, em contraste com a luta pela vida, nele não encontram quem pretenda impor-lhes sua vontade, mas são elas mesmas que podem fazer isso. Controlam os destinos das suas peças e gozam plenamente o prazer de lançá-las nas incertezas da aventura.

Outros jogam xadrez porque seu trabalho cotidiano não satisfaz um secreto anseio por alguma espécie de atividade criadora. No tabuleiro de xadrez, encontram ilimitadas oportunidades de criar novas combinações. Experimentam uma sensação comparável talvez à exultação que um pintor sente com suas telas ou um compositor com sua música. Em qualquer caso, sua fuga à monotonia é completa.

Para muitos aficionados do xadrez, o desenvolvimento de cada partida é como o desenrolar de um drama. Colocadas as peças nos lugares, pouco antes de ser feito o primeiro lance, eles experimentam a mesma sensação de ansiosa expectativa, que faz a platéia prender a respiração no teatro antes de levantar-se o pano para uma nova peça. E à medida que a partida prossegue e atinge a crise que decidirá se haverá ou não um final feliz, os jogadores vivem todas as emoções que um espetáculo arrebatador desperta, inclusive o orgulho ou a desolação do produtor.

Existem, sem dúvida, aqueles que depois de ganhar uma partida tiram conclusões envaidecedoras para seu "ego". Gostam de sentir que venceram uma batalha de inteligência graças à sua superior capacidade mental. Idéia estimulante, mas infelizmente sem apoio em fatos!

Encontram-se muitos exemplos de homens famosos que foram ardorosos jogadores de xadrez, mas nunca jogaram senão mediocremente. O leitor provavelmente ficará surpreendido ao saber que o próprio Napoleão, o mestre da estratégia, era um persistente, mas mau jogador de xadrez. Por outro lado, alguns célebres mestres do xadrez nada tinham de gigantes mentais. Esses campeões oferecem fortes indícios de que a aptidão para o xadrez pode existir ao lado de uma espantosa falta de outros dotes mentais.

Seja qual for o seu setor de especial interesse, creio que você poderá encontrar neste livro algumas informações inesperadas e valiosas. Para os que têm mentalidade histórica, apresentei fatos e anedotas que põem em relevo o desenvolvimento do xadrez , desde sua romântica infância oriental até sua atual maturidade mundial. As pessoas interessadas pela literatura encontrarão alguns divertidos exemplos da influência que o xadrez exerceu sobre escritores medievais. No jogo, eles encontraram uma riqueza de alegorias moralizadoras que nos revelam o berço da cultura ocidental. Para os artistas, as peças de xadrez sempre ofereceram uma agradável oportunidade de aplicar sua imaginação. Incluí ilustrações de alguns famosos jogos de peças, que nos permitem tirar interessantes deduções históricas ou que retratam, de maneira impressionante, os gostos artísticos de seus períodos.

Como no palco, no drama de um torneio de xadrez os atores com freqüência contribuem muito para a apreciação da peça. Entre os famosos mestres do xadrez, do passado e do presente, inclui-se uma coleção de excêntricos tão estranha quanto a que pode ser encontrada entre os grandes músicos ou outros proverbiais individualistas. Oferecem eles muito material divertido para o biógrafo e — espero eu — aquele que selecionei mostrará que esses homens formam um grupo atraente e humano.

Para aqueles que desejam conhecer apenas o aspecto técnico do xadrez a fim de compreender como é o jogo, acrescentei uma cartilha que dá as regras e explica como são feitas as combinações. Indiquei também o tipo de planejamento que orienta os jogadores experimentados e representa a diferença entre o bom e o mau xadrez. O conhecimento dos princípios estratégicos que esbocei não transformará o leitor em um mestre, mas permitir-lhe-á obter intenso prazer no estudo das partidas dos mestres e, depois de um razoável período de prática, indicar-lhe-á com muita clareza qual é a sua força no jogo.

PRIMEIRA PARTE

CAPÍTULO I

Caleidoscópio histórico

A ASCENDÊNCIA INDIANA NO XADREZ

Entre as muitas histórias fantásticas que se contam sobre a origem do xadrez, há uma repetida com tanta persistência pelos historiadores que talvez contenha uma parcela de verdade. Atribui a invenção do jogo a Sissa, um brâmane na corte do rajá indiano Balhait. O rei havia pedido ao sábio que criasse um jogo capaz de demonstrar o valor de qualidades como a prudência, a diligência, a visão e o conhecimento, opondo-se nesse sentido ao ensinamento fatalista do *nard* (nosso gamão), no qual o resultado é decidido pela sorte.

Há mil anos, quando essa história foi contada pela primeira vez, o povo aparentemente considerava coisa natural um rei não tentar resolver por si um problema sério, mas pedir a solução a um cientista. Que útil lição poderiam tirar daí nossos governantes hereditários ou politicamente nomeados!

Sissa apresentou ao rei um tabuleiro de xadrez, com peças não muito diferentes das que usamos hoje. Essas peças representavam os quatro elementos do exército indiano: carros, cavalos, elefantes e soldados a pé — comandados por um rei e seu vizir. Sissa explicou que escolhera a guerra como modelo para o jogo porque a guerra era a escola mais eficiente para se aprender o valor da decisão, do vigor, da persistência, da ponderação e da coragem.

Balhait ficou encantado com o jogo e ordenou que fosse preservado nos templos, por considerar seus princípios como o fundamento de toda a justiça e sustentar que ele era o melhor treinamento na arte da guerra. Disse então a Sissa: "Pedi qualquer recompensa que desejardes; será vossa." Sendo um cientista, Sissa sentia-se melhor recompensado pelo prazer que sua invenção estava causando aos outros. Contudo, o rei insistiu e finalmente Sissa disse: "Dai-me uma recompensa em grãos de milho sobre o tabuleiro de xadrez. Na primeira casa, um grão; na segunda, dois; na terceira, quatro; na quarta, o dobro de quatro; e assim por diante, até a última casa."

O rei não quis saber disso. Desejava que Sissa escolhesse uma recompensa realmente valiosa. O brâmane, porém, com um irônico sorriso, disse: "Não preciso de mais. Basta-me uma pequena porção dos bens mundanos."

Então, o rei ordenou que fosse trazido o milho. No entanto, antes que tivesse sido atingida a trigésima casa, todo o milho da Índia estava esgotado. Preocupado, olhou para Sissa, mas este disse, sorrindo, que já sabia não lhe ser possível receber a recompensa pedida porque a quantidade de milho necessária cobriria toda a superfície da terra com uma camada de nove polegadas de espessura.

Dizem que o rei não soube o que mais admirar, se a invenção do xadrez ou a engenhosidade do pedido de Sissa.

O enorme número envolvido é 2^{64}-1 ou, por extenso, 18.446.744.073.709.551.615 grãos de milho. Esse número foi calculado pelos antigos matemáticos indianos que, diga-se de passagem, inventaram o sistema decimal muito antes de ser conhecido pelos árabes, embora a estes seja geralmente atribuído o mérito. Escritores árabes, registrando a lenda da invenção do xadrez, preferiram dar a quantidade de milho necessária em unidades maiores a fim de torná-la mais facilmente compreensível. Um desses escritores, al-Beruni, chegou à curiosa conclusão de que o total corresponde a "2.305 montanhas, o que é mais do que o mundo inteiro contém".

De uma forma ou de outra, esta história, que faz da Índia a mãe do xadrez, aparece freqüentemente na primitiva literatura persa e árabe, embora somente algumas das lendas mencionem os nomes do rei e do sábio envolvidos. H. J. R. Murray apresenta grande volume de provas filológicas para demonstrar que o xadrez se originou efetivamente na Índia e de lá penetrou na Pérsia e na Arábia. Os escritores muçulmanos antigos reconheceram isso prontamente, apesar da tendência, bem preservada até hoje, de mais de uma nação reivindicar uma invenção valiosa como produto do cérebro de um de seus cidadãos.

O nome do jogo, tal como se praticava na Índia, era *chaturanga,* o que significava "exército formado de quatro membros". Pela representação desses membros sobre o tabuleiro de xadrez como elefantes, cavalos, carros e soldados a pé (Bispos, Cavalos, Torres e Peões), podemos fazer certas especulações quanto à idade provável do xadrez. O exército indiano foi formado pelos quatro membros mencionados até a invasão da Índia por Alexandre, o Grande, no ano 326 antes de Cristo. Nessa ocasião, os carros falharam completamente e logo se tornaram obsoletos. Como o carro estava ainda incluído entre as peças do *chaturanga,* pode-se razoavelmente admitir que o jogo data do século IV antes de Cristo*, embora a primeira menção ao xadrez feita na literatura não ocorra senão mil anos mais tarde. Está contida num romance persa, *Karnamak,* escrito mais ou menos no ano 600 depois de Cristo. Esse livro trata da carreira de Ardashir I (Artaxerxes), que governou a Pérsia de 226 a 241 depois de Cristo. Se, naquela época, o xadrez já era considerado como jogo nacional, em cuja prática se presumia que o rei tivesse grande habilidade, não

---

* Esta teoria foi pela primeira vez apresentada por Donald M. Liddell, autor de *Chessmen* (Harcourt, Brace & Co., 1937).

há contradição em admitir antiguidade maior, com base nos nomes das peças ao *chaturanga.*

Poucos jogadores de xadrez percebem que, desenvolvendo-se num ambiente dominado pelos jogos de azar, o xadrez provavelmente também começou como um jogo de azar, com o lance dos dados determinando a peça a ser movida. Naturalmente, mesmo então, havia oportunidade para certa habilidade, como no gamão, e é essa talvez a razão pela qual na antiga literatura indiana são encontradas referências a "habilidosos jogadores de dados". O tabuleiro em que se jogava xadrez originariamente, o *ashtapada,* era também usado para outros jogos em que se empregam dados, de modo que nem sempre é fácil dizer se uma história se refere ao xadrez ou a outro jogo.

Os antigos jogadores indianos parecem ter tido realmente uma tendência a vangloriar-se de sua habilidade quando ganhavam, como fazem hoje alguns enxadristas depois de vencer em resultado de um erro grave por parte de seu adversário. Uma maneira agradável de lidar com tal jactância é sugerida na seguinte história encontrada na *Família de Vishnu,* livro escrito aproximadamente no ano 500 depois de Cristo.

A história refere-se a uma disputa no jogo de dados entre Rukmin e Balarama, o primeiro com reputação de ser um "especialista em dados" e o segundo "não muito hábil no jogo, mas grande apreciador dele".

"Enormes apostas foram feitas e Rukmin venceu três vezes em seguida. Por fim, fundamente provocado pela expressão de triunfo apresentada por Rukmin, Balarama exclamou: 'Príncipe, eu aposto a vasta soma de cem milhões. Aceitai-a? Joguemos os dados preto e vermelho sobre este esplêndido *ashtapada.*' Rukmin não deu resposta, mas jogou e perdeu. Só então Rukmin respondeu: 'Eu recuso apostar.' Nem isso, nem as contínuas referências de Rukmin às suas vitórias, perturbaram o autocontrole de Balarama. No entanto, quando uma voz dos céus conferiu a vitória a ele sob o fundamento de que 'silêncio dá consentimento', a cólera longamente reprimida de Balarama explodiu e, agarrando o grande *ashtapada* de ouro, atingiu Rukmin, derrubando-o ao chão. Um segundo golpe quebrou os dentes do rei de Kalinga. Em seguida, arrancando um dos pilares dourados do salão, Balarama investiu, brandindo-o como uma maça".

O *ashtapada,* originariamente usado pelos indianos para o jogo de xadrez, não era um tabuleiro axadrezado, mas simplesmente com linhas dividindo-o em sessenta e quatro quadrados. Duas espécies de xadrez eram jogadas sobre esse tabuleiro, uma variedade com dois parceiros e, posteriormente, outra com quatro parceiros, que ainda é praticada em algumas partes da Índia. O arranjo das peças no jogo de dois parceiros

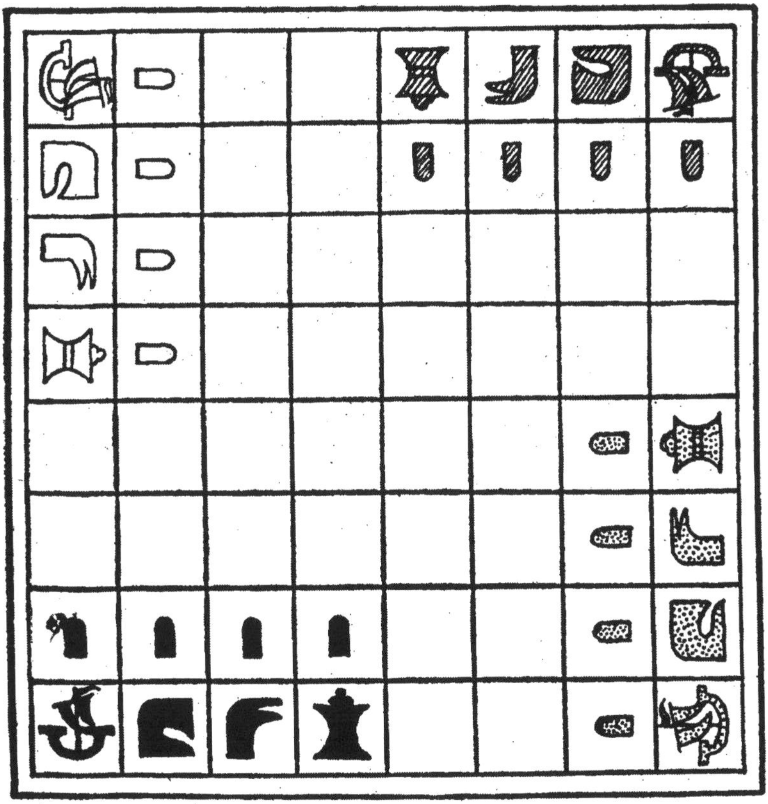

Xadrez de quatro parceiros, de acordo com Raghunandana.

era o mesmo de nosso moderno xadrez. No jogo de quatro parceiros, cada um deles tinha oito peças, arranjadas como mostra a ilustração: um Rei, um Elefante, um Cavalo, um Barco em lugar do Carro, e quatro Peões.

A variedade de quatro parceiros era originariamente jogada também com dados, mas no jogo de dois parceiros a possibilidade de jogar sem dados e o conseqüente aperfeiçoamento do jogo foram reconhecidos em época muita antiga.

A substituição do Carro pelo Barco é originária de Bengala. Foi aparentemente devida à má interpretação do vocábulo muçulmano *rukh* que, depois da conquista islâmica do norte da Índia, se tornou o nome geralmente aceito para designar o Carro. Os indianos de Bengala erroneamente associaram a palavra *rukh* ao vocábulo sânscrito *roca,* que significa barco, e modelaram a peça de xadrez de acordo com essa interpretação. Curioso é que o mesmo formato da Torre apareça no Sião, em Java e na Rússia. É plausível admitir que as peças de xadrez de Bengala tenham chegado até os dois primeiros países e lá sido adotadas como padrão. Os russos, porém, devem ter tido razões próprias para introduzir barcos em seus jogos de xadrez. De acordo com o escritor russo M. Savenkov, a causa da substituição é encontrada no fato de o barco e o trenó terem sido, até o século XVI, os únicos meios de locomoção nas estepes russas.

O XADREZ NO EXTREMO ORIENTE

Da Índia, o xadrez estendeu-se não apenas para o Oeste, até a Pérsia, a Arábia e desta até a Europa, mas abriu caminho para todos os países asiáticos a leste da Índia, embora, em algumas partes do Oriente, tenha sofrido tais modificações que não pode ser facilmente reconhecido como resultante do jogo indiano original.

Na Malaia e nas Índias Orientais Holandesas, o xadrez é hoje muito praticado, virtualmente com as mesmas regras do nosso jogo ocidental. Contudo, não pode ter sido introduzido

Buzurgmehr, na presença do Xá Anushirvan, demonstra o jogo do xadrez ao enviado do Rajá Dewasarm.

jugareys el arfil del rey a .iiii. casas del cauallo de su dama y cubrirse lo eys: y si jugare el arfil d̃la dama ala .ij. casa dela dama: jugad el cauallo d̃la dama ala .iii. casa del arfil: y si juega el peon del roque dela dama a .iii. casa jugad el cauallo dela dama sobre su dama y ala poido q̄lquiera casa q̄ vaya o con xaque del vn cauallo: o con descubierta d̃l otro. y si no jugare el peõ del roque sobre vr̃o arfil y tomare cõel cauallo el cauallo q̄ esta delante de vr̃a dama. jugareys el cauallo sobre su dama: y si el te diere xaque conel cauallo ado quiera q̄ te lo debas de tomar cõ peon y si troca la dama biẽ: y si te lleuare el arfil cõel suyo tomale el peon del arfil dela dama y dale xaque por su arfil: y ganas vn peon. y si no te diere xaque conel cauallo y se viniere a su casa propria conla dama tomarleas con tu arfil el suyo: y despues ganas el cauallo prendiendolo con vno delos peones.

Página de *Repetición de Amores e Arte de Axedrez,* de Lucena, o primeiro livro de xadrez impresso (cerca de 1490). Um longo poema de amor, sem relação alguma com o jogo, antecede a parte de xadrez (Cortesia de Lessing J. Rosenwald).

nesses países por europeus, pois alguns dos nomes malaios e javaneses das peças são indiscutivelmente derivados do sânscrito, não deixando dúvida quanto à origem do jogo. Que era conhecido muito antes dos primeiros exploradores europeus penetrarem naquela parte da Ásia, é fato confirmado por um incidente registrado por De Barros, escritor português do século XVIII: "Diego López, comandante da primeira expedição portuguesa, ao chegar diante de Malaca em 1509, estava jogando xadrez com um de seus homens quando um javanês subiu a bordo. Este reconheceu imediatamente o jogo e discutiu com López a forma das peças de xadrez usadas em seu país."

O pianista russo Mirovich, primeiro virtuose europeu a realizar excursões de concertos no Oriente, contou-me, certa vez, como ficara admirado ao descobrir que o xadrez era o divertimento favorito dos Bataks, uma tribo que habita o alto das montanhas de Sumatra. Os nativos mostraram-lhe com orgulho um tabuleiro de xadrez muito grande, que formava o piso de seu "centro comunal". Era belamente marchetado em cores brilhantes e adequado ao jogo com peças vivas. Os nativos limitam a prática do jogo ao sexo masculino e sempre fazem apostas. Às vezes, essas apostas são tão vultosas e as paixões despertadas tornam-se tão violentas que o chefe da aldeia precisa proibir a prática do xadrez por uma estação inteira.

De acordo com Mirovich, os nativos afirmam ter jogadores que nunca foram derrotados por visitantes europeus. Não há razão para duvidar da veracidade dessa afirmativa. No entanto, os "visitantes europeus" talvez não tenham sido muito difíceis de derrotar. Não posso deixar de pensar numa divertida passagem de um velho livro escrito por certo Richard Penn, intitulado *Máximas e Sugestões para Pescadores e Jogadores de Xadrez*: "Um cavalheiro idoso, recém-chegado de volta da Índia, tende a supor que sua habilidade foi muito prejudicada pela mudança de clima ou alguma outra causa, quando verifica, para sua grande surpresa, que seu estilo de jogar não produz, nos clubes de xadrez de Londres ou Paris, efeito tão alarmante quanto produzia em Rumbarabad."

Todavia, devo talvez mencionar que, não há muitos anos, um mestre europeu foi derrotado num sério *match* de quatro ou seis partidas para o qual fora desafiado por um jogador nativo, quando visitava a Índia.

À medida que avançamos mais para Leste, notamos toda espécie de desvios do jogo indiano original, os quais não podem ter sido devidos à influência ocidental, mas foram evidentemente introduzidos pelos nativos. Na ausência de literatura capaz de lançar alguma luz sobre o assunto, não podemos sequer imaginar quando ocorreram essas modificações.

No Birmânia e no Sião, o arranjo das peças no início do jogo é diferente do usado em qualquer outra parte do mundo, embora os movimentos das peças sejam mais ou menos iguais aos do antigo xadrez indiano. Os jogadores birmaneses colocam sempre os quatro Peões de sua ala esquerda na terceira fileira e os da ala direita na quarta fileira. As peças principais não se encontram sobre o tabuleiro quando começa o jogo. A começar pelo Rei, cada jogador coloca-as por sua vez em qualquer casa vaga na sua metade do tabuleiro antes de movimentar qualquer dos Peões. Embora a disposição das peças de um jogador deva, logicamente, variar de acordo com a escolhida pelo adversário, a maioria dos birmaneses parece ter seu arranjo favorito. Esse é um bom indício de que, a julgar-se por nossos padrões, eles não são muito fortes no jogo.

No Sião, a única diferença na disposição inicial das peças, em relação à que usamos, é a colocação dos Peões na terceira fileira em lugar da segunda e o fato de a Dama ficar à direita do Rei.

No Sião, assim como em Annam, joga-se outra variedade de xadrez que é praticamente idêntica ao xadrez chinês. Este último — como os tipos praticados na Coréia e no Japão, que dele derivam — parece tão diferente do nosso xadrez que nos sentiríamos tentados a duvidar da origem comum dos dois jogos, não fosse indiscutível a semelhança entre os movimentos das diversas peças.

Os chineses sempre jogaram xadrez com as peças colocadas nos pontos de interseção formados pelas linhas do tabuleiro e não nos quadrados fechados por essas linhas. Esse costume foi provavelmente emprestado do *Wei-chi* (*I-go* em japonês), um jogo chinês muito mais antigo e até hoje mais considerado do que o xadrez em todo o Extremo Oriente. É jogado sobre um tabuleiro de 19 por 19 linhas e permite manobras estratégicas em escala incomparavelmente maior que o xadrez. Sempre foi o jogo favorito das classes educadas, que o consideram digno de sério estudo como treinamento mental. O xadrez é o passatempo das massas.

Como existem nove linhas formando os oito quadrados que constituem uma fileira no tabuleiro, existe no xadrez chinês espaço para nove peças em cada fileira. O jogo chinês moderno não é mais praticado com figuras como o primitivo jogo indiano, embora as peças da fileira de trás, dos cantos para o centro, tenham os mesmos nomes (Carro, Cavalo, Elefante e Conselheiro). O nome da nona peça, colocada na linha central, é "General". A razão pela qual o rajá indiano foi substituído por uma peça de categoria menos elevada talvez possa ser deduzida através de uma história contada por Suma-kuang, escritor chinês do século XI. Conta ele que o Imperador Wen-ti (589-605) visitou certa vez uma estalagem onde se hospedavam estrangeiros e encontrou em desenvolvimento uma partida de xadrez, na qual uma das peças era chamada "Imperador Branco". Ficou tão furioso por ver seu ilustre título irreverentemente usado num mero jogo que mandou executar todos os jogadores.

O tatuleiro de xadrez chinês é constituído de duas metades, cada uma delas com quatro fileiras divididas em oito quadrados. As duas metades são separadas por uma nona fileira, chamada "Rio Celestial", que não é subdividida em quadrados. Assim, temos dez pontos de interseção em cada linha vertical ou um total de noventa pontos, comparados com as sessenta e quatro casas de nosso tabuleiro.

Os movimentos das peças assemelham-se mais aos do xadrez indiano antigo que aos de nosso moderno jogo europeu. Os Conselheiros, por exemplo, correspondentes à nossa Dama, são colocados de ambos os lados do Rei e avançam apenas uma casa de cada vez, em diagonal. Os Elefantes (nossos Bispos) avançam duas casas, como as peças correspondentes no primitivo jogo indiano. Devido ao acréscimo de um segundo Conselheiro, o jogador tem nove peças em sua primeira fileira, ao invés de oito, para preencher todos os pontos existentes. Há duas peças adicionais de invenção chinesa, os Canhões, que são colocados dois pontos à frente dos Cavalos. Essas peças movimentam-se como os Carros (Torres), mas só podem capturar uma das outras peças se ela interpuser-se em seu caminho. Ao invés de oito Peões, existem apenas cinco, que são colocados na quarta linha, cada um dois pontos distante do outro. Assim, o número total de peças de cada jogador é também dezesseis, como em nosso jogo.

O escritor alemão K. Himly descreveu, em 1880, o padrão chinês de jogo como sendo bastante lento, com a maioria dos aficionados preferindo estudar problemas e finais de partidas, ao invés de jogar na prática. Viu vadios e mendigos jogando xadrez nas ruas de toda cidade que visitou, geralmente fazendo apostas sobre o resultado de algum final de partida artificialmente construído. Parece que os jogadores consideravam o conhecimento dos problemas de xadrez como valiosa fonte de renda. Mostravam-se sempre dispostos a estabelecer um final de partida, dar ao estranho a escolha do lado e derrotá-lo para ganhar uma aposta. Às vezes, se o profissional não conseguia derrotar seu adversário sobre o tabuleiro, fazia com que ele fosse agredido fisicamente por amigos que permaneciam nas proximidades a fim de provocar distúrbios quando levava a pior no jogo.

Os jogos chineses de xadrez, caprichosamente esculpidos, geralmente representando chineses do lado branco e mongóis do negro, encontrados com freqüência na Europa e na América, são feitos exclusivamente para exportação. Os chineses não jogam com peças de formatos diferentes. Usam discos de madeira, marfim ou outro material, sobre os quais escrevem os nomes das peças. O mesmo costume prevalece no Japão, com a diferença de lá serem usadas placas de cinco lados, em lugar de discos.

O xadrez japonês (*Sho-ngi*) tem certas peculiaridades curiosas, cuja origem jamais foi traçada. Uma delas é o direito que o jogador tem de colocar qualquer peça capturada em qualquer casa vaga, ao invés de avançar uma de suas próprias peças. A peça assim recolocada no tabuleiro junta-se ao exército de seu antigo adversário. Isso torna a captura duplamente valiosa. Por outro lado, introduz uma terrível complicação, sem aumentar a profundidade do jogo. Talvez seja essa uma das razões pelas quais, também no Japão, o xadrez é considerado muito inferior ao jogo de *I-go*. Este se tornou o jogo nacional do Japão, onde, segundo dizem, existem mais de cinco milhões de jogadores de *I-go*. Quando dois mestres renomados disputam um campeonato, grandes tabuleiros de *I-go* são colocados nas esquinas das ruas e cada lance dos mestres é nele reproduzido, para satisfação das grandes multidões que acompanham o desenvolvimento da partida.

O DESTACADO PAPEL DA PÉRSIA

Sob os reis da dinastia Sassaniana (do século III ao século VII), quando a Pérsia governava "o mundo", o xadrez, descoberto no decorrer de conquistas no norte da Índia, não demorou para espalhar-se por todo o Império Persa e conquistar alta estima como o mais nobre dos jogos. Somente foi adotado o jogo de dois parceiros e o xadrez com dados não era jogado. Os meios de comunicação deveriam ser muito melhores na Pérsia do que na Índia, pois em caso contrário o xadrez não teria apresentado a uniformidade de regras que distingue a forma persa de jogo das numerosas variedades jogadas nas diferentes partes da Índia antiga.

As regras do jogo persa e sua nomenclatura formam a base das regras e de algumas expressões usadas pelos jogadores de xadrez em todas as partes do mundo ocidental. Como disse H. J. R. Murray, "o próprio nome do jogo em todo país da Europa Ocidental, com exceção da Espanha e Portugal, serve de testemunha da passagem do xadrez pela Pérsia. Quando o jogador de xadrez diz 'xeque' e provavelmente também diz 'mate' dá testemunho inconsciente do mesmo fato. Não é demais dizer que o xadrez europeu deve mais ao seu predecessor persa, o *chatrang*, do que ao *chaturanga*, seu antepassado mais remoto e obscuro".

A mais antiga história persa contendo pormenores do jogo é *Chatrang-namak*, o livro de xadrez, que conta como o xadrez foi introduzido na Pérsia e como foi inventado o *nard* durante o reinado do Xá Anushirvan (531-578). O autor parece ter considerado seu dever patriótico — como mudou pouco a natureza humana! — atribuir aos persas maior habilidade no xadrez do que possuíam os inventores do jogo. Julgou também necessário atribuir à Pérsia o mérito da invenção de outro jogo, tão fascinante quanto o xadrez e que exige habilidade comparável.

A seguinte versão da história resumida em inglês, que H. J. R. Murray apresenta na íntegra, é baseada numa tradução alemã:

"Em nome de Deus! Dizem que Dewasarm, o grande governante da Índia, inventou o *chatrang* com dezesseis peças de esmeralda e dezesseis peças de rubi a fim de submeter à prova a sabedoria dos homens do Irã e também por motivos de interesse pessoal. Com o jogo de xadrez mandou mil e duzentos camelos carregados de ouro, prata, pedras preciosas, pérolas e vestimentas, e noventa elefantes, sendo que de tudo foi feito um inventário. E mandou Takhtaritus, o mais famoso dos indianos, como responsável.

"Além disso, escreveu a seguinte carta: 'Como tendes o nome de Shahanshah (Rei dos Reis) e sois Rei sobre todos nós, Reis, é justo que vossos sábios sejam mais sábios que os nossos: se agora não puderdes descobrir a interpretação do *chatrang*, pagai-nos tributo e renda!'

"O Shahanshah pediu três dias de prazo, mas não houve entre os homens sábios do Irã um único que pudesse descobrir a interpretação do *chatrang*.

"No terceiro dia, Wajurgmitr, da casa de Bukhtak, ergueu-se e disse: 'Vivei eternamente! Não revelei a interpretação do *chatrang* até este dia, a fim de que vós e todos os habitantes do Irã soubésseis que sou o mais sábio de todas as pessoas do Irã. Descobrirei facilmente a interpretação do *chatrang* e cobrarei tributo e renda de Dewasarm. E farei ainda uma outra coisa e a enviarei a Dewasarm, que não a descobrirá, e nós cobraremos dele duplo tributo e renda. E a partir desse dia ninguém duvidará de que sois digno de ser o Shahanshah e que vossos homens sábios são mais sábios que os de Dewasarm'.

"Então, disse o Shahanshah: 'O' Wajurgmitr, louvado seja Takhtaritus!' E ordenou que 12.000 *dirhems* fossem entregues a Wajurgmitr.

"No dia seguinte, Wajurgmitr chamou Takhtaritus à sua presença e disse: 'Dewasarm modelou seu *chatrang* à semelhança de uma batalha, e em sua semelhança existem dois governantes supremos à semelhança de Reis, com os elementos essenciais dos Carros à direita e à esquerda, com um Conselheiro à semelhança de um comandante dos campeões, com o Elefante à semelhança de um comandante da retaguarda, com o Cavalo à semelhança do comandante da cavalaria, com o soldado a pé à semelhança de infantaria na vanguarda da batalha'.

"Depois disso, Takhtaritus arranjou o *chatrang* e jogou com Wajurgmitr. Wajurgmitr venceu doze partidas contra Takhtaritus e houve grande alegria em toda a terra.

"Então Takhtaritus ergueu-se e disse: 'Vivei eternamente! Deus dotou-vos de tanta glória, majestade, poder e vitória. Sois verdadeiramente senhor do Irã e Anirã. Vários homens sábios da Índia inventaram este *chatrang* com muito esforço e trabalho, e mandaram-no para cá. Não houve quem pudesse explicá-lo, mas Wajurgmitr, por sua sabedoria nata, interpretou-o com facilidade e rapidez, e acrescentou muitas riquezas ao tesouro do Shahanshah'.

"No dia seguinte, o Shahanshah chamou Wajurgmitr à sua presença e disse: 'Meu Wajurgmitr, que coisa é aquela de que dissestes: "Eu a farei e a enviarei a Dewasarm?'

Segue-se o complicado relato de Wajurgmitr sobre sua

invenção, que se vê então ser o jogo de gamão. Explicou ao Xá que havia trinta peças, correspondentes aos trinta dias e noites do mês. Empregou igualmente ingênuo simbolismo ao dar as razões dos diferentes números de pontos nos dados.

A história prossegue: "Quando o Shahanshah ouviu essa oração encheu-se de alegria e mandou seus servidores prepararem 12.000 corcéis árabes, todos adornados com ouro e pérolas, e 12.000 jovens, os mais distintos do Irã; e 12.000 cotas de malha e 12.000 cintos com sete fechos; e tudo mais que fosse necessário para equipar 12.000 cavalos e homens da maneira mais digna. E colocou Wajurgmitr, da casa de Bukhtak, à frente deles como chefe numa estação auspiciosa; e ele chegou à Índia em boa saúde com o auxílio de Deus.

"Quando Dewasarm, o grande governante da Índia, o viu dessa maneira, pediu a Wajurgmitr, da casa de Bukhtak, quarenta dias de prazo, mas não houve na Índia homem sábio que pudesse descobrir a interpretação do jogo; e Wajurgmitr recebeu de Dewasarm o dobro de tributo e renda; e voltou em boa saúde e com grande cerimônia ao Irã..."

É uma história encantadora e pitoresca. Pena que não seja verdadeira. Como o xadrez, o gamão é de origem indiana. Repetindo a história cerca de trezentos e cinqüenta anos mais tarde no *Shahnama,* a epopéia nacional da Pérsia, o famoso poeta Firdawsi alterou a parte referente à invenção de Wajurgmitr — a grafia do nome havia entrementes mudado para Buzurgmehr — e fez com que ele inventasse um jogo com um exército semelhante ao do xadrez, mas jogado com o auxílio de dados. No entanto, o xadrez de dados também já era jogado na Índia muito antes que os persas tivessem sequer visto um tabuleiro. Assim, a viagem de Buzurgmehr à Índia perdura como produto de fantasias nacionalistas.

A data da introdução do xadrez na Pérsia, que a primeira parte da história fixa na época do reinado de Anushirvan, isto é, no segundo ou terceiro quarto do século VI, parece ter sido aceita como correta por historiadores persas posteriores. Sinto-me inclinado a acreditar que o xadrez chegou à Pérsia muito tempo antes da época de Anushirvan, para que pudesse gozar de alta estima em todo o país em meados do século VII, quando foi escrito o *Chatrang-namak.* Três gerações não parecem muito tempo quando se precisa andar a pé, a menos que se disponha de recurso para montar um cavalo ou um elefante. A referência ao xadrez no *Karnamak,* que implica no fato de o jogo já ter sido bem conhecido trezentos anos antes de Anushirvan, pode afinal de contas não ter sido mais que um leviano enriquecimento de sua história por um escritor não muito escrupuloso.

A cena em que Buzurgmehr demonstra os movimentos do xadrez ao enviado indiano na presença do Xá Anushirvan é mostrada numa bela miniatura persa do século XIV de propriedade do Museu Metropolitano de Arte. É reproduzida na gravura da página 35.

Em uma peça semelhante a essa miniatura, Buzurgmehr é mostrado na corte de Dewasarm, explicando o gamão ao monarca indiano, cujos sábios foram incapazes de compreender o jogo.

O estranho, nessa lenda persa, é que exalte um jogo praticado com dados, colocando-o no mesmo plano que o xadrez. Como já foi mencionado antes, os persas nunca adotaram a versão indiana com emprego de dados, aparentemente reconhecendo a grande superioridade de um jogo no qual não se permitia a participação da sorte. Provavelmente, o autor da lenda não era um jogador de xadrez, mas pertencia à escola de escritores — dominante na literatura antiga e medieval — que se deixavam intoxicar facilmente por caprichoso simbolismo. Para isso, o gamão sem dúvida se presta maravilhosamente. Como seu inventor explicou ao rei, numa versão posterior da lenda, o tabuleiro representava o ano. Tinha vinte e quatro pontos, porque existem vinte e quatro horas no dia. Era dividido em duas metades, cada uma delas com doze pontos, para simbolizar os doze meses do ano e os doze signos do Zodíaco. Os dois dados representavam o dia e a noite. As faces eram arranjadas com o 6 oposto ao 1, o 5 oposto ao 2 e o 4 oposto ao 3, de modo que o total de pontos em cada par de faces fosse sempre 7, igual ao número de dias na semana e ao número de astros no céu. Os jogadores lançavam um dos dados para determinar a ordem do jogo e moviam suas peças em obediência aos pontos estabelecidos pelos dados. Desse modo, tornava-se evidente a dependência do homem em relação ao destino para a sorte boa ou má.

É significativo que os autores árabes, compilando a história do xadrez em data posterior, tenham contado uma versão da lenda diferente e mais lógica. Ela faz do *nard* o jogo mais antigo e nela um brâmane adverte o Rei Balhait de que ele é contrário aos preceitos da religião. O rei pede então ao brâmane que substitua o *nard* por um novo jogo que não seja decidido pelos decretos da sorte, e o brâmane inventa o xadrez.

Na época em que os árabes conquistaram os persas, estes já haviam desenvolvido o xadrez em alto nível, de acordo com o superior padrão da cultura persa em geral. Em resultado, os jogadores de xadrez persas continuaram dominantes em todo o reino dos califas, da mesma forma como as influências persas penetraram em todas as fases da vida em suas cortes.

Em certo sentido, os persas foram também os primeiros a introduzir o xadrez na Europa. O intercâmbio político entre o Império Bizantino e a terra dos Xás resultou na adoção geral dos costumes persas pela corte de Constantinopla. O xadrez deve ter sido um dos luxos importados. O nome que os gregos bizantinos davam ao jogo era *zatrikion* e essa, acentua Murray, seria uma derivação natural de *zatrangk*, o vocábulo grego que mais se aproximaria do persa *chatrang*.

Embora a Pérsia tivesse sido dominada pelos muçulmanos pouco depois da morte de Maomé, em 632 depois de Cristo, o nome arabizado do jogo, *shatranj*, não substituiu definitivamente o nome persa senão quase trezentos anos mais tarde. É difícil por isso determinar exatamente quando os gregos começaram a jogar xadrez. No entanto, por fontes árabes torna-se claro que o jogo era bem conhecido em Bizâncio já no século VIII. O historiador árabe al-Tabari conta este incidente, que ocorreu no ano 802 depois de Cristo, quando Nikephoros se tornou imperador de Bizâncio:

"Conta-se que quando Niqfur era rei e os bizantinos se reuniram em lealdade a ele, escreveu a al-Rashid: 'De Niqfur, rei de Bizâncio, a Harun, rei dos Árabes: A Imperatriz, a quem sucedi, avaliava-vos na categoria de uma Torre e avaliava a si própria na categoria de um Peão, e pagava tributo a vós, quando o justo seria que pagásseis a ela. Mas isso era devido à fraqueza e tolice de uma mulher. Quando lerdes, portanto, minha carta, devolvei o tributo que vos foi anteriormente pago e vinde vós mesmos com o que tendes a pagar. Se não, a espada estará entre nós e vós'. Conta-se que quando al-Rashid leu esta carta, inflamou-se sua cólera... e ele pediu um tinteiro e escreveu nas costas da missiva: 'Em nome de Deus! o clemente e misericordioso! De Harun, comandante dos Fiéis, a Niqfur, cão de Bizâncio. Li vossa carta, filho de uma mulher infiel. A resposta é o que vereis, não o que ouvireis'. E levantou seu acampamento naquele dia e marchou até acampar às portas de Hiraqla (Heracléia)."

A história parece indicar que a classificação de Nikephoros estava errada. Se Harun al-Rashid pertencia à categoria de uma Torre, Nikephoros não poderia ser classificado mais alto que um Cavalo ou um Bispo, pois logo foi derrotado e obrigado a continuar pagando tributo.

As primeiras referências ao *zatrikon* são encontradas cerca de cem anos mais tarde que o mencionado nessa fonte árabe, em livros referentes à interpretação de sonhos. Se gregos do século XII sonhavam com xadrez em número suficiente para que o arquétipo da psiquiatria incluísse esse tema em suas análises, não há dúvida que o jogo deve ter sido praticado na Grécia desde muito tempo antes desse período. No entanto, as únicas alusões à existência anterior de xadrez grego são encontradas em manuscritos árabes. Dizem eles que alguns escritores gregos atribuíam a invenção do xadrez a Aristóteles, e que Hipócrates e Galeno haviam descoberto ser o xadrez um excelente remédio para pacientes sofrendo de diarréia e erisipela.

A alegação médica feita aqui em favor do xadrez não é tão ridícula quanto provavelmente parecerá à maioria dos leitores. A força do jogo, no sentido de tirar completamente do espírito do jogador todas as suas preocupações mortais, foi redescoberta pelos psiquiatras modernos. Com efeito, lembro-me de ter participado de um caso concreto desse tipo quando tinha uns dezoito anos de idade. Um eminente médico na cidade em que nasci, Breslau, perguntou-me se eu podia jogar xadrez uma ou duas horas por dia com um de seus pacientes, que sofria cruciantes dores no coração e delas só ficava livre quando sua mente estava ocupada com sérias partidas de xadrez. Atendi com satisfação ao pedido e o paciente melhorou visivelmente. Isso prosseguiu durante cerca de um mês, depois do qual tive de deixar Breslau para sempre. Pouco tempo depois, soube que o paciente havia morrido.

Existem bons indícios de que o xadrez jamais conquistou grande popularidade na Grécia antiga ou medieval, provavelmente devido à oposição da Igreja grega. O jogo foi levado novamente do Ocidente para a Grécia em data posterior. Seu moderno nome grego é *shaki,* adaptado do italiano *scacchi,* embora os dicionários gregos ainda registrem também *zatrikion,* assim como *zantrantsi,* este último evidentemente derivado de *shathanj,* o equivalente árabe (e turco) do velho *chatrang* persa.

Em contraste com o triste destino do xadrez em sua viagem da Pérsia através de Bizâncio, encontramos um desenvolvimento extraordinariamente rico do jogo ao longo do caminho em que foi levado pelos conquistadores árabes e que finalmente o conduziu à Europa, onde os mouros invadiram a Espanha.

O XADREZ ATINGE A MAIORIDADE SOB DOMÍNIO MUÇULMANO

Se Maomé não houvesse morrido pouco depois de seus adeptos terem invadido a Pérsia, provavelmente teria conhecido o xadrez e o jogo talvez não precisasse vencer os obstáculos erguidos em seu caminho nos países muçulmanos pelos juristas maometanos, que discutiram a questão de sua legalidade durante quase cem anos, sem nunca chegar a uma decisão definitiva.

Para o xadrez a questão era de vital importância, pois, se fosse considerado uma violação dos princípios do maometismo, o jogo não poderia ser praticado por um verdadeiro muçulmano.

É sabido que Maomé odiava os jogos de azar, mas deu sua aprovação a jogos de guerra. No que se referia a divertimentos, sustentava que um crente devia limitar-se a seu cavalo, seu arco e suas esposas.

Evidentemente, o xadrez não podia ser classificado como divertimento permissível e uma opinião legal foi logo definitivamente firmada contra sua prática. Era uma questão séria. Um muçulmano não gozava de consideração alguma dos tribunais se fosse sabido que praticara qualquer coisa contrária à letra da lei.

Entretanto, a atitude hostil dos juristas em relação ao xadrez colocou-os num terrível dilema quando muitos membros das classes superiores, inclusive mesmo alguns dos próprios califas, se tornaram ardorosos aficionados do xadrez. Não seria possível encontrar no código de Maomé, o Alcorão, uma brecha que lhes permitisse abolir a proibição do jogo? Um deles teve uma idéia brilhante: o xadrez era uma imagem da guerra, sendo possível praticá-lo como exercício mental, para solução de táticas militares, em lugar de fazê-lo por pura recreação! Assim os juristas puderam declarar legal a prática do xadrez dentro de certas condições e, finalmente, especificaram as quatro seguintes:

O jogo não deve ser praticado com apostas e nenhum dinheiro deve ser pago em relação com ele; o jogo não deve poder interferir com a prática regular da oração; o jogador deve abster-se de linguagem exaltada ou inconveniente; e o jogo não deve ser praticado na rua ou em outros lugares públicos.

Será motivo de satisfação para o leitor observar que os grandes juristas muçulmanos não se mantinham dentro dos padrões de ética dos nossos próprios juristas. Imagine-se nosso horror se um dos nossos especialistas em Direito permitisse que sua opinião fosse influenciada pelo interesse de um de seus clientes ou por seu próprio interesse! Sentimentos tão delicados não prevaleceram sobre al-Shafii, um dos famosos juristas muçulmanos, que participou da formulação das quatro condições acima citadas. Sem se deixar perturbar pela atitude tradicionalmente hostil de sua classe em relação ao xadrez, ele insistiu para que se declarasse legal o jogo, embora fosse conhecido como um aficionado de xadrez. Atribuíam-lhe mesmo a habilidade de jogar de olhos vendados, feito que não pode ser realizado sem prolongado e intenso treinamento.

Al-Shafii viveu no tempo de Harun al-Rashid, o primeiro califa que protegeu abertamente o xadrez. Favorecia os bons jogadores e concedia-lhes pródigas pensões. As numerosas histórias contadas sobre seus feitos no xadrez podem ser razoavelmente admitidas como autênticas, do mesmo modo que qualquer dos acontecimentos descritos nas *Mil e Uma Noites.* Uma dessas histórias conta que Harun ouviu certa vez falar numa jovem escrava famosa por sua habilidade no xadrez. Comprou então a escrava por dez mil dinares e submeteu-a a prova sem demora. Foi derrotado por ela três vezes em seguida. Quando lhe pediu que escolhesse uma recompensa, ela implorou o perdão para um seu namorado, Ahmed ben al-Amin. Que magnífico testemunho da confiança da gente comum na bondade do califa!

Um incidente, infelizmente de ocorrência freqüente nas partidas disputadas por pessoas poderosas ou ricas contra adversários de posição social ou financeira inferior, é registrado com relação ao Califa al-Mamun, filho de Harun al-Rashid.

"Al-Mamun estava um dia jogando com um cortesão que parecia movimentar suas peças negligentemente de modo a permitir que o califa ganhasse o jogo. Al-Mamun percebeu isso e, tomado de grande ira, virou o tabuleiro, exclamando: 'Quereis tratar-me como criança e aproveitar-vos de minha compreensão.' Dirigiu-se então aos circunstantes: 'Sede testemunhas do voto que agora faço, de que nunca mais jogarei xadrez com esta pessoa'."

Al-Mamun jamais conseguiu melhorar seu jogo e consta que certa vez observou: "Estranho que eu, que domino o mundo desde o Indus, no Leste, até o Andalus, no Oeste, não possa manobrar trinta e duas peças de xadrez num espaço de dois cúbitos por dois."

Em meados do século IX, o xadrez era jogado naturalmente na corte e entre as pessoas da alta sociedade. Na classe média e nas classes baixas, o jogo já era praticado amplamente mesmo antes de ter sido firmada sua posição legal. Parece que as pessoas ricas faziam questão de manter bons jogadores de xadrez em suas casas. O historiador al-Masudi menciona um incidente ocorrido na casa de Ahmed ben Mudabbir, coletor de impostos na Palestina sob o Califa al-Mutahdi, que lança interessante luz sobre o modo de vida da sociedade árabe daquela época.

Certo ben Darraj infiltrara-se numa festa dada na casa de ben Mudabbir e foi descoberto como um intruso. Ben Mudabbir disse-lhe então: "Um parasita pode ser perdoado por sua intrusão na sociedade de outras pessoas, perturbando o encanto de sua intimidade e descobrindo seus segredos, mas só com a condição de ser dotado de certos talentos, como o conhecimento do xadrez ou do *nard*, ou a habilidade de tocar alaúde ou guitarra."

O estranho afirmou que era mestre em todas essas atividades e o anfitrião escolheu um de seus pajens para enfrentá-lo no xadrez. Ben Darraj perguntou que recompensa receberia se vencesse e foram-lhe prometidos mil *dirhems* se provasse sua superioridade sobre todos os presentes.

O parasita pediu que o dinheiro fosse colocado sobre a mesa, porque sua presença o estimularia a jogar melhor. Ganhou a partida e estava para recolher o dinheiro, quando o porteiro, temendo ser castigado por não haver barrado um estranho, se apresentou com outro pajem que, segundo disse, certamente derrotaria o intruso. Efetivamente, o pajem venceu e o estranho foi punido por sua imprudência.

O mais forte jogador de xadrez desse período, homem que

poderia, com justiça, ser considerado o primeiro mestre do xadrez e que foi também o primeiro a escrever um livro sobre a parte técnica do jogo, era al-Adli, provavelmente, segundo Murray, um nativo de uma pequena cidade no antigo Império Bizantino. Não havia quem pudesse competir com al-Adli até quando, pouco antes de sua morte, surgiu um segundo mestre, chamado al-Razi, que venceu um *match* promovido entre os dois pelo Califa al-Mutawakkil.

Cerca de sessenta anos mais tarde, no início do século X, encontramos o trono do xadrez ocupado pelo grande mestre al-Suli, cuja reputação permaneceu indiscutida na literatura árabe durante seiscentos anos. Al-Suli foi um historiador que viveu em Bagdá. O autor de uma biografia sua diz: "Não houve em sua época quem o igualasse em habilidade. Sua capacidade no jogo tornou-se um provérbio e quando homens falam de alguém notável pela excelência de seu jogo, dizem: 'Joga xadrez como al-Suli'."

A superioridade de al-Suli sobre todos os outros jogadores era sem dúvida devida, afora seus dotes natos, ao fato de ter sido o primeiro a investigar os princípios gerais dos lances de abertura e a estudar sistematicamente as posições de finais de partida. Veremos que, nos tempos modernos, o mesmo tipo de tratamento do jogo produziu o campeão mundial Emanuel Lasker.

Numa tentativa de classificar os jogadores de xadrez de acordo com sua força, al-Suli estabeleceu cinco categorias. Aos jogadores da primeira categoria chamava de "Grandes", citando os nomes de quatro mestres anteriores ao seu tempo que mereciam essa classificação, inclusive al-Adli e al-Razi.

Na segunda categoria, a dos "Seguintes", incluía jogadores que pudessem ganhar pelo menos duas em cada dez partidas, recebendo de um "Grande" a vantagem de um Peão. A terceira categoria recebia a vantagem de um Bispo, a quarta, a de um Cavalo, e a quinta, a de uma Torre. Os jogadores que precisassem de vantagens maiores que essas eram por ele considerados como "abaixo de consideração".

Para provar sua classe, um jogador devia enfrentar outro

de classe conhecida em termos de igualdade. Se ganhasse pelo menos sete em dez partidas, era classificado na categoria imediatamente superior.

Atribuía-se ao "Grande" a capacidade de calcular dez lances com antecedência, ao passo que os "Seguintes" tinham visão mais curta. Por este comentário, percebemos que o padrão do jogo de mestre naquele tempo não se aproximava sequer do de um forte amador moderno. Este último tem pelo menos uma concepção rudimentar do "jogo de posições", que para a maioria das finalidades práticas torna desnecessário calcular muitos lances com antecedência. Todavia, não poderíamos esperar que mestres, vivendo antes do advento da era científica, pudessem ter concebido esse tipo de jogo.

No decorrer dos trezentos anos que se seguiram à morte de al-Suli, somente três outros jogadores árabes conquistaram o título de "Grande". Com o declínio da supremacia do califa, a atividade enxadrística parece ter florescido mais entre os egípcios, os sírios, os turcos e os hindus mongóis.

Através de escritores deste último período, sabemos de diversos casos notáveis de jogo com os olhos vendados. Al-Safadi, escritor do século XIV, registra a seguinte experiência:

"Vi certa vez no Egito um soldado chamado Alladdin que era cego e apesar disso jogava xadrez com os nobres, derrotando-os completamente. Digo, além disso, que nada me agradava mais do que a maneira como ele se sentava conosco e falava, declamava poesia e narrava histórias estranhas, mostrando que participava de tudo quanto estávamos fazendo... O homem era muito famoso no Cairo e raros eram os jogadores de xadrez que não o conheciam.

"Em outra ocasião, em 1331, vi em Damasco um homem chamado al-Ajami, que jogava com os olhos vendados diante do Shamsaddin... O Shamsaddin certa vez chamou-o no meio de uma partida e disse:

'Enumerai vossas peças e as de vosso adversário'. E ele imediatamente as enumerou em ordem, como se as visse diante de si."

O historiador do século XV ben Arabshah fala sobre a

devoção do grande imperador mongol Timur pelo xadrez. Timur estava jogando uma partida com um de seus cortesãos e acabara de dar um shah-rukh decisivo (ataque duplo ao Rei e à Torre), quando chegaram dois mensageiros, um anunciando que uma de suas concubinas dera à luz um filho e o outro comunicando estar concluída a cidade que o imperador mandara construir na margem do Rio Jaxartes. Timur deu o nome de Shah-Rukh tanto a seu filho como à nova cidade.

Ben Arabshah continua dizendo: "A mente de Timur era elevada demais para que ele jogasse no xadrez pequeno e, por isso, jogava apenas no xadrez grande, cujo tabuleiro tem dez quadrados por onze."

"Entre os jogadores de xadrez havia Mohammed ben Aqil e Zain al-Yazdi, mas o mais hábil era Alaaddin al-Habrizi, o jurista e tradicionalista, que costumava dar a Zain al-Yazdi a vantagem de um Peão e derrotá-lo, e a ben Aqil a vantagem de um Cavalo e derrotá-lo. O próprio Timur, que subjugara todas as regiões do Leste e Oeste, e dera mate em todos os sultões e reis, tanto no campo de batalha como no jogo, dizia a ele: 'Não tendes rival no reino do xadrez, assim como eu não tenho no governo. Não se encontra quem possa executar tais maravilhas como eu e vós, meu senhor Ali, cada um em sua própria esfera'... Contou-me ele que certa vez vira em sonhos Ali, o comandante dos Fiéis, e recebera dele um jogo de xadrez numa sacola, e desde então nenhum mortal o derrotara... Ali muitas vezes jogava com os olhos vendados contra dois adversários e mostrava com seu jogo como seria sua força sobre o tabuleiro."

De considerável interesse para o enxadrista de hoje é a informação sobre a parte técnica do xadrez como era jogado sob o Islã, contida no livro de al-Suli já mencionado e em um livro escrito por seu discípulo e sucessor, al-Lajlaj, que foi também um "Grande". Por eles sabemos que os primeiros doze a dezenove lances de uma partida eram usados pelos jogadores para arrumar a posição de suas peças dentro de sua metade do tabuleiro, da maneira que, em seu entender, pudesse ser mais útil quando começasse a avançar para o território adversário. Al-Suli dá a seu leitor um conselho que parece muito engraçado a nós que, naturalmente, consideramos cada lance como uma resposta exigida pelas implicações da jogada anterior do nosso adversário.

Sugere que, mesmo durante os primeiros doze ou dezenove lances de abertura, o jogador deve prestar atenção ao que está fazendo seu adversário, pois pode ver uma oportunidade que torne conveniente abandonar seu plano original de desenvolvimento em favor de uma concentração diferente de forças, tendente ao aproveitamento de uma fraqueza percebida no arranjo das peças do adversário .

A razão pela qual há mil anos, quando al-Suli escreveu seu livro, um jogador não fazia isso como coisa natural, pode ser encontrada na limitada mobilidade de que gozavam a Dama e o Bispo até serem os movimentos dessas peças posteriormente modificados na Europa.

A Dama movimentava-se de casa em casa, diagonalmente, e o Bispo de duas em duas casas. Assim, o jogador demorava muito mais do que hoje para ter suas peças em condições de passarem para a metade adversária do tabuleiro ou de serem ameaçadas por qualquer das peças do adversário.

A concepção de al-Lajlaj sobre a estratégia da abertura representava um progresso sobre as idéias de al-Suli, pelo fato de sustentar que o modo mais breve de completar a disposição de batalha devia ser o melhor. Foi ele o primeiro a compreender a importância do elemento tempo no xadrez.

Na vida oriental, segundo o que a maioria de nós aprendeu, o tempo nunca desempenhou papel tão importante quanto no Ocidente, mesmo antes do advento das estradas de ferro e dos aviões. Não é de admirar, portanto, que durante setecentos anos de atividades enxadrísticas em terras muçulmanas ninguém se tenha preocupado com o fato de demorar muito tempo para terminar uma partida. Mudar os movimentos das peças com vistas a reduzir o tempo a uma fração foi tarefa que teve de esperar pela iniciativa do espírito inquieto da Europa.

O xadrez foi levado do litoral norte da África para a Europa pelos muçulmanos. A Espanha recebeu-o dos mouros e a Itália dos sarracenos, ambas provavelmente no século IX, embora não haja prova definitiva do conhecimento do jogo na Espanha e na Itália relacionada com acontecimentos que tenham ocorrido antes do século X.

Para as datas anteriores, Murray apresenta engenhosa prova etimológica. O nome do jogo em todos os países europeus, exceto Espanha e Portugal, é derivado da raiz latina *scac*, que reproduz o vocábulo árabe *shah* do modo como deveria ter sido escrito no latim do século IX. O emprego dessa palavra para designar o jogo propriamente dito, e não apenas o Rei, resultou de um curioso mal-entendido que deve ter ocorrido logo nos primeiros tempos da introdução do xadrez. O erro foi prontamente repetido em todos os países que receberam o xadrez da Itália, enquanto o nome dado ao Rei sempre foi a tradução da palavra *shah* para o idioma do país onde o jogo era adotado. Somente em espanhol e português, o nome do jogo derivou realmente da denominação árabe *shatranj*, mudada para *ajedrez* (a-he-dreth') em espanhol e para *xadrez* (shadres') em português.

Por uma carta escrita em 1061 por Petrus Damiani, cardeal-bispo de Ostia, ao papa eleito Alexandre II, sabemos que "a loucura do dado ou xadrez" era considerada como uma das "vergonhosas frivolidades" proibidas pelo clero. Essa referência ao dado é explicada pelo fato de os muçulmanos, além da forma regular do jogo, praticarem também às vezes o xadrez de dados. Sem dúvida, eles mostraram esse jogo aos italianos. Alusões ao uso do dado aparecem na literatura européia referente a episódios de xadrez até o fim do século XIII, mas o jogo sem dados é quase sempre tratado com maior respeito.

O romance francês *Huon de Bordeaux*, escrito em 1200 mais ou menos, tem este diálogo entre Huon e a filha do Rei Ivoryn, com quem ele deverá disputar uma partida, tendo como prêmio sua cabeça se perder e uma noite com ela se ganhar. "Senhora", diz Huon, "que jogo jogaremos? Quer que seja com lances ou com dados?" "Que seja com lances", disse a dama com voz clara.

À luz das atuais tendências femininas, foi certamente uma escolha curiosa, embora nobre. Uma reação masculina à mesma questão, historicamente documentada e datando também do século XIII, prova que o padrão do homem não era uniformemente elevado naqueles tempos. Richard de Fournival, chanceler de Amiens, escreveu em latim um poema intitulado *Vetula*, no qual o xadrez é descrito entre outros jogos. Condena ele o de dados, dizendo que "maculou o jogo quem primeiro o jogou com dados, pois a peça definha imóvel a menos que a sorte dos dados a movimente: e isso só foi feito ou porque poucos sabiam jogar devagar ou por esperança de lucro". Todavia, o proprietário original do manuscrito não gostou do tom moral dessa sentença e mudou-a de modo a expressar aprovação ao jogo com apostas.

A fascinação do xadrez mostrou-se mais forte que os editos da Igreja objetivando sua proibição. Muito antes de 1400, o xadrez já estava firmemente estabelecido nas cortes dos reis e entre a nobreza de todos os países europeus, a ponto de tornar-se contra os interesses da própria Igreja a manutenção de sua atitude hostil. A proibição foi relaxada e encontramos bom número de membros do clero entre os autores da primitiva literatura enxadrística européia.

O conhecimento do xadrez estendeu-se da Itália ao sul da Alemanha e à Suíça, e da Espanha à França. Na Inglaterra, o jogo tornou-se amplamente conhecido depois da invasão normanda. É mencionado já em 1230, mesmo na literatura islandesa.

É interessante acompanhar as modificações que os nomes das peças do xadrez sofreram nos diferentes países. O Rei não oferece problema. Seu nome, em todas as línguas, tornou-se a tradução da palavra *shah*. Igualmente, o Peão sempre se conservou como o equivalente do vocábulo árabe para designar soldado a pé (*Baidaq*). O árabe *Faras* também foi literalmente traduzido para Cavalo e só muito mais tarde passou a ser o homem a cavalo — o *Knight, Cavalier, Ritter, Springer,* etc. A significação da palavra *Rukh* não era geralmente conhecida e por isso o nome foi adotado sem modificação (*Roque, Rocco, Rook,* etc.). O vocábulo alemão *Turm* (*Tour, Torre, Castle*) só entrou em uso depois que os indianos parsas começaram a produzir jogos de xadrez esculpidos para consumo europeu, nos quais a *Rukh* tinha a forma de uma Torre carregada por um elefante.

O termo árabe *Firz* (Conselheiro), cuja significação foi esquecida, sobreviveu durante algum tempo na Espanha, sob a forma de *Ferz* ou *Alfferza,* que se transformou em *Fierge* ou *Vierge* no francês antigo. No final, porém, todo país europeu adotou o nome de Rainha para essa peça (*Dame,* ou *Königin* em alemão; *Dame* ou *Reine* em francês; *Dama* em espanhol).

Igualmente, *Al-Fil,* vocábulo árabe que significa elefante, foi adotado na Espanha, onde o Bispo é até hoje chamado de *Alfil,* e no italiano, onde o termo foi mal interpretado e transformou-se em *Alfiere,* o porta-estandarte.

Os alemães chamaram inicialmente a peça de Velho (*Der Alte*) e posteriormente de *Courir* (*Läufer*). Na Inglaterra, tornou-se *Bishop,* nome que foi também adotado pelos portugueses (Bispo). O francês *Fou* (tolo ou bobo da corte) talvez tenha derivado de uma corrupção do vocábulo árabe *fil* para *fol.* Provavelmente, tanto Bispo como Bobo resultaram de má interpretação do formato em que a peça era esculpida em alguns jogos de xadrez orientais. Uma fenda no alto da peça, destinada a representar as presas do elefante, foi tomada erroneamente por uma representação da mitra de bispo ou do gorro de bobo.

A rapidez com que o xadrez penetrou em toda a Europa foi realmente notável. No fim do século XI, era bem conhecido desde as praias do Mediterrâneo até a Islândia e desde Portugal até a Rússia, embora permanecesse durante muito tempo como um jogo das classes ociosas.

Provavelmente os menestréis itinerantes contribuíram muito para a difusão do conhecimento do xadrez. Parece que eram geralmente considerados como peritos no jogo e carregavam consigo equipamento de xadrez.

Era muito natural que os servos no castelo de um cavaleiro medieval aprendessem o jogo com seu senhor e que soldados mercenários adquirissem o mesmo conhecimento por ocasião das Cruzadas, que os nobres organizavam de tempos a tempos a fim de atenuar seu tédio. As classes populares mais pobres provavelmente nunca tiveram tempo de entediar-se e isso, sem dúvida, explica porque, na literatura medieval, não há alusões a trabalhadores braçais jogando xadrez.

Por outro lado, as descrições de incidentes relacionados com o xadrez, que encontramos em velhos manuscritos, são abundantes em informações sobre os costumes sociais dos ricos. Entre outras coisas, revelam que as maneiras dos assistentes nas partidas de xadrez sempre foram tão condenáveis quanto ainda hoje o são em muitos casos. Conselhos não solicitados eram dados com toda a naturalidade por esses intrometidos. Ficamos sabendo também que o xadrez era jogado com apostas de modo geral na França, ao passo que esse não era o costume na corte alemã.

Uma das mais antigas fontes de tais informações é um pitoresco poema do século XI referente à conferência realizada em 1022 entre o Imperador Henrique II e o Rei Roberto, da França, sobre uma ponte no rio Maas. O herói do poema fora enviado pelo imperador para apresentar suas condições de paz ao rei francês derrotado. Após regressar de sua missão, relata que fora primeiro atendido pelo vice-rei, que tentara em vão derrotá-lo no xadrez, assim como conhecer pormenores da mensagem. Finalmente, fora recebido pelo rei, transmitira as condições do imperador e recebera a promessa de uma resposta para o dia seguinte.

Murray traduziu da seguinte maneira a passagem referente à entrevista:

"O rei, pedindo um tabuleiro, ordenou que fosse colocada uma cadeira para ele e me mandou sentar no sofá à sua frente a fim de jogarmos juntos. Recusei vigorosamente dizendo: 'É coisa terrível para um homem pobre jogar com um rei.' Mas quando vi que não podia resistir, concordei em jogar, pretendendo ser derrotado por ele. Disse: 'Que ganho, pobre de mim, em ser derrotado por um rei? Mas temo, senhor, que logo ficareis furioso comigo, se a fortuna me ajudar a vencer.' O rei riu e respondeu jocosamente: 'Não é preciso, meu caro homem, ficar com medo disso; mesmo que eu jamais ganhe, não ficarei zangado. Sei claramente, porém, que desejo jogar convosco, pois quero aprender os lances desconhecidos que fizerdes'. Imediatamente, o rei e eu começamos a mover as peças e, como quis a sorte, venci três vezes, para grande surpresa de muitos de seus nobres. Ele fez uma aposta contra mim e não permitiu que eu apostasse nada contra ele. Deu-me o que havia apostado, de modo a não faltar uma única moeda. Seguiram-se muitos, ansiosos por vingá-lo, propondo apostas e desprezando minhas apostas, certos de nada perder e confiando muito na incerteza da fortuna. Ajudaram-se uns aos outros e prejudicaram-se ajudando-se tanto. Em meio a suas disputas, venci rapidamente três vezes, pois não queria jogar mais. Então me quiseram dar o que haviam apostado. A princípio recusei, pois achava indigno enriquecer-me à sua custa e empobrecê-los. Disse: 'Não estou acostumado a ganhar coisa alguma pelo jogo.' Eles disseram: 'Enquanto estiverdes conosco, vivei como nós; quando voltardes para casa, vivei como quiserdes'."

Notável advertência, feita por guerreiros de uma época cheia de preconceitos! As idéias de nossos militares, temo eu, não mostram sinais de tolerância comparável.

Pela literatura romântica medieval, sabemos que uma pessoa de categoria aprendia naturalmente a jogar xadrez. Como o mensageiro do imperador na história, há pouco mencionada, o herói de um romance sempre suplantava todos seus rivais no jogo. Não é de admirar que as crianças (tanto meninos como meninas) de famílias nobres aprendessem xadrez bastante cedo e que as damas às vezes se tornassem enxadristas mais fortes do que os cavalheiros de seu conhecimento.

Para o fim de jogar xadrez, um cavalheiro podia até mesmo visitar uma dama em seu quarto. Dizem que numerosos bons casamentos resultaram dessa prática, o que provavelmente contribuiu muito para a popularidade do xadrez medieval. Naturalmente, nem sempre um homem aceita com delicadeza a derrota imposta por uma mulher e, entre os raros casos desse tipo registrados, encontrei exemplos de comportamento masculino que não são adequados à publicação.

Durante a segunda metade da Idade Média, toda espécie de experiência foi feita com os movimentos das peças, a maioria delas tendente a reduzir a duração do jogo, embora algumas das modificações — creia-se ou não — fossem propostas por motivos de ordem moral.

Na forma do jogo que os muçulmanos levaram para a Europa, um Peão era sempre promovido a *Ferz* quando atingia a oitava fileira. Essa regra foi observada em toda parte até quando o nome do *Ferz* foi mudado para Dama. Surgiu então, aparentemente na cabeça de mais de um homem, a questão de saber se era apropriado permitir a um jogador ter mais de uma Dama no tabuleiro, transformando assim o Rei num polígamo. A princípio, isso motivou a proibição de levar um Peão a Dama antes que a Dama original do jogador tivesse sido capturada. Depois a regra foi modificada, de modo a permitir que o jogador promovesse o Peão a qualquer peça que desejasse — exceto o Rei, naturalmente — se ainda tivesse sua Dama. Finalmente, os escrúpulos morais dos puritanos foram abrandados dando-se à Dama obtida através da promoção do Peão um nome diferente daquele da Dama original, embora não houvesse diferença nos movimentos das duas peças.

A Torre e o Rei, as peças mais fortes no xadrez medieval, foram as únicas cujos movimentos ninguém pretendeu alterar. Por fim, não foram modificados senão os movimentos da Dama e do Bispo, passando este último a movimentar-se para qualquer casa vazia numa diagonal e aquela para qualquer casa vazia numa diagonal ou numa linha reta.

Essa modificação aumentou não apenas a força do Bispo e da Dama, mas também a do Peão, pois sua promoção a Dama quase sempre decidia a partida em pouco tempo. O enorme aumento da força da Dama reduziu materialmente o tempo do jogo e a extraordinária rapidez com que as novas regras foram adotadas em todos os países europeus prova como aquele resultado foi bem recebido por todos os aficionados do xadrez ou, pelo menos, pelos que preferiam jogar partidas a resolver problemas. Uma vasta literatura de xadrez, enriquecida de geração para geração durante sete séculos, tornou-se obsoleta com a adoção dos novos movimentos e era natural que os amantes de problemas tentassem aferrar-se à forma antiga do jogo.

Inutilmente, porém. O fim da Idade Média marcou também o fim do xadrez na forma em que a Europa o herdara do Oriente. Com exceção dos lugares desprovidos de comunicações com os centros de comércio, o jogo moderno formou-se definitivamente pouco depois de 1500. Desde então, os jogadores de xadrez não aceitaram mais modificações nos movimentos das peças, pela simples razão de terem, em quatrocentos anos, realizado muito pouco progresso no sentido de resolver o mistério em que o "novo" jogo os mantém tão agradavelmente envolvidos.

A situação do número relativamente pequeno de mestres do xadrez é diferente. Para eles, a maior parte do mistério foi desvendada pela incessante análise, cujo alcance vem aumentando de ano para ano, desde quando começou nos primeiros dias de nosso século científico. Chegamos agora a um ponto em que, numa partida entre mestres de xadrez de primeira categoria, a aptidão física e o conhecimento completo do jogo analisado tendem a decidir do resultado, mais do que a engenhosidade e a profundidade.

Há cerca de vinte e cinco anos, quando era campeão mundial, José Capablanca percebeu muito claramente que, embora a vasta maioria dos aficionados de xadrez não o soubesse, o xadrez dos mestres se estava aproximando de um estado indesejável. Com vistas a estender também para os mestres o período de mistério, por mais quinhentos ou mil anos, fez uma sugestão semelhante à proposta apresentada pelo mestre de xadrez inglês Bird, cinqüenta anos antes. No entanto, como essa sugestão envolvia o acréscimo de duas peças novas, chocou com a muralha de pedra da resposta estereotipada: "Não, o jogo atual é bastante bom para mim."

Uma cuidadosa investigação da proposta de Capablanca revela numerosas vantagens. As peças a serem acrescentadas eram ambas quase tão fortes quanto a Dama. Como contrapartes da última, que combina os poderes da Torre e do Bispo, Capablanca propôs um Chanceler, movimentando-se como uma Torre e como um Cavalo, e um Arcebispo, movimentando-se como um Bispo e como um Cavalo. Observei antes que o aumento da força da Dama, para seu nível atual, encurtou muito a duração do jogo. O acréscimo de mais de duas poderosas peças reduziria novamente à metade o tempo do jogo. Assim, numerosas pessoas que não se conformam em ficar sentadas por vinte ou trinta minutos, mas que concordariam em praticar um jogo que demorasse apenas dez ou quinze minutos, transformar-se-iam em aficionados potenciais do xadrez.

Capablanca colocou o Chanceler entre o Bispo e o Cavalo na ala do Rei, e o Arcebispo na casa correspondente na ala da Dama*. Como era natural, acrescentou um Peão à frente de cada uma dessas novas peças. Ficava assim cada jogador com vinte peças, em lugar de dezesseis, e o tabuleiro passava a ter dez em lugar de oito colunas verticais de casas. Joguei com Capablanca muitas partidas experimentais, que raramente demoravam mais de vinte ou vinte e cinco lances. Experimentamos tabuleiros de dez casas por dez e de dez casas por oito, concluindo que o último era preferível porque nele a luta corpo a corpo começava antes. No tabuleiro maior, permitimos que o Peão avançasse uma, duas ou três casas em seu primeiro lance. A produção de equipamento para essa nova versão de xadrez aumentaria muito o movimento dos fabricantes de jogos.

A maioria dos aficionados de xadrez sem dúvida continuaria a praticar o jogo comum e aceitaria a modificação de

* Bird colocava essas peças ao lado do Rei e da Dama.

Capablanca apenas ocasionalmente a título de diversão. Tenho certeza, porém, de que muitos novos aficionados prefeririam o jogo mais breve que, pelo acréscimo de duas peças novas, certamente não perderia nada da fascinação do xadrez padronizado. Para alguns a nova forma pareceria duplamente atraente, pois o vôo da fantasia não seria prejudicado desde o início pela memória do "ledor de livros".

Entretanto, há uma grave falha nesse raciocínio, que serve como desculpa favorita de muitos amadores depois de derrotados por um adversário. Argumentam então que poderiam ter vencido se conhecessem "o livro". O conhecimento do jogo analisado é de real utilidade apenas para o mestre, porque ele compreende a razão da preferência de um lance a outro e não lhe faz diferença que seu adversário se desvie ou não das linhas analisadas. O jogador mediano, porém, pouco ganha em decorar variações de livros, pois, no momento em que seu adversário faz um lance não mencionado nos livros, vê-se de novo entregue aos seus próprios recursos.

Por isso é que não posso concordar com a premissa de F. V. Morley em seu exemplar e delicioso livrinho intitulado *My One Contribution to Chess**. Morley aplica ao amador o mesmo argumento que Capablanca emprega com relação ao mestre. Revolta-se contra a forma de xadrez que hoje praticamos porque "invariavelmente beneficia a formiga (meu "ledor de livros") e invariavelmente massacra o gafanhoto (o bravo amador)". Sugere que não mexamos nas peças, mas modifiquemos o tabuleiro, acrescentando um "corredor" vazio de seis casas à direita e à esquerda do tabuleiro. No tabuleiro padronizado de oito casas por oito, argumenta ele, os Peões da Torre são injustamente prejudicados pelo fato de só poderem avançar numa direção, enquanto todos os outros Peões podem avançar para a direita ou para a esquerda. "Uma santa ira contra esse injusto tratamento dispensado aos Peões da Torre", diz ele, levou-o a conceber aqueles dois corredores.

* *Minha Única Contribuição ao Xadrez.*

Os Jogadores de Xadrez — pintura a óleo de Francesco di Giorgio (1439-1502) (Cortesia do The Metropolitan Museum of Art).

Inigualável jogo antigo de xadrez, esculpido em marfim, representando cada peça diferente. Os nomes dos peixes estão gravados na base, em latim (Cortesia de Lessing J. Rosenwald).

Tenho uma secreta desconfiança de que Morley inventou primeiro os corredores e depois imaginou uma razão magnânima para eles. Seja como for, a modificação atingiria sua finalidade principal: tornaria obsoletos todos os livros didáticos de xadrez. Entretanto, não conseguiria o resultado que Morley e, antes dele, Bird esperavam desse obsoletismo. O jogador com melhor compreensão dos princípios estratégicos que se aplicam ao jogo sairia sempre vitorioso, com corredor ou sem corredor.

Cada vez que releio o incomparável livro de Morley — já o li quatro vezes até agora — reforça-se minha convicção de que ele absolutamente não se importava com os Peões da Torre, nem talvez com qualquer modificação no xadrez, mas apenas utilizou seu amado jogo como um fio vermelho correndo através de capítulos biográficos e meditações filosóficas. Seja o que for que pretendesse, o resultado é uma pura condensação de prazer. Estou certo de que induziu a dedicar-se ao xadrez muitos de seus leitores que de outra forma talvez jamais o conhecessem por falta de amigos iniciados nas fascinações do jogo.

O XADREZ NA RÚSSIA

O xadrez russo é sem dúvida de origem puramente asiática, embora as regras geralmente adotadas na Europa Ocidental no começo dos tempos modernos sejam hoje observadas em toda a vasta extensão da União Soviética, tanto na Europa como na Ásia.

Os russos provavelmente tiveram pela primeira vez conhecimento do jogo já no século VIII, através de seus mercadores que levavam produtos de todas as partes do país rio abaixo, pelo Volga, até o mar Cáspio, a fim de embarcá-los para um porto persa e transportá-los depois em camelos até Bagdá, o grande mercado dos muçulmanos. Lá aprendiam a jogar xadrez com os árabes e persas, que nessa época já praticavam amplamente o jogo. Grande número de moedas árabes dos séculos VIII e IX, encontradas na bacia do Dnieper, prova que esse comércio entre eslavos e muçulmanos já se realizava antes do ano 800 depois de Cristo.

Quando os mongóis invadiram a Rússia nos séculos XII e XIII, levaram consigo sua própria variedade de xadrez, que devem ter recebido diretamente da Índia, através do Tibete, como indica a nomenclatura tibetana e mongólica do jogo. As peças de xadrez mongólicas apresentam algumas interessantes diferenças em relação aos formatos dados a elas em outras partes do mundo. O Conselheiro transformou-se num cão, o mais importante animal das tribos nômades; e o Elefante foi substituído pelo camelo de duas gibas, a besta de carga da Ásia Central. Isso sugere que as peças de xadrez não eram mais consideradas como representando as diferentes ramificações de um exército. Por outro lado, a Torre continuou a ser esculpida com a forma de um carro, lembrando-nos o carro do jogo indiano original. Possivelmente, o carro, para os mongóis, representava apenas seu meio de transporte mais essencial, tendo perdido sua significação militar.

O xadrez mongol, em formas ligeiramente modificadas, introduziu-se também entre as tribos do norte da Sibéria, onde aparentemente o jogo se tornou muito popular. As regras desses vários jogos tribais sem dúvida mudaram no decorrer dos séculos, em seguida à conquista do norte da Ásia pelos russos, à medida que informações sobre a maneira como o xadrez era jogado na corte se filtravam vagarosamente até as mais remotas regiões do império dos czares. Contudo, ainda no fim do século XIX, os russos asiáticos jogavam a velha forma de xadrez na qual a Dama se movimenta apenas de casa em casa diagonalmente, embora as modificações introduzidas na Europa Ocidental nos últimos tempos da Idade Média tivessem sido adotadas na corte dos czares duzentos anos antes, quando Pedro, o Grande, promoveu o intercâmbio entre os russos e as nações ocidentais.

Um curador da Universidade de São Petersburgo, que foi ao norte da Sibéria em 1895 realizar estudos etnológicos, verificou que todas as tribos — Samoyedes, Tungusianas, Yakuts, etc. — tinham entusiásticos jogadores de xadrez. Escreveu ele: "... Uma partida dura horas. Muitas vezes, não termina senão no segundo dia. Nas proximidades, senta-se uma multidão de espectadores, que fitam o tabuleiro em silêncio. Quando, porém, é feito um lance, se for inesperado, belo ou brilhante e mais particularmente se envolver o sacrifício de uma peça, os espectadores pulam, gritam alto, mostram sinais de alegria ou dançam e até mesmo choram de excitação. O jogador muitas vezes pensa durante uma hora antes de fazer um lance. O final de uma partida é uma verdadeira cena de festa. A excitação muitas vezes leva os jogadores a aumentarem suas apostas ao ponto de a derrota no jogo envolver a ruína absoluta do vencido. Para começar, apostam-se as renas; depois, os cães; depois, as roupas; em seguida, todos os bens de um homem; e, no final, até mesmo as mulheres são apostadas..."

Quando o Cristianismo foi introduzido na Rússia, pouco antes do ano 1000 depois de Cristo, a Igreja tentou suprimir o xadrez, com a mesma falta de êxito que tiveram tentativas semelhantes no Oriente Próximo e na Europa Ocidental. Quando lemos algumas das ameaças eclesiásticas feitas aos jogadores de xadrez, perguntamos a nós mesmos como conseguiram eles reunir coragem suficiente para aferrar-se ao jogo. Murray cita um trabalho escrito em 1550, mais ou menos, pelo proto-hierarca Silvestre, que, num capítulo intitulado "Da Vida Má", diz: "... Mas o homem que não vive de acordo com Deus e a vida cristã... que é bêbedo, ... ou pratica feitiçaria e adivinhação, que compõe venenos, ... que pratica todas as espécies de prazeres diabólicos, ... ou joga *shahkmaté...*, quer o faça ele próprio, ou seu senhor ou senhora ou seus filhos, servos e camponeses o façam e ele não proíba e impeça... verdadeiramente devem todos habitar no inferno juntos e devem ser amaldiçoados sobre a terra."

A pressão exercida pela Igreja finalmente recebeu o auxílio dos czares, que baixaram vários editos nos quais o xadrez era incluído entre os passatempos proibidos. Todavia, a reação dos russos foi a mesma do público leitor de hoje quando um livro é proibido por um censor. Jogaram mais xadrez do que nunca antes e viajantes estrangeiros do século XVIII ficaram invariavelmente impressionados pela prevalência do jogo entre todas as classes da população.

Os próprios czares, naturalmente, sentiam-se acima de sua lei e continuaram a jogar xadrez abertamente. Ivã, o Terrível, morreu mesmo diante do tabuleiro de xadrez. Murray cita um dramático relato da cena da morte, feito por um inglês que visitava Moscou na ocasião:

"Brought forth, setts him downe upon his bead; calls Rodovone Boerken, a gentilman whome he favored to bringe the chess board. He setts his men (all savinge the kinge, which by no means he could not make stand in his place...): his chieff favorett and Boris Fedorowich Godonove and othere about him. The Emperor in his lose gown, shirtt, and lynen hose, faints and falls backward. Great owtcrie and sturr, onde sent for Aqua vita, another to the oppatheke for marigold and rose water, and to call his gostlie father and the phizicions. In the mean he was strangled and stark dead... "*

Pouco depois de a corte de Pedro, o Grande, ter adotado o jogo moderno europeu, começaram a aparecer na Rússia livros sobre xadrez. Todavia, como as grandes massas do povo eram conservadas analfabetas sob os czares, o número de adeptos conquistados pelo novo jogo foi necessariamente limitado. No entanto, quando a União Soviética introduziu a educação universal, os livros de xadrez passaram a fazer parte da literatura acessível a todos e o xadrez logo alcançou a posição de um jogo nacional.

O governo russo apóia ativamente o xadrez, da mesma forma que os esportes físicos. Considera o jogo um excelente treinamento mental. É possível que essa atitude tenha sido em parte inspirada pelo grande amor de Lênine ao xadrez. Lênine disputou mesmo diversos torneios de xadrez e venceu algu-

---

* O trecho citado foi deixado como estava no original por ser redigido em inglês arcaico (N.T.).

mas competições pouco importantes. Máximo Gorki, que Lênine visitou certa vez na ilha de Capri, conta como o líder russo ficava excitado quando jogava com um certo Bogdanovich, que lá residia: "Quando ele perdia uma partida levava a coisa muito a sério e ficava tão desconsolado como uma criança."

O número de aficionados de xadrez existentes hoje na Rússia é realmente estonteante. A Federação Russa de Xadrez tem vários milhões de membros, que participam ativamente de torneios. Dez mil mulheres tomaram parte, recentemente, nas preliminares organizadas para classificação das candidatas ao título nacional feminino. Regressando de Moscou, onde participara do primeiro torneio de mestres internacionais realizado em 1925, o campeão americano Frank Marshall declarou que em certos dias o trânsito na capital soviética ficou paralisado pelas multidões que tentavam ingressar no edifício onde se disputavam as partidas.

O viveiro dessa enorme atividade enxadrística pode, naturalmente, ser encontrado nas escolas. O jogo é ensinado nas escolas russas a todas as crianças que tirem boas notas nas matérias do ensino geral. Nos Estados Unidos, sistema semelhante foi recentemente experimentado em Milwaukee e em resultado, segundo me disseram, o interesse pelo xadrez aumentou enormemente naquela parte do país.

Nesse desenvolvimento precoce do interesse pelo xadrez, há um ângulo que parece ter escapado àqueles que trabalham no setor das relações entre empregados e empregadores. Um meu amigo austríaco, que esteve na Rússia como prisioneiro de guerra, contou-me uma história significativa sobre a vida industrial russa. No inverno, assim que soam as campainhas ao meio-dia, profundo silêncio cai sobre a fábrica. A razão? Todos os operários correm para seus tabuleiros de xadrez e, demonstrando interesse meramente casual por sua alimentação, jogam durante a hora do almoço.

Não é de admirar que, num ambiente de tão intensa vida enxadrística, a descoberta de talentos não ofereça nenhuma das dificuldades encontradas em países onde falta a constante emulação nos períodos de recreio na escola e entre as horas de trabalho. Hoje, com as condições na Rússia eminentemente propícias ao rápido desenvolvimento de jogadores talentosos, existe lá uma dúzia de mestres para cada um que se encontre nos outros países.

Em qualidade, os grandes jogadores do Ocidente são iguais aos russos. Devido, porém, à enorme atividade enxadrística na Rússia, a análise dos lances de abertura lá progrediu muito mais do que tudo quanto conhecemos no Ocidente, e o conhecimento de variações analisadas é vantagem demais, para ser enfrentada num torneio, mesmo pelos maiores gênios mundiais do xadrez. Essa é, em parte, a razão pela qual a disputa do campeonato mundial de 1948 terminou pela vitória de um russo, com uma diferença fora de proporção com o nível real de força dos outros contendores.

CAPÍTULO II

A literatura e os primeiros mestres do xadrez reformado

LUCENA, DAMIANO E RUY LÓPEZ

O primeiro livro contendo as regras do xadrez reformado do Mundo Ocidental foi escrito lá pelo fim do século XV por um espanhol chamado Lucena, o qual aparentemente havia aprendido as novas regras apenas algum tempo antes e ainda as confundia aqui e acolá com as regras do jogo antigo, que também foram citadas em seu livro.

Pelos conselhos que Lucena dá a seus leitores, percebemos que o xadrez era ainda jogado geralmente com apostas e que os jogadores não eram muito escrupulosos quanto aos meios por eles empregados para levar vantagem sobre um adversário.

Entre as sugestões de Lucena, encontramos estas: "A peça tocada deve ser movida ainda que não exista aposta, a menos que deixe o Rei em xeque..." "Se jogardes à noite com uma única vela, colocai-a de vosso lado esquerdo, de modo que não atrapalhe vossos olhos; se jogardes de dia, colocai vosso adversário voltado para a luz, o que vos dará grande vantagem.

Procurai também jogar com vosso adversário quando ele tiver acabado de comer e beber abundantemente. Para jogar durante muito tempo é melhor ter comido ligeiramente. Para evitar de ficar atordoado durante o jogo, deveis beber água, mas, de maneira alguma, vinho. E jogai apenas em períodos curtos e com apostas bastante pequenas para evitar a possibilidade de sua perda pesar em vossa mente..."

A julgar-se pelos exemplos que Lucena dá de aberturas recomendadas, devemos concluir que ele era um jogador muito fraco e não é de surpreender que seu livro não tenha sobrevivido por muito tempo. Embora qualitativamente não muito melhor, um livro publicado em Roma, em 1512, pelo boticário português Damiano obteve grande êxito, provavelmente porque continha uma parte considerável dedicada aos problemas de xadrez, setor pelo qual grande número de aficionados se interessava mais do que pelo jogo prático. O livro de Damiano teve sete edições antes de 1560 e foi copiado no século XVII em duas ocasiões por "autores" que nele puseram seus nomes, esquecendo-se de mencionar Damiano. O livro foi também traduzido para o francês e o alemão, tendo o nome de Damiano permanecido vivo entre os jogadores de xadrez durante três séculos.

Em 1559, um padre espanhol, Ruy López de Segura, que era considerado um dos jogadores mais fortes da Espanha, visitou Roma e mostrou-se superior aos principais enxadristas da Itália. Viu a obra de Damiano, expressou sobre ela opinião desfavorável e decidiu escrever ele próprio um livro. O volume apareceu em 1561 e representa indiscutivelmente o primeiro compêndio que oferece aos jogadores de xadrez informações de substância. Uma das aberturas por ele sugerida como boa para as Brancas, e que levou seu nome, é ainda hoje uma das armas mais fortes dos jogadores de torneio.

Durante vinte anos, Ruy López se manteve como o primeiro jogador da Espanha e o Rei Filipe II, em cuja corte era freqüentemente convidado a jogar, recompensou prodigamente sua habilidade. Durante todos os séculos XVI e XVII, nobres ricos em todos os países europeus protegeram bons jogadores de xadrez, como faziam com pintores e músicos. A perícia no xadrez tornou-se assim uma lucrativa fonte de renda e os grandes mestres começaram a viajar além das fronteiras de seus países, enfrentando os melhores jogadores estrangeiros na presença de seus patronos. Nessas ocasiões, o vencedor era sempre bem recompensado. O número de "cavaleiros errantes" que procuravam fama e fortuna através da habilidade no xadrez aumentou de ano para ano.

BOI, SALVIO, GRECO E STAMMA

Os principais jogadores italianos na segunda metade do século XVI foram Giovanni Leonardo e Paolo Boi. Ambos derrotaram Ruy López em partidas disputadas perante Filipe II e a supremacia no xadrez passou assim da Espanha para a Itália.

A vida de Boi foi cheia de aventuras. Da Espanha ele foi a Portugal e jogou com o Rei Sebastião, antes de seguir para a Sicília, onde o Rei Filipe lhe dera um lucrativo cargo. Na viagem, foi capturado por piratas argelinos, mas sua perícia no xadrez conquistou-lhe a liberdade. Da Sicília foi a Milão, Veneza e, daí, à Hungria. Continuou a viajar e exibir sua perícia durante mais de dez anos, ganhando mais de trinta mil coroas — importância colossal numa época em que um homem podia viver confortavelmente com uma renda anual de quinhentas a mil coroas.

Em 1558, Boi foi convidado a disputar um *match* com Alessandro Salvio, jovem mestre em ascensão, em Nápoles. Boi fez uma combinação de cinco lances, capturando a Dama de Salvio; este, porém, vira mais longe; reconquistou a Dama no sétimo lance e venceu a partida. Boi disse: "A mocidade pode conseguir mais do que a velhice. Estais no apogeu de vossa vida e eu tenho setenta anos." Três dias depois, Boi foi encontrado morto envenenado em seus aposentos.

O conhecimento do xadrez progrediu enormemente devido à exploração de novas aberturas por Salvio e seus contemporâneos, Giulio Polerio e Giacchino Greco. Esses mestres geralmente não divulgavam suas descobertas. As altas apostas que faziam ao jogar induziam-nos a guardar para si suas anotações, a não ser quando podiam vendê-las por bom preço a um rico patrono do jogo. Felizmente, conseguiam isso com muita freqüência e, assim, muitas de suas análises foram preservadas para nós, revelando o grande progresso que seu método de jogo representava em relação ao ensinado por Ruy López.

Greco, descendendo de uma família pobre, não teve a vantagem de uma boa educação. Todavia, como Boi anteriormente, tinha um espírito aventuroso que o levou a procurar fortuna em terras estrangeiras. Em toda parte onde esteve, levou à vitória o estandarte da escola italiana de xadrez. Em 1621, encontramo-lo na corte do Duque de Lorena, em Nancy. De lá foi para Paris, onde ganhou cinco mil coroas em pouco tempo, jogando contra três nobres que eram os principais mestres da França: o Duque de Nemours, Arnault le Carabin e Chaumont de la Salle. Em 1622 viajou para a Inglaterra, onde permaneceu dois anos. Todo o dinheiro que ganhara na França foi-lhe roubado por ladrões em sua viagem para Londres. Recuperou boa parte dele antes de regressar à França e aumentou muito sua fortuna com as vitórias sobre todos os adversários que encontrou na corte de Filipe IV, em Madri. Nunca mais voltou a ver a Itália. Um nobre espanhol levou-o numa viagem às Índias Ocidentais e lá ele morreu em 1634, deixando seus bens aos jesuítas.

Os franceses e ingleses jogavam xadrez tanto quanto os italianos, mas eram prejudicados pela falta de uma literatura enxadrística própria. Traduções do trabalho de Ruy López era tudo quanto os estudiosos franceses tinham para consultar, até quando os manuscritos de Greco, diversos dos quais foram por ele vendidos durante sua estada na França, ofereceram um estímulo para novo trabalho analítico.

Catarina de Médicis, Henrique IV e Luís XIII eram todos hábeis jogadores de xadrez e a corte manteve-se como o principal centro de reunião dos aficionados do jogo até quando foram abertos cafés em todas as partes de Paris, no fim do século XVII. Esses estabelecimentos ofereciam aos jogadores de xadrez, de todas as classes, uma auspiciosa oportunidade para se reunirem.

Em Londres também os cafés — particularmente o famoso *Slaughter's* — tornaram-se os campos de treinamento de fortes jogadores. Entre eles incluía-se Alexander Cunningham, cujo nome foi dado a uma variação do Gambito do Rei que permaneceu popular durante cerca de duzentos anos. O *Slaughter's* era também freqüentado pelo famoso Philip Stamma, um nativo da Síria, que publicou um *Essay sur le Jeu des Echecs** em Paris no ano de 1737 e que obteve a posição de "intérprete de línguas orientais do governo inglês", sem dúvida com o auxílio de amigos ingleses altamente colocados e desejosos de conservá-lo em Londres a fim de aproveitarem-se da oportunidade de praticar o jogo com um de seus mestres.

Em 1745, Stamma publicou *The Noble Game of Chess***, uma edição revisada de seu livro francês, empregando pela primeira vez a "notação algébrica", na qual as colunas verticais do tabuleiro são marcadas de "a" a "h", começando à esquerda das Brancas, e as fileiras horizontais são numeradas de 1 a 8, começando do lado das Brancas.

Isso simplificou enormemente a descrição dos lances, quando comparada com a maneira desajeitada como eram descritos anteriormente por todos os outros escritores. Foi essa, provavelmente, uma das razões da grande popularidade do livro de Stamma. Outra foi a inclusão de cem estudos de finais de partida, o que fez reviver forte interesse pelo problema de xadrez em toda a Europa. Muitas edições do livro de Stamma foram impressas em francês, inglês, alemão, holandês e italiano, a última delas aparecendo cerca de 120 anos depois da data de sua primeira publicação.

---

* *Ensaio Sobre o Jogo de Xadrez.*

** *O Nobre Jogo de Xadrez.*

Stamma foi decisivamente derrotado em 1747 por um jovem músico francês, André Danican Philidor, que estava destinado a tornar-se um dos mais famosos mestres de xadrez de todos os tempos. Philidor tinha apenas vinte e um anos quando disputou esse *match* no *Slaughter's,* mas se sentia tão certo de sua vitória que concedeu a Stamma o primeiro lance em cada uma das dez partidas da disputa, lhe deu a vantagem de um empate e apostou na base de 5 contra 4 em cada partida. Ganhou oito partidas, empatou uma e perdeu uma.

Philidor era um gênio na música, assim como no xadrez. Seu pai fora o tocador de baixo favorito de Luís XIV e, quando morreu, o rei colocou o pequeno André como menino de coro em sua capela. Tinha somente onze anos quando foi executado na presença do rei um "Motete com Grande Coro" que havia composto. Quando atingiu a idade de catorze anos — limite estabelecido para os meninos do coro — Philidor precisou deixar a capela e sustentou-se em Paris copiando música e dando aulas de música a alguns discípulos.

Em sua *Life of Philidor**, George Allen, o biógrafo do mestre francês, conta como Philidor aprendeu xadrez observando os integrantes da orquestra da capela que, enquanto esperavam a chegada do rei, jogavam toda manhã sobre um comprido banco, perto do altar, no qual haviam desenhado seis tabuleiros de xadrez: "Certa manhã, quando um velho músico, que chegara muito cedo, resmungou por não ter com quem jogar, o menino, com modesta hesitação, ofereceu-se para fazer o que pudesse. Tal oferta, partindo de um menino de menos de dez anos, parecia bastante ridícula, mas foi aceita com satisfação. Quando o jogo se desenvolveu, os risos transformaram-se em admiração e a admiração em cólera. O menino observou o escurecimento da nuvem e acompanhou a aproximação do xeque-mate com um deslizamento tão gradual em direção à ponta do banco que, quando estourou a tempestade, conse-

* *Vida de Philidor.*

guiu alcançar a porta antes que pudesse ser atingido pelos velhos músicos enraivecidos. No dia seguinte, houve uma briga pela honra de jogar com o maravilhoso menino."

Quando Philidor deixou a capela, tinha a fama de ser o melhor jogador da orquestra. A boa fortuna dirigiu seus passos para o Café de la Régence, que já estava bem adiantado no sentido de tornar-se o centro da atividade enxadrística da França. A maioria dos bons jogadores de xadrez de Paris mudara-se para lá, de outro café, onde Voltaire ia regularmente jogar sua partida de xadrez, pela divertida razão de sentirem-se comprimidos pelas numerosas pessoas de tendências literárias que compareciam ao estabelecimento apenas para ver o famoso escritor.

No Régence, a primeira partida de Philidor foi com Monsieur de Kermur, Sire de Légal, o mais forte jogador da França, que tomou carinhoso interesse pelo menino e se tornou seu professor. Légal deu-lhe no começo a vantagem de uma Torre e reduziu gradualmente essa vantagem até dois anos mais tarde, quando mestre e discípulo jogavam em condições de igualdade. Philidor, porém, jamais ganhou uma partida de Légal, até quando regressou de seu vitorioso encontro com Stamma.

Em 1741, Jean-Jacques Rousseau chegou a Paris com 29 anos de idade, na esperança de fazer nome e fortuna com um novo esquema de notação musical. Não obteve êxito nesse sentido e procurou outro setor no qual pudesse mostrar-se supremo. Começaram assim suas visitas diárias ao Café de la Régence, onde enfrentava os mais fortes jogadores que encontrava, inclusive Philidor. Todos derrotavam Rousseau, mas este jamais se desencorajava, convencido de que um dia os venceria. Precisou sair de Paris para servir como secretário particular do embaixador francês em Veneza. Foi uma boa coisa, pois de outro modo talvez sucumbisse vítima de sua mania de xadrez. Quando voltou a Paris em 1745, tentou novamente alcançar a grandeza por meio da música. Reiniciou o trabalho numa ópera em três atos, intitulada *Les Muses Galantes,* que havia posto de lado ao fazer sua tentativa de conquistar louros no xadrez. Desejava apresentar primeiro a ópera em caráter privado, na casa de Monsteur de la Popelinière, um homem rico e de alta posição social, que gostava de reunir ao seu redor gente famosa. Tinha seu próprio teatro e sua própria capela, cujo organista era o grande compositor Rameau.

Philidor, que nesse meio tempo compusera vários motetes executados no Concert Spirituel, era um dos freqüentadores das funções promovidas por la Popelinière. Rousseau pediu-lhe que o ajudasse a pôr a sua ópera em forma apresentável. Foi um trabalho ingrato. Rameau elogiou, como obra de um músico consumado, as partes feitas por Philidor e expressou seu desgosto pelo resto, que considerou como evidentemente escrito por um completo desconhecedor da arte. Rousseau jamais revelou quais as partes em que Philidor colaborara.

No mesmo ano, Philidor acompanhou um certo Signor Lanza à Holanda. A filha de Lanza, de 13 anos de idade, era uma tocadora fenomenal de cravo e dera diversos recitais na casa de la Popelinière. O pai organizara uma série de doze concertos a serem dados pela jovem em conjunto com o famoso violinista Geminiani. Ofereceu a Philidor a oportunidade de ter algumas de suas composições executadas e de partilhar das possíveis rendas dos concertos. Infelizmente, a filha de Lanza morreu de repente, um dia antes daquele em que deveria encontrar-se com Lanza e Philidor em Roterdã, para onde ambos haviam seguido na frente. Philidor lá ficou abandonado, sem dinheiro para voltar a Paris. Foi essa a causa imediata de ter adotado o xadrez como meio de vida.

O exército inglês encontrava-se estacionado na Holanda, na época, e Philidor encontrou, entre seus integrantes, muitos adversários que lhe pagavam boas somas por suas partidas. Conheceu também alguns ingleses influentes que se mostravam dispostos a ajudá-lo. Um deles arranjou o *match* com Stamma para o qual Philidor foi a Londres em 1747.

No ano seguinte, com o auxílio de contribuições de seus amigos ingleses, Philidor publicou sua *Analyse du Jeu des Echecs**, livro que se tornou um dos mais famosos compên-

* *Análise do Jogo de Xadrez.*

dios da história do xadrez. Foi o primeiro livro que deu, pormenorizadamente, as razões dos movimentos que recomendava nas várias aberturas discutidas. As notas explicativas dos autores anteriores haviam sido sempre tão escassas que os estudiosos delas tiravam pouco benefício. As exaustivas anotações de Philidor — estivessem certas ou erradas — atraíram grande número de leitores e a primeira edição do livro teve três impressões no primeiro ano de sua publicação. Foi reimpressa muitas vezes nos anos posteriores e traduzida para quase todos os idiomas europeus.

Possuo um exemplar da segunda edição ampliada do livro que Philidor publicou em 1777. Novamente a publicação foi financiada mediante contribuições. Uma lista dos contribuintes aparece anexa ao prefácio. Assemelha-se a uma relação de nobres ingleses e franceses, incluindo muitos nomes famosos. A lista é encabeçada pelo irmão de "Sua Mui Cristã Majestade" e pelo Príncipe Carlos de Hesse. Contei duas altezas reais, dezessete duques, cinco marqueses, dez condes, vinte lordes e um número espantoso de marquesas e condessas, além de generais, cavaleiros e outras personalidades tituladas. Diderot e Voltaire estão entre os luminares literários representados na lista.

O êxito de seu livro e as generosas somas que os aficionados ingleses de xadrez pagavam por suas exibições proporcionaram a Philidor uma boa renda e durante algum tempo pareceu que ia fixar residência permanente em Londres. Entretanto, foi logo dominado pela proverbial sede de viagens do artista jovem e quando, em 1750, soube que Frederico, o Grande, estava interessado pelo xadrez, partiu para Berlim. O rei observou-o jogar em Potsdam várias vezes, mas não jogou pessoalmente com ele.

O célebre matemático Leonhard Euler — muito conhecido entre os estudiosos do xadrez por sua solução algébrica do giro do Cavalo — estava nessa época vivendo em Berlim. Por uma carta sua, que foi preservada, sabemos que partilhava do interesse despertado pela visita de Philidor e gostaria de ter disputado uma partida com ele. Todavia, Philidor permaneceu em Potsdam, onde Frederico mantinha sua corte, e Euler não pôde encontrá-lo em Berlim. Em sua carta, Euler acrescenta que Philidor, embora considerado um homem muito moço, estava viajando em companhia de uma jovem dama, cujo encanto o envolvia constantemente em dificuldades, devido à rivalidade de certos militares.

Philidor voltou a Londres, onde ia ser executada certa "Música Latina" (Sacra) que havia composto. Verificou nessa ocasião que sua brilhante reputação de enxadrista prejudicara sua reputação como músico. Espalhou-se o rumor de que a música não era de sua autoria, mas sem dúvida tirada de algumas velhas fontes italianas, "porque não é possível ser ao mesmo tempo grande jogador de xadrez e compositor original". Para silenciar essas calúnias, Philidor prontificou-se a musicar a *Ode on St. Cecilias's Day,* de Pope, um poema moderno que certamente não poderia ter sido composto por outrem em data anterior. A Ode foi executada no Haymarket Theatre em 1754 e o grande Handel comentou-a favoravelmente.

Possivelmente foi a irritação causada por essa questão que decidiu Philidor a deixar Londres no mesmo ano e regressar a Paris, a fim de dedicar-se inteiramente à composição musical e só jogar xadrez como recreação. A única disputa séria que teve em Paris foi um *match* com Légal no Café de la Régence. Finalmente, Philidor conseguiu derrotar seu antigo mestre.

Em seu trabalho musical, Philidor deu um passo decisivo mudando da música sacra para a ópera-cômica, terreno muito mais adequado ao seu temperamento. Talvez a lembrança do trabalho que fizera em *Les Muses Galantes* de Rousseau tenha tido alguma influência em sua decisão. Em qualquer caso, conquistou imediatamente grande êxito. Mais de vinte de suas óperas ligeiras foram apresentadas com casas cheias nos quinze anos seguintes. Tentou primeiro fazer seu trabalho ser apresentado no Théatre Italien, cujo repertório consistia, principalmente, de ópera clássica. Suas composições foram desdenhosamente recusadas e Philidor levou-as ao Théatre de la Foire. O resultado foi que o Théatre de la Foire ganhou dinheiro enquanto o Théatre Italien apresentava seus espetáculos com a casa vazia. Finalmente, este último se viu à beira da falência, mas Philidor bondosamente o salvou, arranjando uma fusão com o Théatre de la Foire. A Opera Comique de hoje é o resultado dessa fusão.

Em 1772, Philidor finalmente cedeu aos numerosos convites recebidos de seus amigos ingleses e visitou Londres, onde um Clube de Xadrez, limitado a cem membros com uma subscrição de três guinéus, fora formado, a fim de tornar possível contratar Philidor para uma estada de quatro meses todo inverno. A regra limitando o número de membros precisou ser posta de lado, pois muitas pessoas da alta sociedade, que não podiam, sem dificuldades, ser recusadas, insistiram em entrar para o Clube de Xadrez, que se tornou um dos mais elegantes clubes de Londres. A lista de contribuintes para a segunda edição da *Analyse* de Philidor, antes mencionada, é testemunho da categoria dos membros do clube.

Philidor passou todos os invernos em Londres até o início da Revolução Francesa, quando resolveu fixar-se definitivamente na Inglaterra. Embora tivesse freqüentemente jogado xadrez com Robespierre no Café de la Régence, provavelmente achou que tinha muitos amigos entre os nobres da França e da Inglaterra para voltar à sua terra natal sem arriscar o pescoço. Morreu em 1795.

Entre os estudiosos de xadrez, Philidor é conhecido como o primeiro a acentuar a importância da movimentação adequada do Peão. Ainda hoje a maioria dos aficionados de xadrez poderia aproveitar muito de seu conselho, no sentido de nunca se fazer um movimento de Peão sem boas razões. No entanto, Philidor exagerou a importância do jogo de Peão, em detrimento do jogo com as outras peças. Por isso, do ponto de vista do bom xadrez, é muito superior um livro escrito por seu contemporâneo, o italiano Giambattista Lolli, e publicado em 1763.

O livro de Lolli continha mais de seiscentas páginas, a maioria delas dedicada à exaustiva anotação das análises dos dois grandes jogadores italianos do século XVIII, Domenico Lorenzo Ponziani, professor de Direito Civil na Universidade de Modena, e seu colega Ercole del Rio.

Estes "Mestres de Modena" atribuíam a principal importância à mobilidade das peças principais. Consideravam o movimento de um Peão na abertura exclusivamente dentro desse ponto de vista e criticavam, como prematura, a preocupação de Philidor pela manutenção de uma formação cerrada de Peões no meio do tabuleiro, com vistas a promover um deles a Dama no final da partida. Essa diferença no tratamento da abertura dava ao estilo de jogo italiano muito mais animação e interesse, mas a escola de Philidor permaneceu dominante na França e na Inglaterra, porque no jogo prático Philidor não tinha rival.

JOGO COM OS OLHOS VENDADOS

Por alguma estranha razão, fez-se muito alarde, tanto na França quanto na Inglaterra, do jogo de Philidor sem ver o tabuleiro, embora o jornalista, que escreveu com tanto entusiasmo sobre suas exibições com os olhos vendados, pudesse facilmente ter verificado que outros, antes dele, haviam igualado, se não superado, os seus feitos. O autor do artigo sobre xadrez na famosa *Encyclopédie*, de Diderot e D'Alambert, que estava presente quando Philidor enfrentou dois adversários com os olhos vendados aos 18 anos de idade, registrou essa *performance* como uma das mais fenomenais manifestações da mente humana. Pergunto-me o que teria dito ele se visse, cerca de cem anos mais tarde, o mestre americano Harry Nelson Pillsbury jogar simultaneamente com os olhos vendados dezesseis partidas de xadrez, juntamente com duas partidas de dama, ao mesmo tempo que se empenhava numa partida de uíste.

A capacidade de jogar sem ver o tabuleiro é um dom especial que pouca relação tem com a aptidão para o xadrez, embora vários grandes mestres tenham sido também grandes jogadores de olhos vendados. A faculdade mais importante é uma visualização clara das relações geométricas das casas do tabuleiro. Discutindo a questão com Alekhine, por ocasião de sua *performance* recorde-mundial na Feira Mundial de Chicago em 1933, quando jogou contra trinta e dois adversários, verifiquei que ele partilhava de minha incapacidade de distinguir claramente entre as cores, sendo muito provável que outros jogadores de olhos vendados encontrem a mesma dificuldade. As peças pretas e brancas, e também as casas, tudo parece cinzento aos olhos da mente, distinguindo-se apenas por um débil contraste na tonalidade.

A gente nunca vê claramente todo o tabuleiro. Raramente mais de oito ou nove casas parecem estar "focalizadas". O resto do tabuleiro parece nublado e só pode ser visto claramente quando se transfere a "visão" para a área desejada.

Jogando simultaneamente com número considerável de adversários, um enxadrista de olhos vendados geralmente escolhe suas aberturas de modo que uma série de quatro ou cinco delas seja sempre repetida na mesma ordem. Desse modo pode saber qual foi a abertura pelo número do tabuleiro e evitar confusões que, de outra forma, provavelmente ocorreriam devido à repetição constante de lances como C3B, B5C ou Roque, em quase toda partida.

O jogo de olhos vendados exige, naturalmente, considerável esforço mental, não obstante as afirmações em contrário por parte de alguns jogadores. Na Rússia, as exibições com os olhos vendados são absolutamente proibidas, pelas mesmas razões que o uso de drogas. Ambos são considerados prejudiciais à saúde.

De grande utilidade para os jogadores de olhos vendados é o emprego do sistema algébrico de notação, porque designa tanto a casa da qual uma peça é movida como a casa para a qual ela é movida, ao passo que somente a última é mencionada na notação descritiva.

CAPÍTULO III

Os trovadores enxadristas do século XIX

ALEXANDRE LOUIS HONORÉ LEBRETON DESCHAPELLES

As atividades enxadrísticas de Philidor na França e na Inglaterra despertaram tão grande interesse pelo jogo que não houve, em qualquer dos dois países, falta de aspirantes ao trono vago com sua morte. Nem os autores de livros de xadrez se demoraram muito em competir com a *Analyse* de Philidor. A maioria destas últimas tentativas falhou porque os novos livros eram pouco mais que imitações do trabalho do mestre francês. Contudo, os jovens enxadristas que se destacaram demonstraram muita originalidade e seu estilo de jogo logo se mostrou superior ao daqueles que se mantinham fiéis aos princípios de Philidor.

O primeiro sucessor de Philidor foi Alexandre Deschapelles, indivíduo estranho, de caráter arrogante, que herdara de seus pais nobres um sentimento de superioridade individual em desacordo com o período revolucionário no qual nasceu. Em 1794, quando tinha catorze anos de idade, a escola militar a que fora mandado — a mesma escola que Napoleão deixara apenas alguns anos antes — foi destruída. Voltando a Paris, soube que todos os seus parentes haviam fugido do país e alistou-se no exército. Depois da batalha de Mainz, foi parar no hospital, coberto de ferimentos e sem a mão direita. Foi condecorado por bravura e tornou-se assistente do comissário da guerra. Mais tarde, obteve uma posição política altamente rendosa em Estrasburgo. Perdeu-a de novo quando o governo caiu e, depois de muitas aventuras, tornou-se jogador profissional de xadrez.

Ficou conhecendo o jogo, durante umas férias que passou em Paris, quando tinha dezoito anos de idade. A história do incidente, como de hábito, foi enfeitada com pormenores fantasiosos. Deschapelles repetiu-a tantas vezes que, por fim, provavelmente ele próprio nela acreditava. Não posso admitir que mais alguém acreditasse. Eis o que ele relata:

"Eu estava caminhando pelos jardins do Palais Royal, incerto ainda sobre como ia passar a noite. Passando por um local pouco iluminado, notei um grupo de homens completamente absortos num jogo que eu nunca antes vira. Entrei e perguntei a um criado o que estavam fazendo aqueles homens e se um estranho podia observá-los. Respondeu-me que estavam jogando xadrez e eram membros de um clube, no qual se ingressava sob certas condições, sendo uma delas o pagamento de uma taxa mensal de doze *sous*. Joguei um *thaler* sobre a mesa. 'Aqui está! Para dez meses!'"

"Em seguida, pedi-lhe que me mostrasse o indivíduo considerado como jogador mais forte e acompanhei atentamente seu jogo durante duas horas. Seus segredos, a princípio incompreensíveis para mim, revelaram-se rapidamente à minha mente e creio que, se já não fosse tarde, teria desafiado para uma partida esse Sr. Bernard, que eu vinha observando tão cuidadosamente.

"Eu não dissera uma palavra e minha primeira pergunta — pareceu-me ter causado grande impressão no grupo — foi se ele faria a honra de aceitar-me como seu adversário. 'A partir de amanhã, jovem *citoyen*, se isso lhe convém.' 'O lugar e a hora?' 'Às sete horas da noite, aqui mesmo! Não precisará esperar!'

"Uma espécie de agitação entre os presentes parecia prometer numerosos espectadores para o dia seguinte. Curvei-me, deixei o local e para meu descrédito devo confessar que, até a hora marcada, não pensei mais uma única vez em meu desafio. No entanto, fui pontual e encontrei a multidão empenhada em viva discussão. Todos silenciaram assim que me sentei diante do Sr. Bernard, o qual chegara mais cedo. Ele tomou nas mãos dois Peões de cores diferentes, para decidir de quem era o primeiro lance. 'Deseja alguma vantagem?' perguntou. 'Por que isso?' 'Como queira. Seu jogo?' 'O seu, cavalheiro'. 'Geralmente apostamos vinte e quatro *sous.*' Concordo!'

"Apontei para sua mão esquerda. Continha o Peão branco, a cor das peças que estavam à sua frente. 'O lance é meu', disse ele, aparentemente satisfeito. Partilhei de sua satisfação, pois pensei que me sentiria menos embaraçado deixando-lhe a escolha dos lances de abertura. Devo admitir que os primeiros lances não foram fáceis para mim. Sem dúvida, fiz um mau plano e logo a partida estava perdida. Pedi desforra. Desta vez, melhorei minha estratégia e seguiu-se uma luta intensa, equilibrada durante muito tempo. Contudo, perdi de novo. Senti que estava enrubescendo e fiquei muito embaraçado, apesar dos cumprimentos que recebi da multidão. Teria despendido a noite inteira para obter desforra, mas o Sr. Bernard puxou seu relógio e disse: 'Dez e meia. É hora de partir.' Coloquei um pequeno *thaler* sobre o tabuleiro e ele me devolveu doze *sous*, que eu deixei para o criado como gorjeta.

"No dia seguinte, voltei à mesma hora, cheio de ansiedade por jogar de novo. Fui bastante tolo em ficar envergonhado do papel que representara no dia anterior. A desforra foi completa! Com exceção de uma partida empatada, o Sr. Bernard perdeu todas. Poderia ter-lhe dado a vantagem de um Peão e dois lances. Desde aquele dia não fiz mais progresso. Em três sessões, no máximo — de acordo com minha experiência — a gente deve saber no xadrez tudo quanto pode aprender. Há pessoas que pensam de outro modo. Não discutirei com elas. Corrigir a opinião dos outros não é minha missão. Seja como for, minha opinião sobre este assunto não está sujeita a modificação."

Que esnobe sem humor e cheio de pretensão deve ter sido Deschapelles! Mas jogar xadrez ele sabia! Um notável dom natural para o jogo manteve firmemente sua superioridade durante cerca de vinte anos. Recusava enfrentar quem quer que fosse em condições de igualdade e só jogava dando a vantagem de um Peão e dois lances. Todavia, um seu discípulo talentoso, Louis de la Bourdonnais, conquistou rapidamente um lugar na primeira fila do xadrez francês e, por fim, Deschapelles não pôde mais derrotá-lo dando-lhe vantagem. Para não jogar em igualdade de condições, preferiu retirar-se completamente do xadrez. Era muito cioso de sua reputação para arriscá-la numa competição com seu antigo discípulo.

Do ponto de vista financeiro, Deschapelles ficou muito bem depois de abandonar o xadrez. Voltou-se para o uíste, superou facilmente todos os peritos do jogo e chegou a ter uma conta bancária de quarenta mil francos!

LOUIS CHARLES MAHÉ DE LA BOURDONNAIS

De la Bourdonnais foi menos feliz. Filho de um homem rico, tinha renda considerável como jovem e até mesmo um castelo que podia chamar de seu. Todavia, perdeu a fortuna da família em especulações infelizes e teve de voltar-se para o xadrez como meio de vida — destino horrível para qualquer um, tanto há cem anos como hoje.

Nesse sentido, a situação do mestre de xadrez profissional é muito semelhante à do escultor, do pintor ou do músico criador. O número de pessoas que se entusiasmam com uma bela obra de arte, uma boa música ou uma brilhante atuação no tabuleiro de xadrez é muito grande. É relativamente limitado, porém, o número daqueles que podem realmente viajar até o local onde se realiza um concerto ou uma exibição e pagar pelo privilégio de um contato pessoal com o mestre que admiram. Em resultado, o mestre de xadrez profissional, como muitos pintores, escultores ou compositores, está condenado quase à fome a menos que encontre um patrono rico. Não haverá perspectiva de mudança nessa situação até quando os governos subvencionarem os poucos que contribuem para a felicidade de muitos com seu trabalho criador, que não tem valor "prático" algum. O fato de existirem homens como Picasso, Richard Strauss ou Heifetz, que fizeram fortunas com sua arte, não modifica as tristes condições de inúmeros outros, dotados de raros talentos e incessantemente impulsionados pelo anseio de criar. Poucas pessoas percebem que mesmo dentro do número relativamente pequeno de artistas e músicos que "venceram", cujos nomes são conhecidos através das críticas de concertos e exposições, a maioria luta arduamente a fim de ganhar apenas um pouco mais que o necessário para subsistir. Nunca será demais ouvirmos dizer que Rembrandt, Mozart e Schubert foram levados à morte pela pobreza e pela fome.

No referente ao xadrez, o argumento, naturalmente, é o de não se lhe poder atribuir a significação que têm em nossa vida a música e a arte plástica. Não estou inteiramente convencido da procedência desse argumento, embora na minha própria vida ele seja verdadeiro. Existem, neste país, milhares e milhares de pessoas que experimentariam uma das maiores emoções de sua vida se pudessem jogar uma partida com um grande mestre de xadrez ou mesmo observar apenas uma disputa entre dois mestres, acompanhando-a lance por lance. Essa emoção tem elemento estético suficiente para torná-la digna de comparação com o efeito produzido por uma obra de arte. Todavia, os famosos mestres de xadrez, como os famosos pintores ou escultores, não se podem dar ao luxo de excursionar pelo país exibindo exemplos de sua habilidade.

Depois de sete duros anos de pobreza, atenuada apenas por ocasionais convites para enfrentar mestres ingleses, de la Bourdonnais morreu em Londres, em 1840, com 45 anos de idade. Seus admiradores ingleses sepultaram-no perto do túmulo de seu grande antagonista, Alexander MacDonnell, o maior jogador inglês, que fora por ele derrotado numa série de oitenta e cinco partidas. Foi essa a primeira competição de xadrez convenientemente registrada, de modo que ainda podemos acompanhar a maioria de suas partidas. Mostram-nos uma precisão de combinações e uma riqueza de concepções que revelam claramente os grandes passos dados pelo xadrez desde o tempo de Philidor.

ADOLF ANDERSSEN

A supremacia do xadrez passou para mãos inglesas quando, em 1843, um *match* de vinte e uma partidas entre Pierre de Saint-Amant e Howard Staunton, reconhecidos como sucessores de Louis de la Bourdonnais e MacDonnell, foi vencido pelo mestre inglês, com 11 vitórias, 6 derrotas e 4 empates. Saint-Amant vencera um *match* anterior e, depois de ter perdido consecutivamente seis partidas da segunda competição, reagiu tão vigorosamente que seus adeptos propuseram uma terceira disputa. Staunton encontrou um pretexto para não jogar e o francês jamais admitiu realmente sua superioridade.

Entrementes, o padrão de xadrez atingira um nível elevado em todos os países e reconheceu-se que somente um torneio do qual participassem os principais jogadores das diferentes nações poderia decidir a quem pertencia a coroa do xadrez. A Grande Exposição de Londres, em 1851, ofereceu uma oportunidade para a organização de tal competição internacional. Venceu-a o alemão Adolf Anderssen, professor de Matemática numa escola superior de Breslau. Desenvolvendo um jogo de extraordinária profundidade e brilho, Anderssen foi reconhecido por todos os participantes, exceto Staunton, como o maior mestre da Europa. Staunton recebeu sua derrota com muita deselegância. No relato oficial do torneio, por ele editado, tentou depreciar a vitória de Anderssen e com isso apenas diminuiu seu próprio prestígio.

O mestre alemão provou seu valor em numerosos torneios que se seguiram e algumas das combinações por ele feitas ainda se qualificam entre as mais belas do mundo. Seus feitos e sua fama só foram ofuscados pela espetacular carreira de um jovem americano chamado Paul Morphy, natural de Nova Orleãs, que atravessou o Atlântico em 1857 e o derrotou decisivamente.

PAUL MORPHY

Gênio é uma palavra muito bombástica; todavia se já houve jogador de xadrez a quem coubesse esse atributo, foi Paul Morphy. Nasceu em 1837 e sua aptidão precoce para o jogo foi bem cedo descoberta por seu pai, um juiz da Corte Suprema de Luisiana, que estava bem preparado para ensinar ao menino e que foi bastante inteligente para não permitir que o jogo interferisse em seus estudos. Até completar dezoito anos, o jovem Paul freqüentou a escola na Carolina do Sul e só jogava xadrez quando visitava Nova Orleãs durante as férias. Numa dessas visitas, fizeram-no enfrentar o conhecido mestre húngaro Joachim Löwenthal, residente em Londres. O menino de doze anos venceu duas partidas e empatou uma, sem perder nenhuma. É possível que o mestre tenha subestimado muito o menino e jogado aquém de sua capacidade, mas prognosticou francamente que seu jovem adversário chegaria a rivalizar-se com os mais fortes amadores vivos. Jamais poderia ter imaginado que nove anos mais tarde reconheceria Morphy como o maior mestre que já existira.

Quando Morphy tinha pouco mais de vinte anos, em 1857, realizou-se em Nova Iorque um torneio de xadrez que assinalou o início das atividades enxadrísticas organizadas nos Estados Unidos e representou um acontecimento decisivo na carreira do jovem.

O Clube de Xadrez de Nova Iorque escrevera aos clubes de todos os outros Estados, sugerindo que cooperassem na realização do Primeiro Congresso Americano de Xadrez. Propôs que enviassem seus melhores jogadores para participarem de um torneio no qual seria decidido o campeonato de xadrez dos Estados Unidos.

A reação foi entusiástica e de todas as regiões do país partiram candidatos ao título. Louis Paulsen, de Dubuque, Iowa, a quem os jornais da parte ocidental do país atribuíam tão espantosas *performances* de olhos vendados que os jogadores da parte oriental se sentiam inclinados a considerar como ficção, chegou bem antes da data marcada para o torneio. Através da seção de xadrez de um jornal, informou à comissão de Nova Iorque que assistira a duas ou três partidas, disputadas por um jovem de Luisiana, que considerava dignas de serem incluídas entre as mais belas obras-primas da história do xadrez. Todavia, ninguém deu a suas declarações maior crédito do que a seus feitos de olhos vendados, até serem confirmadas pelo Juiz Meek, de Alabama, um homem de reputação nacional, que espantou os nova-iorquinos ao dizer que vira Paul Morphy jogar e não tinha em sua mente a menor dúvida de que, se o jovem de Luisiana entrasse no torneio, conquistaria infalivelmente a palma da vitória.

Foi enviado um telegrama convidando Morphy a participar da competição e, como escreveu o *Herald Tribune* de Nova Iorque, "o destino benevolente trouxe o jovem herói em segurança até Nova Iorque dois dias antes da reunião do Congresso".

O primeiro adversário do rapaz foi James Thompson, um dos mais fortes jogadores de Nova Iorque, conhecido por seus ataques ousados e por sua pertinácia em fazer o "Gambito de Evans" sempre que tinha oportunidade. Morphy liquidou-o rapidamente.

O Juiz Meek, "um espécime de homem realmente imponente", foi o segundo adversário de Morphy. "Quando tomaram seus lugares um diante do outro", diz a notícia, "pensava-se em Davi e Golias. Não que o juiz fanfarronasse de qualquer modo como o alto filisteu, pois a modéstia adorna todas as suas ações; mas havia tanta diferença em conteúdo cúbico entre os dois antagonistas, quanto entre o filho de Jesse e o touro de Gath, e em ambos os casos o pequeno mostrou-se o maior. O Juiz Meek sentou-se com evidente convicção do resultado e, embora assegurasse ao seu jovem adversário que o poria no bolso se continuasse a derrotá-lo sem jamais dar-lhe a menor oportunidade, consolava-se com a reflexão de que Paul Morphy trataria todos os outros tal como tratara a ele".

Morphy correspondeu à expectativa em grande estilo. Foi coroado o "Campeão do Novo Mundo", depois de derrotar Paulsen no encontro final por uma contagem de 4 a 1. Até as finais, Paulsen igualara a contagem de Morphy, vencendo todas as partidas menos uma, que ficara empatada.

Paulsen mostrou-se cheio de admiração pelo jogo de Morphy e declarou: "Se Anderssen e Staunton aqui estivessem, não teriam probabilidade alguma com Morphy; e ele derrotaria também Philidor e de la Bourdonnais, se estivessem vivos."

Naturalmente, Morphy estava ansioso por medir sua força com a dos mestres europeus e o Clube de Xadrez de Nova Orleãs declarou-se disposto a apoiá-lo com cinco mil dólares num *match* com quem quer que se mostrasse disposto a aceitar o desafio. Sua família, depois de uma objeção inicial contra a interrupção de seus estudos de Direito, que uma viagem à Europa causaria, finalmente consentiu. E no verão de 1858 Morphy partiu para a Inglaterra.

Os europeus são congenitamente céticos quando ouvem dizer que um americano se destacou num terreno cultural. Para um inglês, acreditar que um jogador de xadrez americano pudesse derrotar seus mestres era o mesmo que admitir a possibilidade de um escritor americano produzir uma obra-prima literária. Quando chegou aos clubes londrinos a notícia da vitória de Morphy, o consenso geral foi que os adversários do jovem provavelmente estavam muito abaixo do padrão europeu de jogadores de torneio. Löwenthal, depois de regressar de sua visita aos Estados Unidos, escrevera no jornal *The Era* sobre o progresso do xadrez americano, mas os jogadores ingleses não levaram muito a sério o artigo.

É interessante notar o que Löwenthal tinha a dizer: "O progresso feito pelo xadrez na América é quase, se não tanto, igual ao que se conseguiu na Inglaterra. Isso é mais do que se poderia esperar; pois é de supor-se que, num país relativamente novo, os homens sejam mais atarefados e mais inquietos do que numa nação velha e parece bem contra as probabilidades que na América um jogo exigindo sereno pensamento e estudo se tenha desenvolvido na mesma escala que divertimentos mais animados. Que isso acontece, porém, prova o fato de, em quase toda grande cidade de lá, existir um clube de xadrez e muitos desses clubes estarem em comunicação e jogarem partidas por correspondência. Outra prova é encontrada no número de jornais que dedicam regularmente uma parte de seu espaço ao xadrez e dão, como os jornais ingleses, partidas bem jogadas, com anotações, problemas e informações sobre xadrez... Devemos prestar certa atenção ao xadrez na América se pretendemos conservar verdes nossos louros. Os homens do Novo Mundo não estão habituados a ficar para trás quando se empenham em qualquer empreendimento e, se não tomarmos cuidado, é bem possível que o próximo campeão de xadrez venha do *far west*.

Que isso ia em breve acontecer, efetivamente, era coisa que nem mesmo Löwenthal previa. Foi o primeiro a desafiar Morphy para um encontro. Jogaram doze partidas, das quais Morphy ganhou nove e perdeu três.

Além da inquestionável superioridade demonstrada pelo resultado que obteve, e que Löwenthal reconheceu sem hesitação, Morphy pareceu levar uma estranha vantagem psicológica sobre seu adversário. Como disse um dos comentaristas: "Esse rapaz de vinte e um anos, cinco pés e quatro polegadas de altura, de figura esguia e rosto como o de uma jovem adolescente, positivamente apavora os guerreiros do xadrez de nosso país — Narciso desafiando Titãs".

The Era prestou a Morphy o seguinte tributo:

FINAL DA GRANDE COMPETIÇÃO DE XADREZ

O encontro entre o Sr. Morphy e *Herr* Löwenthal chegou ao fim sábado, com o americano conquistando a vitória. Embora fosse universalmente observado que *Herr* Löwenthal jogou muito aquém de sua força habitual, deve-se admitir, ao mesmo tempo, que o jogo do

Sr. Morphy qualifica aquele cavalheiro como um dos melhores jogadores do mundo. Teremos prazer em vê-lo enfrentar outros grandes jogadores europeus, a fim de que possa ficar provado quem é mais forte no jogo, o Velho ou o Novo Mundo. Acreditamos que o Sr. Morphy está disposto a desafiar todos os que se apresentarem. Há algo de extraordinariamente romântico e cavalheiresco neste jovem que vem à Europa e lança a luva a todos os nossos veteranos. Ele é sem dúvida um admirável Crichton do xadrez e, como o consumado escocês, ele é tão cortês e generoso quanto bravo e competente.

Morphy sentia-se, naturalmente, muito ansioso por enfrentar Staunton num *match*. O último, porém, continuava tão cioso de sua reputação quanto sempre e, embora não recusasse abertamente jogar, sempre encontrava alguma razão para retardar a data do encontro. Staunton jogou com Löwenthal num forte torneio em Birmingham , apenas uma semana depois do término do *match* entre Morphy e Löwenthal. Este venceu o torneio, derrotando Staunton em partidas individuais. Como ele já havia reconhecido francamente Morphy como um jogador melhor, mesmo aqueles em cuja opinião Staunton era talvez o único homem adequado para enfrentar o americano mostravam-se agora dispostos a admitir que o campeão inglês provavelmente perderia a competição. Com efeito, diversos jogadores ingleses expressavam a opinião de que Staunton encontraria meios de fugir inteiramente ao encontro, como já fizera no caso de Saint-Amant. Essa previsão mostrou-se correta. Staunton recorreu a uma variedade de expedientes, insinuando mesmo que Morphy não tinha quem lhe fornecesse recursos para a bolsa de cinco mil libras que ele estipulara. Morphy depositou o dinheiro em um banco de Londres e enxadristas amadores ingleses, com sua proverbial lealdade esportiva chocada pelos métodos vergonhosos empregados por Staunton para fugir ao encontro, prontificaram-se a apoiar Morphy com 10.000 libras, se necessário, para levar Staunton a jogar. O campeão inglês finalmente disse que suas obrigações literárias não lhe permitiam encontrar tempo para o necessário treinamento e Morphy, desgostoso, partiu para a França.

Foi acompanhado por F. M. Edge, um seu admirador inglês que se encontrava presente em Nova Iorque quando conquistara seus primeiros louros e que consentiu em servir como seu secretário durante sua estada em Paris, onde Morphy planejava jogar contra Harrwitz e Anderssen, os dois maiores jogadores do continente.

Harrwitz, natural de Breslau como Anderssen, vivia em Paris e passava praticamente todo seu tempo no Café de la Régence. Era um indivíduo sarcástico e arrogante, tão antipatizado pela maioria dos aficionados franceses de xadrez quanto Staunton por seus colegas ingleses. Os dois haviam certa vez disputado um *match* em Londres e os assistentes tiveram o raro deleite de ouvir as observações depreciativas e sarcásticas com que os dois antagonistas se invectivavam, como dois antigos heróis gregos antes de começarem a lutar. Em uma das partidas dessa competição, Harrwitz fez um lance que causou considerável desconforto a Staunton. Este virava-se em sua cadeira, batia energicamente com a mão na testa e dava aos espectadores a impressão de que seu cérebro estava em agonia. Quanto mais examinava sua posição menos parecia apreciá-la. Finalmente, ao mover uma peça, rugiu furiosamente: "Bem, perdi um lance!"

Harrwitz levantou-se friamente de sua cadeira, chamou um garçom e disse-lhe: "Procure um lance por aí! O Sr. Staunton perdeu um".

"Sunt pueri, pueri..."

Quando Morphy apareceu no Régence logo conquistou a simpatia dos jogadores franceses por sua atitude modesta e despretensiosa, e por sua disposição de jogar com quem quer que o convidasse para uma partida. Harrwitz estava fora, numa viagem de exibições, da qual voltaria alguns dias depois. Enquanto isso, Morphy jogou algumas partidas com outros destacados enxadristas franceses e derrotou-os facilmente. Quando Harrwitz reapareceu no café, as duas celebridades foram apresentadas uma à outra. Morphy imediatamente propôs um *match*. Harrwitz aceitou, estipulando que as partidas deveriam ser jogadas no Régence e que quem vencesse primeiro sete partidas seria considerado vencedor.

Morphy, arrebatado pelo encanto da vida noturna de Paris, acostumara-se a ir para a cama de madrugada. Estupidamente, insistiu em continuar fazendo o mesmo, inclusive na noite anterior ao início da competição. Harrwitz, que dava a saída na primeira partida, castigou-o solidamente, com visível desapontamento dos numerosos espectadores que estavam todos rezando pela vitória de Morphy. O mesmo aconteceu no dia seguinte. Apesar dos conselhos de seus amigos, Morphy ficou fora até quatro horas da madrugada. À tarde, após ter obtido uma posição vencedora na partida, foi dominado pelo cansaço, fez alguns lances fracos e Harrwitz sagrou-se novamente vencedor.

Durante toda a partida, este último assumira uma atitude de divertido desprezo. Quando Morphy desistiu, levantou-se de sua cadeira, tomou a mão do jovem e sentiu-lhe o pulso. Depois, disse rindo para a multidão: "Bem, isto é muito espantoso. Seu pulso não bate mais depressa do que se tivesse vencido a partida!"

Todos ficaram enojados com essa infantil manifestação de vaidade, mas Morphy limitou-se a sorrir e dizer para seu "segundo": "Como ficarão espantados todos esses homens quando Harrwitz não vencer mais uma única partida!" E foi o que aconteceu. Morphy prometeu estar na cama todo dia antes da meia-noite durante a competição e cumpriu a promessa. Venceu a terceira e a quarta partidas em belo estilo. O efeito sobre Harrwitz foi interessante. Mostrou-se extremamente nervoso na quarta partida, muitas vezes tremendo violentamente quando estava para fazer um lance. Do outro lado do tabuleiro sentava-se Morphy, parecendo, segundo uma testemunha visual, um bloco de mármore vivo, a própria encarnação da penetração e decisão.

Harrwitz perdeu também a quinta partida, embora tivesse o primeiro lance. Pediu uma interrupção de alguns dias, alegando doença. De nada adiantou. A sexta partida foi igualmente ganha por Morphy. Afirmando que precisava de mais repouso, Harrwitz adiou de novo o prosseguimento da competição. Quando foi reiniciada a disputa, empatou uma partida e perdeu outra. Nesse ponto, com uma contagem de 5½ a 2½ contra ele, desistiu "por motivo de doença", como digno êmulo de Staunton.

Foi como uma lufada de ar fresco quando Anderssen apareceu durante a semana do Natal daquele ano, para disputar o *match* para o qual Morphy o convidara, em qualquer base que o jovem americano desejasse estipular. Como Morphy, Anderssen não se interessava por lucro financeiro, mas apenas por sua reputação como o maior jogador da Europa. Concordaram em jogar até que um dos dois tivesse ganho sete partidas.

Morphy estava bem doente quando Anderssen chegou. Estivera de cama vários dias e sentia-se ainda tão fraco que precisava ser levado para uma cadeira, pois não conseguia ficar em pé sem auxílio de outra pessoa. Todavia, diante da perspectiva de cruzar armas com Anderssen recuperou forças suficientes, em poucos dias, para deixar a cama. As partidas seriam jogadas em seu hotel, pois a caminhada de ida e volta até o Café de la Régence lhe seria muito fatigante. De meia em meia hora, um mensageiro seria enviado para transmitir os lances à multidão reunida no café.

Anderssen ganhou a primeira partida e empatou a segunda. Na terceira, Morphy investiu contra ele com um daqueles furiosos ataques que o tornaram famoso. Anderssen cometeu um erro e foi derrotado em vinte lances. Que contraste apresentou em relacão a Staunton e Harrwitz! Permaneceu sentado olhando para a lamentável posição em que Morphy o colocara, com a fisionomia toda radiante de admiração pela estratégia de seu adversário. Riu e disse: "Você fez isto tão rapidamente que bem poderíamos começar outra partida." Perdeu também essa, assim como outras três em seguida. Empatar uma e vencer mais uma foi tudo quanto conseguiu realizar antes que Morphy atingisse a contagem de sete vitórias, que assinalava o término do *match*.

Todo dia, depois de cada partida, Anderssen caminhava até o Régence para escrever um relatório destinado a seus amigos na Alemanha. Lá havia sempre multidões à sua espera, para consolá-lo ou elogiá-lo. Um de seus admiradores, recordando-lhe a "imortal partida" que jogara contra Dufresne apenas alguns anos antes, disse-lhe: "Você absolutamente não está jogando tão bem quanto jogou contra Dufresne." Anderssen sorriu e respondeu: "Não, Morphy não me deixa. Ele sempre faz exatamente o lance melhor. E, se uma ou duas vezes escolhemos apenas uma resposta que seja a segunda melhor, estamos certos de perder."

O maior triunfo de Morphy aos olhos do público foi uma exibição de olhos vendados no Régence, quando enfrentou simultaneamente oito dos mais fortes jogadores de Paris. A notícia dessa exibição causou terrível excitação. Ninguém acreditava que mesmo esse gênio do xadrez pudesse, sem ver os tabuleiros, enfrentar com êxito oito jogadores com força quase de mestres. Todos os jornais haviam anunciado que o espetáculo começaria ao meio-dia, mas as salas de jogo do café encheram-se com muita antecedência. Dominando todos os demais, estava a enorme figura de "Père" Morel, um forte amador e freqüentador do café, que era um dos mais ardorosos admiradores de Morphy e responsável pela organização da disputa. Muito preocupado, ele perguntou a Edge se Morphy sabia que os oito jogadores com quem se defrontaria eram realmente dos mais fortes que se podiam encontrar em Paris. Temia um fiasco completo.

Os garçons haviam isolado com cordas um espaço para uma grande poltrona, na qual Morphy se sentou confortavelmente. Dois diretores do clube de xadrez anunciavam os lances de seus adversários e as respostas dadas por Morphy. A excitação atingiu um auge quando o jovem americano passou dos lances iniciais para o meio da partida, tabuleiro após tabuleiro, sem cometer um único erro. "Père" Morel, soprando nuvens de seu imenso cachimbo como a fumaça do Vesúvio, abria caminho entre os tabuleiros, acompanhando cada partida com crescente espanto, e mostrava-se positivamente furioso quando alguém lhe perguntava o que pensava daquilo tudo. Ao entardecer, vendo-o sentado no fundo da sala, evidentemente assombrado pela realização, Edge disse-lhe: "Bem, Sr. Morel, acredita agora que Morphy pode jogar contra oito adversários desses?" Ergueu a cabeça com ar súplice e respondeu: "Por favor, não fale comigo. O Sr. Morphy me faz doer a cabeça."

Dois dos jogadores conseguiram o empate. Os outros foram derrotados, um após outro, até restar finalmente apenas "Monsieur" Seguin, um dos mais fortes amadores da França. Havia declarado abertamente que não acreditava ser possível a alguém derrotá-lo sem ver o tabuleiro. Finalmente, porém, Morphy venceu-o num belo final de Peão e obrigou-o a desistir.

Edge descreve dramaticamente o efeito sobre a multidão: "Imediatamente teve início uma cena como eu dificilmente espero testemunhar de novo. Morphy levantou-se da poltrona na qual permanecera quase imóvel durante dez horas consecutivas, sem tomar absolutamente nada, nem mesmo água, durante o tempo todo; apesar disso, estava aparentemente tão descansado como quando se sentara. Os ingleses e americanos, dos quais havia numerosos presentes, emitiram retumbantes aplausos anglo-saxônicos e os franceses acompanharam, ao mesmo tempo que toda a multidão avançou em direção a nosso herói. Os garçons do café haviam tramado uma conspiração para carregar Morphy em triunfo sobre seus ombros, mas a multidão era tão compacta que não puderam aproximar-se dele e tiveram finalmente de abandonar a tentativa. Grandes indivíduos barbudos agarravam suas mãos e quase arrancavam seus braços. Transcorreu quase meia hora antes que ele pudesse sair do café. "Père" Morel abriu passagem a força através da multidão e finalmente chegamos à rua. Lá, a cena se repetiu: a multidão era maior fora do que no café e os gritos, se possível, eram mais ensurdecedores. Encaminhamo-nos para o Palais Royal, mas a multidão seguiu-nos e, quando chegamos à casa de guarda da Guarda Imperial, *sergents de ville* e soldados saíram correndo para ver se uma nova revolução estava em progresso..."

Todos os jornais de Paris passaram a escrever sobre Morphy. Com os jornais ilustrados publicando retratos seus e com inúmeros artigos a seu respeito nos diários, ele começou a ficar famoso. Saint-Amant escreve que Morphy satisfez uma necessidade havia muito tempo sentida por Paris: a necessidade de um herói. O conhecido escultor Lequesne, forte amador de xadrez que fora um dos oito adversários de Morphy na exibição de olhos vendados, fez seu busto, com tanto amor e entusiasmo a ponto de produzir uma obra-prima que toda Paris procurava ver para criticar e elogiar. Toda essa notoriedade logo começou a causar excitações nos *salons* da sociedade francesa. Repentinamente, duquesas e princesas pareceram lembrar-se de que haviam aprendido a jogar xadrez. Damas da nobreza faziam cair uma chuva de convites sobre Morphy, que foi requestado como poucos jovens antes dele haviam sido.

Entre os nobres, conheceu alguns inveterados amadores de xadrez, como o Duque de Brunswick e os Condes Isouard e Casabianca, cuja força no jogo era muito superior à média. Sua Alteza Real, o duque, tinha verdadeira mania pelo jogo e não passava sem um tabuleiro mesmo em seu camarote na ópera italiana, onde Morphy foi muitas vezes como seu convidado. Uma partida entre Morphy e Brunswick, com o Conde Isouard como consultor — uma das jóias conhecidas por todos os aficionados do xadrez — foi jogada naquele camarote durante uma apresentação da "Norma". Morphy gostava apaixonadamente de música e teria preferido assistir à ópera a prestar atenção à partida de xadrez. Todavia, o duque e o conde ficaram voltados para o palco — o camarote era quase sobre ele — embora nem sequer olhassem para os intérpretes. Assim, Morphy, sentado diante do duque, voltava as costas para o palco, para seu grande desgosto e para satisfação de todos os amantes do xadrez.

É triste pensar que os triunfos de Morphy na Europa representaram a única felicidade que um destino injusto reservara para ele. Quando regressou aos Estados Unidos, recebeu grandes ovações em toda parte, mas logo verificou — como Philidor, cem anos antes — que as pessoas não acreditavam que um grande artista ou um grande mestre de xadrez pudesse ser bom em outra profissão. Os mesmos homens que orgulhosamente o saudavam como a glória de Nova Orleãs abandonaram-no completamente quando desejou estabelecer-se como advogado, embora tivesse abandonado completamente o xadrez e se dedicado exclusivamente a completar seus preparativos para uma carreira jurídica. O choque dessa descoberta foi muito intensificado pela atitude de uma atraente jovem da sociedade de Nova Orleãs, por quem ele se apaixonara, e que recusou casar-se com "um mero jogador de xadrez".

Morphy não era um lutador. A atitude desatenciosa e cruel do mundo oprimiu tanto seu espírito que, pouco a pouco, ele ficou mentalmente perturbado. Adquiriu uma mania de perseguição e raramente saía da casa de sua mãe, a não ser para dar um passeio ao longo da *Canal Street,* a avenida que separa o bairro *creole* de Nova Orleãs do resto da cidade. Nessas ocasiões, às vezes fitava moças bonitas que passavam e segredava-lhes algumas palavras nos ouvidos.

Casei-me em Nova Orleãs e minha sogra contou-me que se lembrava distintamente de Morphy. Quando era mocinha, via-o com freqüência na rua, sempre impecavelmente vestido, e sentia-se penalizada porque ele nunca sorria, sofrendo aparentemente de uma grande tristeza. Certa vez, fê-la parar e segredou-lhe alguma coisa a respeito de um Cavalo, sem dúvida um lance de uma peça de xadrez.

Morphy morreu aos quarenta e sete anos de idade, em resultado do que foi provavelmente um acidente. Depois de andar sob o sol quente, tomou um banho frio e foi encontrado morto na banheira.

WILLIAM STEINITZ

O primeiro mestre de xadrez que assumiu o título de campeão mundial foi William Steinitz, da Boêmia. Embora quase exatamente da mesma idade que Morphy, nunca teve oportunidade de com ele medir forças, pois só atingiu as fileiras de vanguarda do xadrez em 1862, quando Morphy já havia abandonado definitivamente o jogo.

Em contraste com Morphy, Steinitz teve uma vida realmente espinhosa. Provinha de uma família extremamente pobre. Embora seus pais não pudessem ajudá-lo financeiramente de maneira alguma, matriculou-se, aos vinte anos de idade, no Instituto Politécnico de Viena e tentou ganhar a vida lecionando. Nesse esforço era muito prejudicado por distúrbios nos pulmões e na vista. Foi obrigado a abandonar seus estudos de Engenharia e, tendo descoberto que podia enfrentar com vantagem os mais fortes enxadristas austríacos, procurou no xadrez seu meio de vida, jogando por pequenas apostas em clubes e estâncias. Seu brilhante estilo sempre atraía adversários, assim como grande número de espectadores.

O nome de Morphy estava nessa época nos lábios de todos os jogadores de xadrez e todos, inclusive Steinitz, tentavam imitar o estilo do grande mestre americano. Essa tendência tornou-se quase uma farsa, com os jogadores desdenhando vencer pelo caminho mais curto quando viam uma manobra indireta que forçasse a vitória por um "brilhante" sacrifício.

Steinitz conseguia mais êxito em competições individuais do que em torneios, nos quais a perda de uma única partida para um dos competidores mais fracos pode privar um jogador da vitória que moralmente merecia por sua vantagem sobre os adversários mais fortes. No primeiro Torneio Internacional de Mestres, do qual participou em Londres em 1862, Steinitz colocou-se em sexto lugar. No entanto, derrotou todos os cinco jogadores classificados à sua frente, quando os enfrentou depois em competições individuais.

Em 1866, Steinitz disputou o campeonato mundial com Anderssen num *match* realizado em Londres, onde havia fixado residência. Steinitz venceu por 8 a 6. Defendeu depois o título com êxito durante vinte e sete anos, em *matches* com os maiores jogadores da época, inclusive Blackburne, Zukertort e Tchigorin, os três mestres que dominaram os torneios europeus nas décadas de 70 e 80.

Depois de residir durante vinte anos na Inglaterra, Steinitz foi viver nos Estados Unidos, a convite de admiradores entusiásticos que tinha nesse país. O *match* com Zukertort teve lugar em Nova Iorque, S. Luís e Nova Orleãs em 1885. Dois *matches* com Tchigorin foram disputados em Havana em 1889 e 1892. No último, Steinitz venceu pela apertada contagem de 10 a 8, demonstrando que suas forças estavam um tanto em declínio. Com suas atividades enxadrísticas jamais ganhou além do suficiente para viver, e a tensão da insegurança não podia deixar de pesar sobre ele com a passagem do tempo. Quando enfrentou Emanuel Lasker num *match* pela disputa do título mundial em 1894, suas preocupações financeiras, acrescidas da desvantagem de uma diferença de idade de trinta e três anos, teriam-no condenado à derrota, mesmo que o novo astro não fosse seu igual na profundidade e compreensão dos revolucionários conceitos que Steinitz introduzira no jogo.

Steinitz era um pensador original. Tendo provado as fascinações do processo científico quando estudava os fundamentos da Engenharia, era natural que aplicasse também ao xadrez o raciocínio indutivo, procedendo da análise de muitos casos específicos para as generalizações capazes de permitir a um jogador dizer com antecedência se uma manobra que tem em mente poderá ou não obter êxito.

Antes de Steinitz, mesmo os maiores mestres de xadrez encaravam o jogo como algo no qual a vitória caberia, naturalmente, a quem concebesse as jogadas mais imaginativas e, em suas partidas, gastavam toda energia na apaixonada busca de combinações decisivas. Steinitz foi o primeiro a perceber que era inútil um jogador esperar que os deuses lhe mandassem uma engenhosa idéia decisiva, a menos que o plano estratégico por ele seguido fosse baseado na correta avaliação dos pontos fortes e fracos da posição à sua frente. Em outras palavras, pretendia empregar um processo objetivo, em lugar da maneira quase inteiramente subjetiva com que seus contemporâneos estavam tratando o jogo. Quase todos eles, os gigantes Anderssen, Blackburne, Zukertort e Tchigorin, assim como astros menores como Gunsberg, Mackenzie, Mason e Winaver, eram superiores a Steinitz na concepção de manobras complicadas. Mas Steinitz os derrotou, um após outro, pela lógica irrefutável de seu raciocínio, levando-os a fazer combinações de ataque em situações nas quais não tinham vantagens de posição, de modo que o ataque estava desde o início condenado ao malogro.

Steinitz explicou os princípios mais gerais de sua nova teoria de xadrez num livro intitulado *Modern Chess Instructor**, que apareceu em 1889. Todavia, os jogadores de xadrez em geral e os patronos do xadrez em particular, compreendendo as idéias de Steinitz ainda menos que os mestres da época, não lhe deram o apoio de que precisava para não passar necessidades. Mentalmente perturbado, morreu em abjeta pobreza na ilha de Ward em 1900.

Já mostrara sinais de perturbações mentais depois de ser derrotado por 8 a 2 num segundo *match* com Lasker em Moscou no ano de 1896. Recuperou-se por algum tempo, mas recaiu completamente quando, em 1899, não foi sequer incluído entre os jogadores premiados num torneio realizado em Londres, palco de seu primeiro grande sucesso, trinta e sete anos antes.

Em 1898 ainda conquistara uma das mais altas honrarias num torneio realizado em Viena. Um espectador bondoso, vendo o esforço que o torneio exigia do frágil físico de Steinitz, sugeriu-lhe que já conquistara fama suficiente e podia deixar que os jogadores mais jovens também obtivessem um pouco de fama. Respondeu: "Posso dispensar a fama, mas não o dinheiro do prêmio."

A contribuição de Steinitz para o xadrez ficou quase esquecida durante o período de rápido desenvolvimento do jogo de mestres nos primeiros vinte e cinco anos de nosso século, quando os ensinamentos de Siegbert Tarrasch se tornaram a bíblia do enxadrista. Emanuel Lasker, o vencedor de Steinitz, realizou uma coisa esplêndida quando ressuscitou sua fama

---

* *Moderno Instrutor de Xadrez.*

de "professor" prestando-lhe alto tributo em seu *Manual of Chess**; tributo duradouro, segundo espero, pois esse livro é um dos melhores até hoje escritos para o estudioso do xadrez.

MIKHAIL IVANOVICH TCHIGORIN

Durante a primeira metade do século XIX, na Rússia, a prática do xadrez estava ainda rnais ou menos limitada aos círculos selecionados, constituídos principalmente de elementos da alta sociedade e intelectuais. Entre os conhecidos amantes do xadrez se incluíam Pushkin, Tolstoi e Turgenev. Este último, quando vivia em Paris, passava grande parte do seu tempo no Café de la Régence, tendo mesmo participado de alguns torneios franceses.

O melhor enxadrista russo, desse período, foi Alexander Dimitrovich Petroff, cujo nome se perpetuou numa defesa que se manteve em voga no xadrez de mestres durante cem anos e era uma das aberturas favoritas do campeão americano Frank Marshall.

O primeiro mestre de xadrez russo a competir num torneio internacional foi Simon Winawer, de Varsóvia, um comerciante que se encontrava por acaso na capital francesa, a negócios, em 1867, sem ter a menor idéia de participar da grande competição de xadrez, organizada por ocasião da Feira Mundial de Paris naquele ano. Foi, por assim dizer, arrastado para o torneio quando a comissão organizadora soube que havia causado sensação no Café de la Régence ao derrotar todos os competidores potenciais em partidas improvisadas. Confirmou seu valor como mestre de primeira linha terminando em segundo lugar, à frente do campeão mundial Steinitz. Embora suas atividades comerciais não lhe permitissem participar de muitos torneios, Winawer manteve sua elevada posição durante muito tempo, demonstrando que tinha dotes excepcionais para o jogo. Onze anos depois de seu primeiro torneio,

* *Manual de Xadrez.*

jogou novamente em Paris e novamente conquistou o segundo lugar. Em 1882, classificou-se em primeiro lugar, com Steinitz, num torneio realizado em Viena. Em 1883, em Nurembergue, no torneio em que o astro alemão em ascensão, Siegbert Tarrasch, conquistou seu título de mestre vencendo a competição de aspirantes, Winawer encabeçou a lista dos jogadores premiados na categoria de mestres.

O surpreendente na atuação de Winawer é o fato de ter atingido as mais altas posições embora, em contraste com os países europeus ocidentais, onde grandes torneios internacionais eram realizados quase anualmente, não houvesse praticamente vida enxadrística organizada na Rússia. O primeiro clube de xadrez russo foi formado em 1880 em São Petersburgo por Mikhail Tchigorin, pequeno funcionário público que dedicara toda sua energia à organização de atividades enxadrísticas entre a classe média. Editou também uma revista de xadrez e realizou um grande trabalho no setor da análise de aberturas.

Tchigorin conquistou, pela primeira vez, reputação internacional aos 31 anos de idade, em 1881, quando empatou com Winawer no terceiro lugar em um torneio realizado em Berlim, perdendo por pouco de Blackburne e Zukertort. Como Winawer, Tchigorin tinha um estilo original e agressivo. A originalidade dos russos decorria naturalmente do fato de estarem mais ou menos isolados dos jogadores ocidentais, de modo que eram forçados a realizar seu próprio trabalho de pesquisa. O desenvolvimento do xadrez em qualquer país é, em certo sentido, semelhante ao seu desenvolvimento em um indivíduo. Primeiro há um período romântico, com predominância do desejo de jogo de combinações brilhantes. Depois o romantismo é temperado pela compreensão de que, aqui e acolá, mesmo um estilo desagradavelmente seco será vitorioso, demonstrando incluir elementos dignos de cuidadosa consideração. Estes elementos são pesquisados e gradualmente é atingida a maturidade do xadrez. A capacidade de jogo de combinações ricas é misturada com sóbrio discernimento que reconhece quando são indicadas medidas defensivas em lugar de ofensivas.

O mundo do xadrez ficou espantado quando, em 1833, em Londres, Tchigorin se colocou logo depois de Zukertort, Steinitz e Blackburne, derrotando Steinitz nas duas partidas individuais que disputaram. Steinitz ficou tão impressionado pelo jogo de Tchigorin que o escolheu como o jogador mais digno de enfrentá-lo no *match* pelo título de campeão mundial organizado em Havana em 1889.

Embora Steinitz, o pensador metódico, tenha vencido o *match*, tornou-se inegável ser Tchigorin muito superior a ele na descoberta de belas combinações que se ocultavam às vezes em posições aparentemente serenas. O que lhe faltava era a fabulosa capacidade de Steinitz de saber, por seu método de avaliação cientificamente desenvolvido, se em determinada posição havia probabilidade ou não de existir uma combinação ofensiva bem sucedida. Assim, Tchigorin muitas vezes gastava seu cérebro tentando descobrir alguma engenhosa manobra decisiva, enquanto Steinitz percebia ser ainda necessário calmo preparativo para criar base promissora para o ataque.

As qualidades contrastantes desses dois gigantes do xadrez do século XIX eram tão equilibradas que, num total de cerca de sessenta partidas, Steinitz venceu apenas três a mais que Tchigorin.

O estilo de jogo deste último naturalmente se prestava mais a torneio do que a *matches*. Tchigorin apenas conseguiu empatar um *match* que disputou com Tarrasch em 1893. Todavia, em 1895, em Hastings, num dos maiores torneios da história do xadrez, colocou-se à frente de Lasker e Tarrasch, derrotando-os, assim como a Pillsbury, o vencedor do torneio, nas três partidas individuais que com eles jogou.

Os incansáveis esforços de Tchigorin no sentido de fomentar a atividade enxadrística na Rússia, assim como a fama por ele conquistada na Europa Ocidental, deram impulso ao enorme desenvolvimento atingido pelo xadrez russo depois de sua morte e que culminou, quarenta anos mais tarde, com a vitória de um jogador russo na disputa do campeonato mundial.

CAPÍTULO IV

Reminiscências dos grandes mestres de nosso tempo

EMANUEL LASKER, MATEMÁTICO E FILÓSOFO

De um ponto de vista de historiador do xadrez, foi uma felicidade meu nascimento ter-me feito contemporâneo dos três campeões mundiais, que dominaram o cenário enxadrístico nas primeiras quatro décadas deste século. Foram eles o alemão Dr. Emanuel Lasker, o cubano José Raul Capablanca e o russo Alexander Alexandrovich Alekhine. Fiquei conhecendo intimamente todos os três, como adversários sobre o tabuleiro de xadrez e como seres humanos.

Emanuel Lasker conquistou o título mundial derrotando Steinitz em 1894 em Nova Iorque. Depois de residir durante catorze anos nos Estados Unidos, regressou à sua terra natal para casar-se com a namorada de seus tempos de escola. Eu aguardava, cheio de admiração e excitação, a oportunidade de conhecê-lo. Era, na ocasião, um jovem estudante em Berlim e Lasker, naturalmente, meu herói. Meu pai explicara-me o jogo de xadrez quando eu era um menino de seis anos, exatamente porque havia lido notícias das grandes vitórias enxadrísticas conquistadas no estrangeiro por nosso homônimo e eu tinha, naturalmente, decidido tornar-me também um campeão de xadrez. Não conseguira estabelecer entre nós uma relação de família, mas depois de ficar conhecendo Lasker, verifiquei que, além do xadrez, havia muitos outros interesses que nos ligavam mais fortemente do que laços familiares. Na realidade, nas numerosas ocasiões em que nos encontramos, em trinta e três anos de ininterrupta amizade, muito raramente falamos sobre xadrez. Quando ele falou, eu sempre aprendi muito. Fosse qual fosse o assunto que discutisse, sempre apresentava um ponto de vista interessante e original.

Por sua formação, era um matemático. Contudo, embora a Matemática continuasse sendo seu principal interesse durante toda a vida, abandonou-a, como meio de vida, em favor do xadrez porque, sendo descendente de judeus, suas probabilidades de obter uma cátedra de professor numa universidade alemã eram praticamente nulas. Além disso, como certa vez me disse com um sorriso, havia ainda outra boa razão: "Na Matemática, se encontro uma nova solução para um problema, outro matemático poderia afirmar que tem uma solução melhor e mais elegante. No xadrez, se alguém afirmar que é melhor do que eu, posso dar-lhe um xeque-mate."

Lecionou Matemática durante algum tempo na Inglaterra. Escreveu também um livro no terreno da Álgebra, que vários eminentes matemáticos me disseram ser altamente original. Com efeito, um deles me disse que o considerava como o melhor livro sobre o assunto.

A idéia favorita de Lasker era a aplicação da Matemática a problemas filosóficos. Em 1908, apresentei-o ao famoso filósofo Ernst Cassirer, meu parente distante por casamento e freqüentemente meu adversário no xadrez. Nós três dávamos, muitas vezes, longos passeios pela Tiergarten, em Berlim, durante os quais Lasker desenvolvia seus pensamentos sobre a possibilidade de encarar o problema do livre arbítrio por indução puramente matemática. Cassirer disse-me, em particular, que evidentemente Lasker não estava muito familiarizado com a literatura filosófica, deixando assim, com freqüência, de perceber que outros antes dele haviam chegado às mesmas conclusões por ele propostas. No entanto, não havia dúvida que Lasker tinha sobre problemas filosóficos idéias muito originais e interessantes, dignas de publicação. Em 1913, Lasker, efetivamente, publicou um livro filosófico, intitulado *Das Begreifen der Welt* (*A Compreensão do Universo*). Nele tratava dos eternos problemas da realidade, causalidade, cognição, verdade e lógica dentro de uma estrutura matemática, e sua contribuição à literatura filosófica foi reconhecida como decididamente valiosa.

Sobre xadrez, Lasker escreveu relativamente pouco, mas o que escreveu foi também absolutamente original e distinguiu-se pela tentativa de chegar a generalizações científicas que, em seu entender, deviam ser aplicáveis ao xadrez para torná-lo digno do interesse da mente amadurecida. Todos os seus trabalhos ampliaram mais ou menos os pensamentos por ele originariamente expressados num pequeno livro intitulado *Struggle**, no qual tentara desenvolver diversos princípios estratégicos gerais, como guias em qualquer atividade competitiva, fosse o xadrez, o boxe, o comércio, a guerra ou a própria vida.

Lasker tinha um extraordinário instinto combativo que, nos torneios de xadrez, o tornava perigoso a seus mais fortes adversários, mesmo quando se deixava levar por seu amor pelas experiências com novos lances. Salvou muitas partidas perdidas complicando a situação a tal ponto que, sob a pressão do limite de tempo, seu adversário jogou errado.

Certa vez observou que um dos segredos do xadrez consistia em jamais fazer um lance puramente defensivo. Todo lance devia sempre envolver uma ameaça, por mais ligeira que fosse. Acrescentou que uma ameaça geralmente desconcerta o adversário mais do que sua concretização. Esta observação motivou uma cena divertida num torneio em que um dos adversários de Lasker obtivera sua promessa de não fumar durante a partida porque, absorto em pensamentos, costumava

* *Luta.*

soprar a fumaça diretamente no rosto de seu antagonista. Depois de cinco ou seis lances, Lasker puxou do bolso um comprido charuto e colocou-o na boca. Seu adversário levantou-se e chamou até à mesa o diretor do torneio. "Lasker concordou em não fumar", protestou ele. "Mas ele não está fumando", observou o árbitro. "Seu charuto não está aceso!" "Ah, mas está ameaçando fumar", queixou-se o outro, "e o senhor sabe muito bem o valor que ele dá a uma ameaça!"

Fiel às idéias que expressara em *Struggle,* Lasker encarava seu comportamento numa partida de xadrez contra um mestre principalmente como uma questão de justiça. Admitia não ter o direito de esperar obter uma posição vitoriosa enquanto seu adversário não violasse algum dos princípios da estratégia do xadrez ou não cometesse um erro tático. É por isso que jamais cometeu o erro de tentar forçar uma vitória num final de partida claramente empatada. Considerava quase anti-ético continuar tal partida na esperança de que o adversário cometesse um erro. Houve muitos outros mestres, notadamente Janovski, que, em princípio, jamais aceitavam a proposta de um empate. Ou sofriam de uma ilusão crônica de que sua posição era sempre superior ou, por alguma razão indecifrável, consideravam provável que o outro jogador praticasse um erro grave, não admitindo que tal coisa lhes pudesse acontecer.

Lasker tentava vencer numa posição equilibrada somente quando via uma possibilidade de complicar o jogo do ponto-de-vista estratégico. Nunca supunha que seu adversário fosse incapaz de calcular combinações com tanta exatidão quanto ele. No entanto, criava sutis problemas de posição que, mesmo para um mestre, não eram fáceis de resolver. Era um excelente psicólogo de xadrez e sabia como encaminhar o jogo para canais que não fossem convenientes ao estilo de seu adversário.

O título mundial permaneceu nas mãos de Lasker durante vinte e sete anos! Embora o tivesse perdido, com a idade de 52 anos, para José Raul Capablanca, que era vinte anos mais moço, terminou à frente de Capablanca em vários torneios posteriores. Em um deles, conseguiu realizar esse feito embora já estivesse com sessenta e seis anos!

Como Capablanca, Lasker quase nunca olhava um livro de xadrez, preferindo confiar em sua capacidade de encontrar no tabuleiro o melhor lance, em qualquer nova variação de abertura que um adversário lhe apresentasse. Entretanto, no final do primeiro quarto deste século, um grupo de mestres mais jovens reunira volume tão vasto de conhecimentos sobre as chamadas aberturas "modernas", por eles próprios inventadas e completamente analisadas, que a ignorância dessas análises mostrou ser uma grande desvantagem mesmo para um Lasker.

Ele próprio percebeu isso com muita clareza. Poucos dias antes do início do grande Torneio Internacional de Mestres de Nova Iorque, em 1924, disse-me, durante um passeio pelo Central Park, que não acreditava muito em minhas probabilidades na competição; nem, nesse mesmo sentido, acreditava nas probabilidades de qualquer outro competidor, inclusive ele próprio, que não estivesse familiarizado com os feitos da "Nova Escola". Disse-me ele: "Numa partida de torneio, onde está limitado a duas horas para seus primeiros trinta lances, você estará perdido desde o começo contra qualquer desses jovens (referia-se a Alekhine, Réti, Bogolyubov e outros) se não puder evitar de ser arrastado para uma de suas aberturas modernas. Suponhamos mesmo que você encontre a melhor linha de jogo no tabuleiro e leve apenas trinta minutos para isso. Eles estudaram essas aberturas dia e noite nos últimos seis anos. Contra seus trinta minutos, eles não gastarão mais de cinco — e como pode alguém dar a um mestre de primeira classe uma vantagem de vinte e cinco minutos?"

Lasker assim mesmo venceu o torneio e o comentário divertido, embora errôneo, de um colunista de xadrez foi este: "A Nova Escola chegou, viu e sucumbiu." A razão verdadeira foi que, apesar de sua idade, Lasker ainda tinha extraordinária capacidade de resistência, de modo que a disputa não o esgotou fisicamente ao ponto de errar por cansaço.

O único erro que praticou no torneio foi devido a dificuldade de tempo. Aconteceu em uma das partidas com Capablanca, numa posição em que, normalmente, teria obtido um empate com facilidade.

Nesta partida ocorreu uma cena, que mostra como uma disposição perfeitamente jovial pode ser reduzida a pedaços numa competição de xadrez, quando o implacável relógio se junta à tensão nervosa que um jogador de torneio tem de sofrer em qualquer caso. Lasker tinha sempre uma atitude mais tolerante que o normal entre jogadores de xadrez. Todavia, perdeu completamente o controle sobre si mesmo quando, forçado a fazer nove lances em menos de dois minutos, cometeu um erro grave que o levou à derrota.

Capablanca também sofrera a pressão do tempo mas pareceu a Lasker que o ponteiro de minutos no relógio de seu adversário estava girando mais devagar do que no seu. Em sua excitação, não apenas acusou a comissão do torneio de negligência na aferição do equipamento de marcação de tempo antes do início do torneio, mas insinuou mesmo que um dos membros da comissão, agindo de maneira parcial em favor de Capablanca, ajustara propositadamente seu relógio de modo a andar um pouco mais devagar. Acentuou que mais de quatro horas haviam transcorrido quando os dois relógios marcaram duas horas cada um e concluiu que alguém havia "ajustado" o relógio de Capablanca — algo que jamais teria sonhado fazer em um estado de espírito normal.

Quando entrou nesse torneio, Lasker estava definitivamente consciente da desvantagem que sua idade lhe impunha. A programação de jogo previa duas sessões de quatro horas cada uma, cinco dias por semana, com as partidas sendo jogadas nos dois dias restantes, se necessário. Para proteger-se contra o excesso de cansaço, Lasker, com sua incomparável incompetência em questões práticas, recorreu aos meios mais estranhos. Nunca lhe ocorreu que o ar fresco e uma enérgica caminhada diária eram os melhores auxílios para conservar-se em forma. Com efeito, discutiu comigo certo dia que uma atmosfera de semi-sonolência — prontamente provocada, não podia eu deixar de pensar, pela duvidosa marca de cigarro que fumava incessantemente — tinha maior probabilidade de resultar em bom xadrez do que o ar fresco. Prosseguiu explicando que a concentração demorada criava na corrente sangüínea um veneno que, na mocidade, o corpo combatia eficazmente produzindo mais que a quantidade normal de fósforo. As pessoas idosas tinham de ajudar essa produção de fósforo por meio de dieta adequada, que consistia em comer bastante peixe. Depois de vencer o torneio, ninguém o dissuadiria de sua crença em que os cuidados com a dieta haviam tido muita influência em sua vitória.

Durante todo o tempo que conheci Lasker, nunca deixei de imaginar como ele conseguia resistir à terrível tensão do jogo de *matches* e de torneios apesar do horário absurdo que seguia, mesmo quando nenhum dever profissional o impedia de ir para a cama antes das 3 horas da madrugada. Nunca usava relógio, porque não queria "ser tiranizado pelo Tempo". Comia quando sentia fome e dormia quando estava cansado. Era por isso uma tarefa difícil sincronizar os encontros para almoço ou jantar com ele. Sempre que eu combinava encontrá-lo, tomava a precaução de adiar todos os outros compromissos programados para o dia.

Lasker era um intelectual e sua conversa sempre se tornava, naturalmente, uma discussão séria de algum problema abstrato. Entretanto, tinha um sadio senso de humor e contava muitas histórias engraçadas, particularmente sobre pessoas que, desconhecendo sua identidade, o convidavam para jogar xadrez.

No primeiro dia de uma viagem através do Atlântico, quando caminhava pelo salão de fumar, Lasker viu um homem sentado sozinho a uma mesa de xadrez, meditando sobre uma posição. Ao passar perto da mesa, Lasker casualmente olhou para a posição e o estranho perguntou-lhe se jogava xadrez. "Oh! De vez em quando", respondeu Lasker. "Bem, então sente-se e vamos jogar algumas partidas", convidou o outro. "Eu jogo muito e podemos compensar sua falta de experiência com uma vantagem. Dou-lhe vantagem da Dama na primeira partida. Se o senhor ganhar, a vantagem passará a ser de Torre e assim por diante até descobrirmos nossa força relativa." "Para mim, está muito bem", respondeu Lasker, planejando dar uma pequena lição no homem.

Deixou-o ganhar a primeira partida rapidamente, experimentando-lhe a força, e em seguida conseguiu perder uma segunda partida sem despertar a menor suspeita na mente do adversário. Antes da terceira partida, Lasker disse: "Deve haver alguma vantagem em jogar sem a Dama. Talvez porque o Rei fica com maior liberdade de movimento quando o espaço ao seu lado não está ocupado. Deixe-me dar-lhe a Dama desta vez. Penso que assim me sairei melhor."

O outro riu: "Mas, que absurdo! Eu o derrotei duas vezes dando-lhe vantagem da Dama e o senhor quer jogar comigo sem a sua Dama! Isso seria realmente ridículo!" Lasker, porém, mostrou-se obstinado e o homem teve de ceder. Naturalmente, Lasker derrotou-o. Um tanto aturdido, seu adversário explicou: "Bem, eu não prestei realmente muita atenção. Talvez eu o tenha menosprezado. Vamos jogar agora uma partida em igualdade de condições." Lasker não concordou. Insistiu em dar de novo a Dama e ganhou outra vez. Desta vez, seu adversário não soube mais o que dizer. Descobriu, porém, como havia passado por bobo, quando encontrou o nome de Emanuel Lasker na lista de passageiros.

Lasker foi o herói das grandes massas de aficionados do xadrez de seu tempo, mas tinha poucos amigos entre os diretores das organizações enxadrísticas e entre os redatores das seções de xadrez e das revistas de xadrez de sua terra natal. Sua mentalidade eclética elevava-o muito acima dos meros especialistas do xadrez. Estes não o compreendiam, nem procurava sua companhia. O resultado é que não recebeu muito apoio ativo de amigos enxadristas influentes quando combateu os diretores da Federação Alemã de Xadrez, os quais fizeram objeções ao vulto da bolsa que pediu para disputar um *match* tendo em jogo o título mundial.

Como suas congêneres em muitos outros países, a Federação Alemã de Xadrez era dirigida por políticos interessados principalmente em sua própria glória. Para eles, isso significava reelegerem-se anualmente presidente e vice-presidente, cercando-se assim de um halo de autoridade. Como os jogadores medíocres proporcionam mais votos do que os mestres, esses políticos sempre alimentavam as pequenas vaidades do talento local ao invés de fazer esforços para defender a causa do xadrez de mestre.

Quando escarneceram Lasker por ter estipulado uma taxa de dois mil dólares para jogar em qualquer torneio e pedido dez mil dólares para si próprio da bolsa a ser angariada para uma disputa do campeonato mundial, ele lhes lembrou que seu predecessor, Steinitz, o primeiro campeão mundial, morrera na pobreza; e acrescentou que faria tudo ao seu alcance para elevar a posição financeira dos mestres profissionais do xadrez em todo o mundo.

Venceu a questão. Quando consentiu em jogar com Capablanca para disputa do título, em 1921, pagaram-lhe a taxa que havia estipulado. Em dinheiro alemão, isso representava uma fortuna, na época. Todavia, o destino não o favoreceu. Na fantástica inflação de 1923, quando o marco alemão se desvalorizou até valer menos de uma fração de centavo, Lasker perdeu tudo quanto tinha e, aos cinqüenta e cinco anos, precisou começar de novo. Antes de retirar-se da arena dos torneios, em 1936, conquistou o primeiro prêmio no torneio de Nova Iorque em 1924, o segundo prêmio em Moscou em 1925, e dez anos mais tarde, novamente em Moscou, obteve o terceiro lugar numa longa lista de mestres de primeira classe. Foi realmente uma carreira triunfante! Ao todo, competiu em vinte e um torneios. Venceu doze deles, obteve o segundo lugar quatro vezes e só se classificou abaixo do terceiro lugar em três ocasiões, sendo duas delas em seus últimos torneios, que disputou em Moscou e Nottingham com a idade de sessenta e sete anos.

Lasker participou de vinte e dois *matches* individuais, em doze dos quais não permitiu que seu adversário ganhasse uma única partida. Venceu também todos os demais, com exceção do último, depois do qual Capablanca sucedeu-o no trono do xadrez.

A fama de Lasker transcendeu o mundo do xadrez. Todos quantos sabiam ler conheciam seu nome, jogassem xadrez ou não. A publicidade dada às vitórias de Lasker estimulou em toda parte o interesse pelo xadrez e mestres de primeira classe surgiram em número cada vez maior. Entre os mais famosos contemporâneos de Lasker incluem-se os americanos Harry Nelson Pillsbury e Frank J. Marshall, o alemão Siegbert Tarrasch, o austríaco Carl Schlechter, o francês (nascido na Polônia) David Janovski, o húngaro Géza Maróczy e o russo-polonês Akiba Rubinstein.

No primeiro torneio internacional de que Pillsbury participou, em Hastings em 1895, colocou-se à frente de Lasker. Jamais, porém, repetiu esse feito e por isso não foi considerado como concorrente à coroa de Lasker. Sua fama mundial era devida principalmente às suas extraordinárias performances de olhos vendados, que superaram tudo quanto havia sido até então realizado por outro. No mesmo tempo que Morphy levara para jogar oito partidas, Pillsbury disputou o dobro daquele número. Em certa ocasião, jogou simultaneamente em dezesseis tabuleiros de xadrez e quatro de dama, ao mesmo tempo que jogava uíste.

Eu era um escolar apaixonado pelo xadrez quando Pillsbury excursionou pela Europa, em 1902, fazendo quase diariamente grandes exibições de olhos vendados. Em sua excursão, passou também por minha cidade natal. Os homens responsáveis pela organização da exibição permitiram que eu ocupasse um tabuleiro, mas minha mãe proibiu-me de sair à noite para jogar xadrez. As mães não sabem que chama consumidora pode ser a paixão pelo xadrez. Depois de meditar o dia inteiro sobre a tragédia em que minha mãe estava para transformar minha vida, impedindo-me de jogar com o famoso astro do xadrez, fugi de casa!

A terrível tensão mental causada por essas atuações forçadas de xadrez, de olhos vendados, não deixou de exercer seus efeitos sobre o estado de saúde de Pillsbury. Quando participou do Torneio Internacional de Mestres em Cambridge Springs, em 1904, não tinha mais a necessária resistência e, pela primeira vez em sua carreira, não se colocou entre os jogadores premiados. Contudo, uma espécie de auto-hipnose parecia tornar-lhe impossível deixar de jogar de olhos vendados e, em 1905, sofreu um grave colapso nervoso. Esteve num hospital durante algum tempo e recuperou-se. No entanto, quando voltou de novo às atuações de olhos fechados, sofreu novo colapso, desta vez com efeitos permanentes. Faleceu em 1906, com trinta e quatro anos de idade.

O Torneio de Cambridge Springs foi vencido por Frank Marshall, que se projetara pela primeira vez em 1900 quando terminara em terceiro lugar num grande Torneio Internacional de Mestres em Paris, derrotando Lasker e Pillsbury, os ganhadores do primeiro e segundo prêmios, nas partidas individuais com eles disputadas. Em Cambridge Springs, Marshall chegou ao final com dois pontos à frente de Lasker. Essa notável vitória foi seguida por uma derrota igualmente notável. Marshall desafiou Lasker para um *match* em disputa do campeonato mundial e foi derrotado por 8 a 0!

Esse incidente ilustra claramente a diferença entre o xadrez de *matches* e de torneios. No torneio, o jogador que deseja colocar-se bem deve evitar empates até o máximo possível, pois o empate aumenta sua contagem de meio ponto apenas, enquanto um concorrente perigoso, vencendo sua partida na mesma rodada, avança um ponto inteiro. Um estilo um tanto arriscado, que coloque o próprio jogador, assim como seu adversário, em terreno mais ou menos escorregadio, é portanto muitas vezes mais rendoso no jogo de torneio do que uma estratégia sólida e segura. No jogo de *match*, por outro lado, não há necessidade de arriscar-se à perda de uma partida por meio de combinações duvidosas. Um empate aumenta igualmente a contagem dos dois competidores.

Marshall sempre jogou um xadrez arriscado, isto é, sempre empreendia ataques altamente complicados cujo resultado ele podia prever tão pouco quanto seu adversário. Isso o tornava muito bem sucedido em torneios, pois a sorte sorri para o jogador ofensivo com muito mais freqüência do que para quem se dedica a trabalhosas e demoradas defesas. No jogo de *match,* Marshall teve pela frente enxadristas como Emanuel Lasker, Tarrasch ou Capablanca, que eram mestres no calmo jogo de posições, assim como em complicações combinatórias. Mesmo eu, que não me poderia comparar nem de longe a Marshall, no jogo de torneio, quase o derrotei no *match* em que nos empenhamos na disputa do campeonato dos Estados Unidos em 1923.

Tanto Marshall como Pillsbury foram interessantes exemplos de um estranho fenômeno mental. Concentravam, com êxito, todas as suas faculdades no xadrez, com exclusão de qualquer outro interesse intelectual. Tentar levá-los para uma conversação sobre qualquer assunto além do xadrez era uma tarefa desesperadora. Nunca vi coisa semelhante, a não ser possivelmente em cantores líricos ou magos financeiros.

Talvez nenhum *match* disputado por Lasker tenha sido aguardado com maior interesse geral do que a luta pelo campeonato mundial com Tarrasch, em 1908. Tarrasch era apenas sete anos mais velho que Lasker. Como Steinitz e Lasker, era um pensador do xadrez e tinha uma mente academicamente treinada. Praticou a medicina durante a maior parte de sua vida, com exceção das poucas semanas que tirava, cada vez, para participar de torneios de xadrez — e das muitas horas diárias que passava nos cafés de xadrez de Munique. Quando venceu quatro grandes torneios internacionais sucessivos, entre 1889 e 1894, passou a ser reconhecido como o maior mestre da Europa. Sua posição foi confirmada em um *match* empatado com o gigante russo, Tchigorin, que era geralmente considerado como o maior jogador do mundo depois do campeão mundial, Steinitz. Este último convidou Tarrasch para um *match* em disputa do título, em Havana, mas o mestre alemão não quis arriscar-se a perder sua clientela médica por uma prolongada ausência de seu consultório em Munique. Lasker também desafiou Tarrasch para um *match* no começo da década de 1890, mas Tarrasch, que não se distinguia por sua modéstia, recusou altivamente, sugerindo ao desafiante que mostrasse primeiro sua classe em alguns torneios de primeira categoria.

Lamentou bem logo essa sua atitude. Depois de derrotar Steinitz em 1894, Lasker colocou-se à frente de Tarrasch, em 1895, em Hastings, onde Pillsbury conquistou o primeiro e Tchigorin o segundo prêmios. Não foi senão em 1908 que Tarrasch — desta vez foi ele quem teve de fazer o desafio — teve oportunidade de medir suas forças com Lasker numa competição individual.

Este último preparou-se para a competição por um repouso de três semanas num bosque perto de Berlim. Não fazia outra coisa senão andar e ler. Sou testemunha de que nem mesmo levou consigo um tabuleiro de xadrez. Ia visitá-lo todos os dias para jogarmos uma partida de *Go*, como me pedira para fazer enquanto lá estivesse. Jamais mencionou o *match* ou mesmo o jogo de xadrez. Somente na véspera de sua partida para Munique, onde seria iniciado o *match*, é que fez a primeira referência a ele. Disse então: "Se eu ganhar o sorteio para a saída, penso que farei a variação de troca, de Ruy López. Seria capaz de me dizer como alguém pode perder com esse jogo?"

Essa pergunta mostrou, mais uma vez, como o momento psicológico era importante na opinião de Lasker. Ele não queria perder a primeira partida. Sabia que um mau começo sempre afeta o jogador, por maior que seja a sua autoconfiança. Lasker jogou com as Brancas, fez a sua variação e ganhou. Quando o cumprimentei em Dusseldorf, antes do início da segunda partida, deu-me um sorriso otimista. O *match* terminou de modo favorável a Lasker, com uma contagem de 8 vitórias, 3 derrotas e 5 empates. Dos dois, ele foi o melhor lutador e o melhor psicólogo. Devido a um belo jogo de posições, Tarrasch realizou várias vezes jogadas muito superiores. Lasker, porém, sabendo que as posições claras eram o forte de Tarrasch, encontrou sempre meios de complicar as coisas, de modo a tornar mais difícil as avaliações de posição.

Mencionei Tarrasch como um pensador. Ele tinha, além disso, uma mente metódica e era dotado de facilidade de expressão. Isso fazia dele um excelente professor e seus livros de partidas anotadas são verdadeiros tesouros para o estudioso do xadrez.

Nenhum dos outros quatro mestres, que mencionei como os maiores jogadores europeus na época de Lasker, tinha o equipamento intelectual de Tarrasch. Eram todos homens que haviam atingido o ápice graças à imensa experiência e, naturalmente, à necessária dose de dotes nativos. Maróczy era uma torre de força e solidez, Janovski, um brilhante talento; nenhum deles, porém, tinha a profundidade necessária para atingir a classe de Lasker. Além disso, Maróczy era uma pessoa muito delicada para demonstrar a força e impulso exigidos de um campeão mundial. Janovski desperdiçava a maior parte de seu tempo na mesa de roleta e era absurdamente pretensioso para poder reconhecer suas próprias falhas. Somente em um curto *match* de quatro partidas conseguiu igualar a contagem de Lasker. Nos outros dois *matches* em que se empenharam, Lasker brincou com ele como um gato com um camundongo. Os últimos *matches* foram realizados em Berlim, em 1909 e 1910. A desculpa que Janovski deu, para sua derrota, foi característica dele. Ao invés de admitir que passava as noites na roleta, disse-me certo dia: "Penso que não ganharei uma partida neste *match*. Lasker joga muito estupidamente para que eu olhe o tabuleiro com qualquer interesse."

Lasker esteve realmente ameaçado de perder seu título quando, em 1910, empenhou-se num *match* de dez partidas com Schlechter. Essa foi uma das mais dramáticas lutas de xadrez a que eu já assisti. Schlechter estava no primeiro plano do xadrez de torneio desde vários anos antes, colocando-se sempre em primeiro lugar ou logo depois, perto de Tarrasch e Rubinstein. Este último, também, desafiara Lasker, dependendo de reunir a bolsa necessária, mas Schlechter encontrara primeiro quem o apoiasse.

Schlechter era um indivíduo bem humorado e afável, apreciado por todos quantos o conheciam. Era difícil imaginá-lo como campeão mundial; da mesma forma que Maróczy, parecia faltar-lhe a disposição agressiva que se espera encontrar no pretendente a um título mundial. Sua maneira delicada de falar — e mesmo, seu modo de caminhar sem pressa — dava a impressão de que preferiria sentar-se sossegadamente no jardim de alguma cervejaria, saboreando razoável número de *Pilseners*, ao invés de enfrentar um adversário no tabuleiro de xadrez durante horas intermináveis.

Schlechter geralmente tinha mais partidas empatadas num torneio do que qualquer outro participante e, em muitas ocasiões, somente o fato de dificilmente perder uma partida lhe permitia colocar-se bem. Era quase como se não tivesse coragem de recusar o empate quando um adversário lhe pedia. Em alemão, o empate é chamado *Remis*, uma corruptela do francês *partie remise;* e um galhofeiro dera a Schlechter o apelido de "Mestre do *Remis monde* de Viena". Mostrou-se à altura desse nome no *match* com Lasker; não que tivesse sido levantada a questão de aceitar ou não um empate; jogou tão bem que Lasker parecia não poder fazer qualquer progresso contra ele.

A primeira metade do *match* foi realizada em Viena. Depois de Schlechter ter empatado as quatro primeiras partidas, Lasker, finalmente, obteve uma vantagem decisiva na quinta — apenas para perder devido a um erro inexplicável no final da partida. Deve ter sido um daqueles casos de súbita *Amaurosis Schacchistica*, como o Dr. Tarrasch chamava jocosamente a cegueira enxadrística que o cansaço pode causar.

Quando a segunda metade do *match* se iniciou em Berlim, uma sensação de drama dominava a atmosfera cheia de fumaça do enorme salão de baile, onde mais de mil aficionados de xadrez acompanhavam diariamente os lances das partidas num grande quadro de demonstração. Lasker e Schlechter jogavam numa sala menor ao lado, reservada aos patronos do xadrez que dispunham de recursos para pagar os altos preços cobrados pelo ingresso. Todos percebiam que Lasker, pela primeira vez em sua carreira, estava realmente lutando pela vida. Schlechter empatou uma partida depois da outra, embora de maneira nenhuma evitasse complicações. De um modo ou de outro, mostrou-se à altura de todos os problemas que a estratégia de Lasker lhe ofereceu. Depois de nove partidas, a contagem era ainda 1 a 0 em favor de Schlechter. Quando foi jogada a décima e última partida, a excitação dos espectadores atingiu o ponto de ebulição.

Parecia que ambos os jogadores estavam fazendo o possível para que essa fosse a mais renhida batalha de suas vidas: Lasker, porque via sua única salvação em complicações que fossem muito grandes para permitir a seu antagonista encontrar uma saída; e Schlechter, porque provavelmente não lhe agradava vencer pela estreita margem de um ponto. Fossem quais fossem as razões, a partida desenvolveu-se de modo a tornar-se a mais excitante luta em toda a história do xadrez. As complexidades das combinações eram tais, que as análises ficavam muito além da capacidade dos espectadores e mesmo os mais fortes jogadores entre eles, durante mais de uma hora, não puderam chegar a acordo sobre quem estava levando a melhor, Lasker ou Schlechter. Finalmente, para consternação dos amigos de Lasker, as complicações que ele criou resultaram em seu desfavor. Schlechter conseguiu uma posição superior que, na melhor das hipóteses, permitiria a Lasker obter um empate. Todavia, a "equilibradora injustiça do xadrez" fez com que Schlechter perdesse seu rumo, como acontecera com seu adversário na quinta partida. Deixou de perceber um recurso oculto à disposição de Lasker e o que acreditava ser uma combinação decisiva foi repelido, conduzindo a um final de partida que resultaria em derrota. Desistiu. O resto foi pandemônio.

JOSÉ RAUL CAPABLANCA, ÍDOLO DO MUNDO DO XADREZ

O mundo do xadrez mal se recuperara da excitação desse *match* quando, em 1911, outro acontecimento sensacional o lançou em novo turbilhão. O jovem cubano, José Raul Capablanca, que, como Morphy, aprendera o jogo com seu pai quando menino de quatro anos e que, ainda como Morphy, conquistara o campeonato de sua cidade natal aos doze anos de idade, continuava a desenvolver sua carreira paralelamente à do grande mestre americano. Ao aparecer em Nova Iorque, quando tinha dezoito anos, para matricular-se na Universidade Colúmbia, mostrou-se superior aos melhores jogadores americanos de "xadrez relâmpago", uma forma popular de jogo ligeiro com limite de tempo de cinco ou dez segundos para cada lance. Em dois anos, provou ser melhor que os demais em xadrez sério e, em 1909, Frank Marshall aceitou seu desafio para um *match*. Para espanto de todos, Capablanca venceu a competição por 8 a 1 e catorze empates. Essa vitória sobre um mestre internacional induziu o jovem cubano a abandonar definitivamente seus estudos de Engenharia e dedicar-se a uma carreira enxadrística.

Quando, dois anos mais tarde, foi organizado em San Sebastián, na Espanha, um grande Torneio Internacional de Mestres, o jovem cubano pediu permissão para dele participar. Apesar dos protestos de alguns dos mestres, a comissão do torneio decidiu abrir uma exceção no caso de Capablanca e admiti-lo, embora não satisfizesse a condição que os organizadores haviam estipulado, isto é, que todos os participantes tivessem um lastro de, pelo menos, dois terceiros prêmios em torneios de mestres de primeira classe. Capablanca ainda não tivera oportunidade de jogar num único torneio de mestres, mas o resultado de seu *match* com Marshall foi considerado como prova suficiente de sua força extraordinária.

Com exceção de Lasker, todos os astros do xadrez da Europa estavam entre os contendores. Capablanca liquidou com todas as dúvidas que alguns dos mestres ainda tinham quanto à sua classe. Logo na primeira rodada derrotou Ossip Bernstein, o mais forte mestre da Rússia, depois de Rubinstein. Foi uma partida brilhante, pela qual ele recebeu um prêmio especial. Bernstein, sabendo que o estilo de Marshall era inadequado para *matches*, subestimara inteiramente o valor de Capablanca, mesmo depois de sua vitória sobre aquele mestre. Contudo, mudou completamente de opinião, quando viu como o cubano repelia sua estratégia no primeiro encontro que tiveram e disse aos outros mestres que não ficaria surpreendido se o jovem vencesse o torneio. Foi exatamente o que aconteceu. Embora Rubinstein derrotasse Capablanca em sua partida individual, o último chegou ao final da contagem com meio ponto à frente do russo. A notícia de sua vitória foi a sensação do dia e refletiu-se nas manchetes dos jornais em todo o mundo. Um principiante, de vinte e três anos de idade, erguer-se acima de todos os principais astros do xadrez mundial, em seu primeiro torneio, era um feito que parecia só poder ser explicado por algum processo estratégico inteiramente novo que Capablanca tivesse encontrado e que não houvesse ocorrido antes a nenhum dos outros mestres.

As fotografias nos jornais mostravam o cubano como um jovem muito simpático e, entre o grande público que atraiu, em todas as cidades por onde passou numa excursão de exibições de partidas simultâneas, pouco depois do torneio, havia sempre um número espantoso de moças. A teoria de que o sexo fraco nunca apreciou o jogo de xadrez devia evidentemente ser sujeita a uma revisão.

Conheci Capablanca quando ele fez sua exibição em Berlim e, como todos os demais, fiquei muito impressionado por sua personalidade. Era vivo, de boas maneiras e, apesar de certa tendência ao exibicionismo, que parece ser característica natural de todo campeão, seu evidente sentimento de autoconfiança era magnificamente temperado por aquela modéstia fundamental que é uma das marcas da verdadeira inteligência.

Em suas exibições, obtinha resultados absolutamente impressionantes. Prognosticava-se abertamente que ele seria o próximo campeão mundial. Rubinstein ficara repentinamente esquecido. Os aficionados de xadrez, em geral, apreciavam a idéia de Capablanca conquistar o título, sem dúvida porque eram capazes de identificar-se com ele mais facilmente do que com um abstruso filósofo como Emanuel Lasker.

Capablanca era o mais diferente possível de Lasker, em todos os sentidos. Embora dotado de uma mente viva e bem capaz de pensamento abstrato, não tinha nenhuma ambição intelectual determinada. Seu interesse todo estava no terreno dos esportes competitivos. Era perito em bridge, excelente jogador de beisebol e muito bom no tênis e no bilhar. Quanto a este último, jogava tão bem, que quem o visse em ação não poderia deixar de pensar na famosa observação de Disraeli: "Jovem, sua proeza neste jogo revela uma mocidade desperdiçada!"

Não há dúvida que Capablanca gastou grande parte de sua vida em jogos. Mas, como um dos favoritos dos deuses, quem poderia condená-lo por isso? O governo de Cuba, que sua fama "colocara no mapa", deu-lhe um cargo em seu Ministério do Exterior. Isso o livrou de preocupações financeiras e lhe permitiu viajar amplamente. Assim, os mais fortes jogadores da maioria dos países tiveram oportunidade de enfrentá-lo.

O ano de 1914 trouxe consigo um dos grandes acontecimentos da história do xadrez: o primeiro encontro entre Capablanca e Lasker. Os patronos russos de xadrez haviam organizado um interessantíssimo Torneio Internacional de Mestres, com uma lista de convidados que incluía onze contendores, escolhidos entre três gerações de enxadristas. Próximos da idade de Capablanca, havia apenas dois russos: — Aron Niemtsovich, que tinha vinte e oito anos, e Alexander Alekhine, que tinha vinte e sete anos. Ambos estavam destinados a ocupar um lugar entre os imortais do xadrez.

De acordo com as condições do torneio, esses onze homens jogariam uma rodada preliminar em São Petersburgo e os cinco que obtivessem maior contagem participariam de uma rodada dupla final em Moscou.

Capablanca venceu a preliminar com 8 pontos, muito à frente de Lasker e Tarrasch, que se colocaram em seguida com 6 ½ pontos cada, seguidos por Marshall e Alekhine, que fizeram 6 pontos. Isso indicava tal superioridade de Capablanca, que sua vitória nas finais era uma conclusão prevista, particularmente porque a contagem da preliminar era levada em consideração nas finais. Nem mesmo um Lasker poderia esperar tirar uma desvantagem de 1 ½ pontos em oito rodadas enfrentando os mais fortes jogadores de xadrez do mundo.

Com referência às partidas que jogou com Lasker em Moscou, Capablanca certa vez me contou, confidencialmente, o seguinte incidente, que mostra como tinha bom coração. Sentia-se, como era natural, absolutamente certo de que conquistaria o primeiro prêmio. Em suas duas partidas com Lasker, levava a vantagem psicológica de poder contentar-se com um empate, enquanto Lasker era obrigado a jogar para ganhar se quisesse superar ou mesmo igualar a contagem de Capablanca.

Na primeira partida, Lasker jogou com as Negras e, aceitando, necessariamente, certos riscos em seu desejo de evitar um empate a todo custo, viu-se, de repente, numa posição em que não podia impedir a perda de duas peças pouco importantes em troca de uma Torre, o que provavelmente também significaria a perda da partida.

Recordando esse momento dramático, Capablanca contou que Lasker ficara branco como cera ao perceber sua situação e suas mãos tremiam tanto que mal conseguiam segurar a peça que desejava mover. Capablanca não tinha dúvidas de que, em pouco tempo, seria o campeão mundial. Mas, disse ele, não pôde deixar de sentir grande piedade quando viu o efeito paralisante que a derrota iminente exercia sobre o idoso Lasker. Este mantivera o cetro do xadrez durante vinte anos e, sem dúvida, percebia naquele momento que chegara sua vez.

Lasker conseguiu finalmente empatar, e na segunda partida, derrotou Capablanca, chegando assim a meio ponto dele. Se isso foi uma ameaça muito grave mesmo para o cubano de nervos de aço ou se — como afirmaram alguns jornalistas e Capablanca não desmentiu — as jovens russas representaram uma distração excessiva, o fato é que Capablanca perdeu também a partida que jogou contra o temível Tarrasch no dia seguinte. Desta vez, foi Capablanca quem mereceu simpatia. Embora tivesse caído numa variação de abertura preparada, conseguiu obter uma posição de vencedor, mas fez um único lance descuidado e perdeu.

Lasker venceu o torneio com 13 ½ pontos e Capablanca colocou-se em segundo lugar com 13 pontos, três pontos à frente de Alekhine, que, por sua vez, terminou 1 ½ pontos à frente de Tarrasch, tornando-se assim o mais jovem "grande mestre".

Este resultado mostrou tão claramente que Lasker e Capablanca se encontravam numa classe especial, que somente um *match* entre eles poderia ter qualquer interesse, no referente ao título mundial.

A primeira guerra mundial retardou as negociações para a competição, mas em dezembro de 1920, finalmente, foram combinadas as condições e as partidas tiveram início em março de 1921. Deveriam ser disputadas vinte e quatro partidas, todas elas no clube de xadrez de Havana. Capablanca venceu, como quase todos previam, embora os antagonistas fossem indiscutivelmente de igual classe. Todavia, a idade de Lasker e as privações por que passara durante a guerra pesaram muito contra ele.

O jogo de Capablanca esteve acima de crítica. Lasker, evidentemente, não mostrou o que era. Perdeu duas boas partidas devido a erros graves e, em outras duas, ofereceu uma defesa completamente apática. Foi incapaz de acostumar-se ao calor e ao sol brilhante de Havana. Desistiu do *match*, quando a contagem estava em 40, com 10 empates. Em suas anotações sobre o *match*, que foram publicadas na Alemanha, elogiou calorosamente o jogo de Capablanca e, embora explicando seu jogo inferior como resultado do cansaço causado pelo clima, tornou claro que teria perdido, ainda que tivesse jogado num clima ao qual estivesse acostumado. Que a qualidade de seu xadrez não piorara em nada e que a idade não afetara acentuadamente seu vigor foi, com efeito, demonstrado pelas magníficas vitórias que conquistou nos dez anos seguintes.

Capablanca continuou de triunfo em triunfo. Quando entrou no Torneio de Mestres de Nova Iorque, em 1924, podia, olhando para trás, ver um passado de vitórias que jamais foi igualado por alguém antes dele e provavelmente jamais o será. Em dez anos, participara de noventa e nove torneios e *matches*, tendo perdido apenas um deles!

Qualquer jogador que enfrentasse Capablanca numa partida séria, naquela época, sentia-se mais ou menos resignado com seu inevitável destino. E quando, na quinta rodada do torneio, Capablanca perdeu sua partida, houve uma excitação indescritível. O cubano jogava com Richard Réti, de Viena, um dos grandes propugnadores do "xadrez moderno", e precisou defender-se contra a "Abertura de Réti", um dos muitos começos idealizados durante os anos que se seguiram à guerra e até hoje considerado como uma das mais fortes armas das Brancas.

Capablanca não tivera ainda oportunidade de jogar contra essa abertura nas rodadas anteriores, mas parecia absolutamente despreocupado. Conduziu o jogo com aquela calma imperturbabilidade e simples objetividade que sempre distinguiram seu estilo e que o levaram à alta posição por ele ocupada no xadrez. Depois de dez ou doze lances, não apenas conseguira perfeito equilíbrio, mas até mesmo um traço de superioridade.

Todos ficaram por isso ainda mais assombrados quando, pouco antes do encerramento da primeira sessão, o silêncio imposto a todos os espectadores por grandes cartazes foi rompido por alguém que gritava: "Capablanca abandonou!" Esquecendo seus relógios, que continuavam a correr, todos os jogadores deixaram às pressas seus tabuleiros para ver o que acontecia. Encontraram Capablanca e Réti em sua mesa, ambos sorrindo incredulamente. Mas era verdade: Capablanca calculara mal uma manobra através da qual pensava ganhar um Peão e ficara numa posição inferior, da qual não poderia sair. O campeão mundial rendeu-se e Réti foi o herói do dia. A imprensa levou a espantosa notícia aos mais distantes cantos do mundo, pois o nome de Capablanca, conhecido de todos os homens nas ruas, já era lendário em seu tempo de vida.

Parece que foi necessário esse choque para lembrar ao filho privilegiado de Cuba o que o mundo do xadrez dele esperava. Nas primeiras quatro rodadas, jogando contra Janovski, Emanuel Lasker, Alekhine e eu, apenas conseguira empatar suas partidas, de modo que na quinta rodada tinha ainda só 2 dos 5 pontos possíveis, algo que nunca acontecera antes em todos os trinta e dois anos de sua vida de enxadrista. Entretanto, mostrou que grande jogador era, conquistando 12 ½ pontos nas quinze rodadas restantes e terminando 1 ½ ponto atrás de Lasker, mas 2 ½ pontos à frente de Alekhine.

Capablanca aceitou a vitória de Lasker com muito boa disposição. Sua posição nada sofrera, pois empatara uma e ganhara outra das duas partidas que jogara com Lasker. Estou certo de que se teria aproximado ainda mais da contagem de Lasker, se não partilhasse das estranhas opiniões deste último a respeito do papel que a noite e o dia devem desempenhar em nossas vidas. No decorrer dos muitos anos em que me avistei freqüentemente com ele, não me recordo de um único dia em que tivesse tomado seu *breakfast* antes do meu almoço. A causa que o fazia dormir tarde nunca foi, porém, a Matemática ou a Filosofia.

Nos torneios, o hábito de dormir até tarde, às vezes, criava dificuldades para Capablanca. Certa ocasião — ia jogar comigo nesse dia — não chegou à sala de jogo na hora em que devia ser iniciada a partida e o diretor do torneio pôs em funcionamento seu relógio. Vinte, trinta, quarenta minutos passaram-se e ele não aparecia. Fiquei impaciente, pois o jogador era considerado derrotado por abandono quando chegava uma hora atrasado, e eu não queria vencer a partida pela ausência do adversário. Depois de passarem cinqüenta minutos, resolvi, contra a vontade do diretor do torneio, tentar localizar Capablanca.

Telefonei para seu hotel e ele ainda estava efetivamente em seu quarto. Disse-lhe: "Por Deus, Capa, você deve ter dormido demais! Se não chegar aqui dentro de nove minutos, o diretor do torneio vai considerá-lo derrotado por abandono. Apresse-se!"

Respondeu-me, muito excitado: "Acabei de vestir-me e estarei aí em tempo. Você não devia ter-me chamado. Esta conversa fez-me perder um minuto inteiro!" E desligou.

Naturalmente, fiquei muito aborrecido com essa desagradável reação ao meu bem intencionado aviso. Entretanto, depois de chegar correndo à sala quase fora de hora, de ter feito seus primeiros quinze lances com a rapidez do relâmpago e evitando ultrapassar seu tempo, Capablanca readquiriu sua serenidade. Tomou-me a mão e com sua cândida risada de criança disse-me: "Foi muita bondade sua ter pensado em me telefonar. Mas você assustou-me! Chegou quase a me fazer perder esta partida por ausência."

Sob a tensão do torneio, raros mestres de xadrez conseguem manter seus nervos suficientemente controlados para evitar de todo as explosões emocionais. Capablanca estava livre dessas explosões, salvo em ocasiões extremamente raras, uma das quais foi a que mencionei.

Combinava com êxito um temperamento alegre e um modo aventuroso de jogar com a graça social e com a dignidade adequada a um campeão mundial. Seu comportamento digno era absolutamente natural, nunca consciente, e jamais afetava seu delicioso senso de humor. Quando amigos tramavam trotes em que precisavam de sua cooperação, nunca a recusava, e quando o trote era contra ele, participava calorosamente da alegria geral.

Um acontecimento desse tipo, com características muito engraçadas, ocorreu num clube de praia de Hollywood, onde Capablanca se encontrava como convidado de um amigo. Alguns membros do clube, jogadores de xadrez, acharam que sua visita oferecia excelente oportunidade para pregar uma peça em Charles MacArthur, o teatrólogo, que lá aparecia com freqüência e geralmente os derrotava no jogo. Planejaram atraí-lo a uma partida com o campeão mundial, apresentando-lhe este último como um Sr. Joseph, que "parecia pensar conhecer alguma coisa sobre xadrez" e a quem gostariam de dar uma lição. Para tornar o plano mais atraente aos olhos de MacArthur, que também gostava bastante de pregar peças aos outros, sugeriram-lhe que se apresentasse ao Sr. Joseph como Capablanca, o campeão, assustando-o assim desde o começo.

Tudo correu de acordo com os planos. MacArthur caiu na cilada com um alegre sorriso de expectativa. No entanto, depois de feitos uns dez ou doze lances, um mensageiro levou-lhe um bilhete de sua esposa, Helen Hayes, que havia entrado na sala e, ouvindo falar na brincadeira, decidira interferir. O bilhete dizia: "Charlie, você está jogando com Capablanca."

MacArthur, visivelmente sobressaltado por um breve momento, recuperou-se rapidamente e, com um sorriso, fez as coisas voltarem-se contra seus amigos. Levantou-se e disse: "Sinto muito, mas Helen quer que eu a leve já para casa e preciso sair. A propósito, o Sr. Joseph é um jogador magnífico. Espero ter outra oportunidade de jogar com ele em breve. Estou certo de que me proporcionará uma luta interessante."

Capablanca, embora mantendo sempre um ar de absoluta autoconfiança, era desprovido de toda presunção. A impressão que causava aos estranhos é bem exemplificada por uma história que me contou Irving Chernev, o conhecido escritor de xadrez. Capablanca ia fazer uma exibição de xadrez simultâneo em Nova Iorque, contra cerca de trinta adversários. A sala de jogo estava repleta de aficionados que rodeavam os jogadores, sentados em suas mesas, aguardando o início da exibição. Um dos visitantes perguntou a Chernev, que estava sentado diante de um dos tabuleiros: "Poderia ter a bondade de me mostrar quem é Capablanca? Nunca o vi". Chernev explicou que Capablanca ainda não havia chegado. O outro insistiu: "Quando chegar, quer apontá-lo para mim?"

Chernev sorriu e disse: "Não, não precisarei fazer isso. Quando Capablanca chegar, você perceberá que é ele o campeão."

ALEXANDER ALEXANDROVICH ALEKHINE, ÚLTIMO ROMÂNTICO DO XADREZ

Em 1927, num *match* realizado em Buenos Aires, Capablanca perdeu sua coroa para Alekhine. A competição durou vários meses e a contagem foi de 6 vitórias, 3 derrotas e 25 empates. Ninguém acreditou que esse resultado tivesse realmente indicado a força relativa dos dois titãs do xadrez e até hoje muitos entendidos acham que Capablanca teria reconquistado o título num *match* de desforra. Todavia, o novo campeão tomou o cuidado de fazer com que Capablanca jamais tivesse uma segunda oportunidade de enfrentá-lo.

Alekhine foi indiscutivelmente um dos maiores, se não o maior, gênio inventivo que o xadrez já teve. Dificilmente se encontra uma variação de abertura em que ele não tenha, numa ou noutra ocasião, imprimido a marca de sua prodigiosa capacidade de criação. Se é verdade que trabalho árduo e incessante é um dos atributos do gênio, Alekhine foi sem dúvida um extraordinário exemplo. Dedicava diariamente de quatro a oito horas ao xadrez, analisando as partidas de outros mestres e procurando encontrar aperfeiçoamentos para as aberturas por eles empregadas. Assim, apresentava flagrante contraste com Lasker e Capablanca, os quais, depois de terem atingido a maturidade no xadrez, raramente dedicavam tempo ao xadrez sério, a não ser quando empenhados em *matches* ou torneios.

Para os aficionados do xadrez que fazem do jogo seu absorvente passatempo, assim como para os mestres que vivem exclusivamente para o xadrez, Alekhine foi o campeão ideal. Podiam entendê-lo melhor que a Emanuel Lasker, cujos interesses intelectuais estavam além de sua compreensão, e melhor que a Capablanca, cuja lúcida simplicidade os impressionava como eminentemente prática, mas não tinha atração comparável ao brilhantismo do ousado estilo de Alekhine.

Alekhine amava realmente o xadrez. Fosse qual fosse o tema de uma palestra, ele sempre encontrava uma oportunidade de aludir à questão do xadrez.

Além disso, o xadrez foi seu único amor. Sinto dizer que em suas relações humanas era governado por absoluto egoísmo — e mesmo brutalidade. Ocultava essas características cuidadosamente quando achava que, de outro modo, sua carreira podia ser desfavoravelmente afetada. Estou recordando estes fatos sem animosidade pessoal. Durante os muitos anos em que mantive íntimas relações com ele, nós nos demos muito bem, e só muito mais tarde é que fiquei sabendo de seu mau caráter.

Um nosso conhecido comum, que crescera com Alekhine em Moscou e, como ele, fugira da Rússia durante a revolução, revelou-me alguns dos deprimentes traços do caráter de Alekhine e explicou-os em parte como resultado de uma infeliz herança.

Alekhine provinha de uma família aristocrática mas alcoólatra, e cresceu num ambiente que dificilmente poderia produzir um anjo.

Quando irrompeu a revolução, ele servia com o Corpo de Serviço Secreto do Exército Russo Branco em Odessa. Os bolchevistas capturaram a cidade e ele se declarou "libertado", passando a trabalhar como espião para os vencedores. Quando os russos brancos reconquistaram Odessa, Alekhine declarou-se novamente libertado e ofereceu-se para serviço de contra-espionagem. Finalmente, os bolchevistas prevaleceram e Alekhine, não muito seguro de ter conseguido destruir todas as provas comprometedoras, apelou à sua capacidade de combinações para planejar uma fuga.

Em circunstâncias comprometedoras, praticamente coagiu uma jovem estrangeira a casar-se com ele. Obteve assim permissão para viajar em direção ao exterior. Logo que o trem atravessou a fronteira russa, abandonou sua esposa — e seu filho pequeno — informando-a rudemente de que a utilizara apenas com a finalidade de sair da Rússia.

A propósito, essa foi a única mulher jovem com quem se casou. Todas as suas esposas subseqüentes — e foram três — eram pelo menos vinte e cinco anos mais velhas do que ele. Além de Baco, Édipo deve ter estado entre seus antepassados.

Alekhine aprendeu xadrez, quando criança, com sua mãe. Em 1901, aos nove anos de idade, começou a jogar de olhos vendados. Sua ambição nesse sentido foi despertada por uma das extraordinárias exibições de xadrez simultâneo de olhos vendados dadas por Pillsbury, em sua primeira excursão pela Europa. Viu Pillsbury jogar dezesseis partidas simultâneas em Moscou. Cerca de trinta anos mais tarde, na Feira Mundial de Chicago, Alekhine bateu o recorde mundial de xadrez de olhos vendados, jogando simultaneamente trinta e duas partidas. Eu servi como árbitro nessa exibição. Prolongou-se por dez horas, tempo não superior ao que Morphy levara para jogar oito partidas e Pillsbury para jogar dezesseis. Alekhine, porém, não jogava com a mesma infalível exatidão. Cometia freqüentes erros, corrigindo-os somente após eu ter repetido seus lances interrogativamente. Apesar disso, a *performance* foi terrivelmente impressionante. Que eu saiba, só foi superada, desde então, pelo belga George Koltanovsk e pelo polonês Mendel Najdorf. Este último, residente em Buenos Aires, jogou quarenta partidas simultâneas, prolongando-se a exibição por quase vinte horas ininterruptas. Quantos de seus adversários foram vencidos pela superioridade do xadrez de Najdorf e quantos tombaram vítimas de puro esgotamento é coisa que as notícias não disseram.

Quando Alekhine, aos vinte e poucos anos, atingiu completa maturidade no xadrez e, tendo vencido vários torneios de mestres de primeira classe, firmou seu direito de desafiar Capablanca para disputa do título mundial, a técnica dos mestres em geral atingira tal grau de perfeição e as aberturas haviam sido tão exaustivamente analisadas, que quase o único terreno em que ainda restava lugar para aventuras era o meio da partida. A memória era suficiente para atravessar indene a abertura e a técnica, mais que qualquer outra coisa, era o fator necessário para manobrar convenientemente na maioria dos finais de partida. Só a orientação do meio da partida deixava ao mestre certa possibilidade de escolha entre várias alternativas estratégicas. Era uma questão de gosto e jogadores diferentes, de acordo com seu temperamento, chegavam a decisões diferentes.

As concepções de Capablanca e Alekhine no tabuleiro de xadrez eram iguais em profundidade. Capablanca, porém, não gostava de complicações e aventuras. Preferia saber com antecedência para onde caminhava. Como disse Lasker, sua profundidade era a de um matemático, não de um poeta. Alekhine, como Lasker, era um romântico, apesar de suas faculdades lógicas altamente desenvolvidas. Para ele, as complicações nunca eram indesejáveis. De fato, preferia-as sempre a um desfecho simples. Ainda como Lasker, Alekhine percebia que, quando colocado contra um adversário de igual classe, a avaliação psicológica correta do antagonista dava ao jogador uma vantagem considerável. Dificilmente poderia, em tal caso, esperar obter vantagem por superioridade técnica.

Assim, antes de seu *match* com Capablanca, Alekhine estudou minuciosamente as partidas do campeão, a fim de descobrir a estratégia psicológica mais promissora; e suas conclusões foram corretas. Em nenhuma das partidas do *match* tentou surpreender Capablanca com uma nova variação de abertura. Sabia que o campeão mundial encontraria um meio de conduzir a abertura para canais bem conhecidos. Entretanto, no meio da partida, o desafiante escolheu sempre a alternativa mais complicada que se lhe oferecia. Previa que em seu desejo de simplificação, Capablanca era capaz de deixar de analisar possibilidades táticas em pormenores suficientes, ficando assim exposto a um ataque de surpresa.

Alekhine jamais havia ganho uma partida de Capablanca e era talvez natural que o último subestimasse sua força. Quando o campeão percebeu que fizera isso, era muito tarde. Alekhine já estava dois pontos à frente e contentou-se em empatar, enquanto Capablanca evitava posições desequilibradas que oferecessem oportunidades a ambos os lados.

Nenhum dos outros mestres de seu tempo representou uma ameaça séria ao título de Alekhine, embora ele tenha perdido o campeonato temporariamente, em 1935, para o Dr. Max Euwe, da Holanda. Reconquistou o título dois anos depois, num *match* de desforra.

O lugar que Alekhine ocupa entre os imortais do xadrez é baseado não apenas nos êxitos que obteve contra seus adversários, mas também em seu trabalho como escritor de xadrez. Para o jogador adiantado, as coleções de partidas que Alekhine anotou representam uma fonte inesgotável de instrução e divertimento.

Com a morte de Alekhine, em 1946, o mundo do xadrez perdeu o último representante de seu período romântico, que foi ao mesmo tempo o período mais capaz de produzir grandes personalidades. A era científica em que vivemos tem tendência a transformar o mestre de xadrez, cada vez mais, em um técnico altamente especializado e os pesquisadores individuais, com novas idéias sobre o tabuleiro, sofrem a mesma desvantagem que os inventores de hoje, os quais dificilmente podem esperar êxito a menos que seu trabalho faça parte dos esforços coletivos organizados de laboratórios de pesquisa.

OS FUNDADORES DO XADREZ MODERNO

Entre os mestres que foram contemporâneos de Alekhine, houve dois que, junto com ele, desenvolveram concepções inteiramente novas sobre a estratégia da abertura. Foram eles Aron Niemtsovich, de São Petersburgo, e Richard Réti, de Viena. Como Emanuel Lasker, ambos esses jovens astros do xadrez eram pensadores profundos, altamente educados, e distinguiam-se da maioria dos demais mestres por seu intenso interesse pelo aspecto filosófico do jogo.

Réti era muito poeta e pouco lutador para representar verdadeira ameaça à posição de Capablanca como campeão, embora o tivesse derrotado na partida a que me referi anteriormente. Niemtsovich, porém, poderia ter-se tornado um segundo Lasker, se não fosse prejudicado por um nervosismo quase patológico. Lembro-me de como num torneio de mestres em Nova Iorque, que precedeu o *match* entre Alekhine e Capablanca, Niemtsovich saltou de sua cadeira e pediu nervosamente ao diretor do torneio que fizesse sair da sala um homem que se encontrava a vários pés de distância da mesa onde ele estava jogando. Não podia suportar um ocasional tinir de chaves no bolso do espectador, que era inaudível para todos os outros.

Naquele torneio, pareceu durante algum tempo que Niemtsovich terminaria em segundo lugar, à frente de Alekhine. Se o tivesse conseguido, Capablanca teria disputado com ele, e não com Alekhine, o título mundial. Todavia, os nervos de Niemtsovich foram sua ruína.

Dificilmente havia um torneio em que ele não se envolvesse em alguma engraçada controvérsia com outros jogadores. O mais divertido incidente desse tipo ocorreu em um torneio em Hamburgo, quando Niemtsovich era ainda um jovem estudante universitário. Sentia forte aversão por outro dos mestres participantes do torneio, que também era estudante. Chamava-se ele Walter John. Niemtsovich provocou-o de maneira bastante infantil, aparecendo quase meia hora atrasado para a partida em que o devia enfrentar e exibindo espalhafatosamente seu sentimento de superioridade. Permanecia em sua cadeira apenas alguns segundos quando era sua vez de jogar e, entre os lances, ao invés de mostrar o mais ligeiro interesse pelo desenvolvimento da partida, perdia-se na contemplação das pinturas existentes nas paredes da sala de jogo, como se não as tivesse visto diariamente, durante horas, nas duas semanas anteriores.

No dia seguinte a essa partida, bem cedo, Niemtsovich foi acordado por dois cavalheiros, vestindo solenes capotes, que se apresentaram como padrinhos de John e lhe transmitiram seu desafio para um duelo, deixando-lhe a escolha das armas. Ao mesmo tempo, entregaram-lhe seus cartões e sugeriram-lhe que mandasse seus padrinhos discutirem a questão com eles.

Niemtsovich contou-me os pormenores dessa entrevista com muito espírito durante o almoço, naquele mesmo dia. Convidou os padrinhos de John, com exagerada polidez, a tomarem uma xícara de café, sabendo muito bem que o código das associações estudantinas alemãs, envolvidas em tais questões (e que não eram menos infantis que o próprio Niemtsovich) não lhes permitiria aceitar sua hospitalidade. Quando os dois cavalheiros se viraram para sair, manifestou-lhes seu pesar por não conhecer em Hamburgo quem pudesse convidar para padrinhos, mas assegurou-lhes que assim mesmo estava decidido a travar o duelo. Entretanto, acrescentou com um sorriso, usaria seus punhos como arma. Arregaçando as mangas e exibindo seus músculos salientes, aconselhou-os então a dissuadirem John de seu plano, pois provavelmente pouca coisa restaria dele no final da luta. Os padrinhos despediram-se com uma expressão de altivo desprezo e o duelo jamais se realizou.

Certa crítica agressiva a quantos discordassem de suas opiniões caracteriza todos os escritos de Niemtsovich. Ainda assim, seus livros contêm uma riqueza de informações indispensáveis aos que aspiram a atingir a classe de mestre. Ele varreu das estantes dos estudiosos as teorias estratégicas que duas gerações de jogadores de xadrez haviam aceito como um evangelho. O mestre que, mais do que qualquer outro, pregara aquele evangelho e que naturalmente se tornou alvo da maioria das críticas de Niemtsovich foi Tarrasch. Na controvérsia que daí resultou, Tarrasch demonstrou um clássico desprezo pelas doutrinas subversivas de seu antagonista, mas era vinte e cinco anos mais velho e, portanto, não podia mais discutir vitoriosamente a questão com Niemtsovich sobre o tabuleiro de xadrez. As idéias do último, porém, estavam de qualquer modo destinadas a provar sua superioridade. Foram ampliadas pelo trabalho de Réti e Alekhine, cristalizando-se no moderno estilo de jogo.

A essência deste estilo resultou de uma profunda visão das exigências do "controle central". No primeiro lance, os mestres mais antigos quase sempre avançaram, como coisa natural, um dos dois Peões do centro. Os jogadores da nova escola puseram em dúvida os próprios fundamentos da estratégia enxadrística estabelecida, assim como os fundadores da ciência moderna puseram em dúvida nossos conceitos fundamentais sobre tempo e massa. As conclusões a que chegou a nova escola pareciam uma heresia, mas gradualmente demonstraram sua validade. O segundo jogador, argumentavam eles, avançando seu Peão central no primeiro lance, oferecia às Brancas um agradável alvo para ataque; e somente preparando primeiro a ocupação do centro com outros lances é que as Negras poderiam esperar manter domínio sobre ele. Alguns jovens e entusiásticos adeptos da teoria de Niemtsovich puseram mesmo em dúvida a vantagem de começar a partida com o habitual avanço duplo do Peão do Rei, ainda quando jogando com as Brancas. Um deles, Julius Breyer, húngaro altamente dotado, cunhou um epigrama enxadrístico quando disse que, com o avanço imediato de seu Peão do Rei, as Brancas dão o primeiro passo no sentido de cavar sua própria sepultura.

Era característica do xadrez moderno atrair os Peões centrais do adversário para a frente e atacá-los com Bispos colocados nas diagonais longas. Para levar os Bispos a essas posições, tornava-se necessário um lance adicional de Peão. Isso era algo abominável para os clássicos do xadrez, os quais insistiam em que, na fase de abertura da partida, os Peões só deviam ser movidos quando fosse absolutamente necessário, a fim de abrir caminho até o campo de batalha para uma peça imobilizada. Todavia, os mestres jovens provaram repetidas vezes que a perda de um lance exigida para o deslocamento *fianchetto* do Bispo era mais que compensada pela maior influência daquele Bispo sobre o centro do tabuleiro.

Essas idéias da escola moderna são lucidamente expostas em dois livros: *My System** de Niemtsovich, e *The New Ideas in the Game of Chess***, de Réti. Outra contribuição original para o assunto é *Die Hypermoderne Schachpartie,* do cintilante escritor e brilhante jogador Dr. Savielly Tartakover, um mestre austríaco que se tornou cidadão francês. Ao mesmo tempo contemporâneo e epígono de Niemtsovich, Alekhine e Réti, tendo mais do dobro da idade da maioria dos mestres que o enfrentaram depois da segunda guerra mundial, Tartakover empunhou uma afiada espada até quando morreu, em 1956, sempre propagando ativamente os ensinamentos do grande triunvirato do xadrez moderno.

Outro mestre que durante anos colaborou ativamente com os fundadores da nova escola foi o alemão naturalizado, de origem russa, Efim Bogolyubov (que significa "amado por Deus"). Nunca foi um expoente articulado do xadrez moderno, mas limitou-se a uma demonstração mais prática de sua superioridade vencendo um torneio após outro. Seu maior triunfo foi sua vitória no grande torneio de Moscou em 1925, no qual se colocou muito à frente de Lasker e Capablanca. To-

* *Meu Sistema.*

** *As Novas Idéias no Jogo de Xadrez.*

davia, seu estilo ousado era menos adequado a *matches*. Alekhine defendeu seu título contra ele com êxito, sem muita dificuldade.

Tive batalhas excitantes com Tartakover e Bogolyubov em seu apogeu e causou-me grande prazer vê-los firmes até morrerem, sempre envolvidos em torneios, com seu espírito combativo inalterado. Com "um olho alegre e o outro úmido", recordo uma observação que Tartakover me fez em Hamburgo há pouco mais de quarenta anos, depois de uma rodada na qual Oldrich Duras, de Praga, o derrotara. Disse ele: "O grande Oldrich serviu-me uma nova variação, que me deu indigestão. No próximo ano, porém, o novo campeão mundial vai refutar aquela variação e comer Duras vivo". — "Quem você pensa que será o próximo campeão mundial?" perguntei-lhe surpreendido. — "Bem, eu, naturalmente!" respondeu, com uma inimitável mistura de fanfarronice, ironia e desesperança na voz.

Pobre Tartakover! Nunca chegou até lá e, sem dúvida, perceberia instintivamente que nunca chegaria. Com toda sua inteligência, sua cultura, seu conhecimento e sua capacidade de trabalho, faltava-lhe uma importantíssima qualidade que seu companheiro de aspiração, Alekhine, tinha em abundância: um furioso impulso e uma ambição devastadora, capazes de ofuscar todos os outros desejos até ser atingido o objetivo.

CAPÍTULO V

O estado atual do xadrez de mestre

O perigo para o xadrez de mestre, claramente previsto por Lasker e Capablanca, é a diferença continuamente decrescente entre a força dos principais jogadores, o que tende a produzir cada vez maior número de empates.

Há cento e cinqüenta anos, Deschapelles podia dar vantagem de um Peão a qualquer adversário e ganhar. Hoje, existem provavelmente vários milhares de jogadores aos quais ninguém poderia derrotar permanentemente com tal desvantagem, embora estejam eles ainda distintamente abaixo da classe reconhecida em todo o mundo como dos mestres. Entre estes últimos, o privilégio do primeiro lance é vantagem suficiente para colocar o jogador das peças negras em ligeira inferioridade e, nos torneios importantes, são às vezes disputadas duas rodadas iguais por essa razão. Com cada competidor jogando com as Brancas contra cada um de seus adversários numa partida e com as Negras em outra, elimina-se o elemento de sorte, que nas competições de rodadas únicas não é de maneira alguma desprezível.

Quase os únicos fatores que distinguem hoje os jogadores

de primeira categoria são a amplitude de conhecimento no terreno da análise de abertura e as características físicas, tais como, nervos calmos e capacidade de resistir a forte tensão sem fadiga. A precisão em calcular combinações e o julgamento correto das posições são hoje propriedades comuns desses mestres, desde que tais faculdades não sejam embotadas como resultado da excitação causada pela pressão do tempo ou pelo cansaço decorrente de longas horas de jogo.

Desde quando as sessões de jogo foram alongadas de quatro para cinco horas, as probabilidades de vencer um torneio ficaram francamente favoráveis aos jogadores mais jovens. Emanuel Lasker disse-me certa vez estar convencido de que, numa disputa entre jogadores separados por considerável número de anos, a verdadeira capacidade enxadrística refletir-se-ia com muito maior precisão se as sessões de jogo fossem encurtadas para três horas. Não tenho dúvida de que essa sua opinião era acertada. No último campeonato mundial, disputado em 1948 em Haia e Moscou, os quarenta e sete anos do Dr. Max Euwe pesaram muito contra ele. O cansaço causou diversos erros, na quarta ou quinta hora de jogo, em posições que lhe eram claramente favoráveis. Mesmo partidas de mestres de menos de quarenta anos têm sido muitas vezes arruinadas por erros devidos ao cansaço resultante de longos períodos de jogo. Parece que valeria decididamente a pena tentar encurtar as sessões de jogo — digamos, para duas sessões diárias de três horas cada uma, com intervalo de duas horas para repouso.

A objeção levantada em alguns círculos contra a redução do tempo das sessões é a de que depois de três ou mesmo quatro horas de jogo uma partida em geral atinge uma fase na qual a análise, longe do tabuleiro, daria a um jogador decisiva vantagem. Na minha opinião, esse argumento não procede. Ambos os jogadores poderiam analisar a posição durante o intervalo se o desejassem. Isso, naturalmente, favoreceria também o jogador mais jovem. No entanto, seria possível organizar torneios com a condição de não ser permitida a análise de partidas adiadas — mesmo pelos próprios jogadores, sem auxílio de outros. Há pouca força no argumento, freqüentemente ouvido, de que um jogador desonesto poderia obter considerável vantagem analisando uma posição adiada, enquanto seu adversário, obedecendo às regras, não a analisaria. Trapaceiros são sempre descobertos mais cedo ou mais tarde e, se a punição da trapaça fosse a desclassificação para torneios futuros, o jogador desonesto pensaria duas vezes antes de correr tal risco.

O mesmo se aplica, naturalmente, à análise de partidas adiadas, com o auxílio de outros. Estou convencido de que, para fazer desaparecer da cena dos torneios essa prática desleal e anti-ética, bastaria exigir que os jogadores empenhassem sua palavra de honra e impor pesadas penas para a infração das regras. Afinal de contas, uma partida de torneio destina-se a provar quem é o jogador mais forte e não quem tem jogadores mais fortes a ajudá-lo. Antigamente, era coisa certa que um jogador, encontrado analisando uma posição adiada em companhia de outros, seria punido com a perda da partida em questão. Lamento dizer que ultimamente essa proibição de análise, ditada por elementar ética, tem sido omitida nas regras de muitos torneios, com base exclusivamente na alegação de que é difícil impor na prática tal proibição.

Talvez o crescente relaxamento da moral enxadrística seja um reflexo da decadência geral da ética que fatalmente se manifesta numa época em que, na mente da maioria das pessoas, a derrota do adversário se torna o fim capaz de santificar os meios, no comércio assim como na política. Isso não faz com que seja menos repugnante tal estado de coisas.

Nos países comunistas a prática declarada de analisar com outros posições adiadas, a menos que seja adotada porque todos os demais estão fazendo a mesma coisa, parece indicar uma curiosa perversão do mais fundamental conceito de lealdade esportiva, pela introdução da idéia de cooperação em massa numa disputa entre dois indivíduos.

Uma luz divertida é lançada sobre essa situação por uma história a mim contada por um amigo, que participou do primeiro grande Torneio Internacional de Mestres organizado depois da última guerra, em Groningen, na Holanda. Estava jogando com um dos cinco mestres russos que participavam do torneio e, ao término das cinco primeiras horas, quando a partida foi adiada, a posição de seu adversário era decididamente inferior. Meu amigo perguntou-lhe com um sorriso: "Pensa que pode sair dessa?" "Bem", respondeu o outro, "talvez não. Acho, porém, que depois de trocar Bispos talvez eu tenha um pouco de probabilidade de empatar."

Quando se reiniciou a partida, o russo não trocou Bispos. O que fez foi evidentemente uma defesa cuidadosamente analisada que, na realidade, forçou um empate. Meu amigo disse-lhe então: "Para dizer a verdade, nem mesmo acompanhei o modo como você jogou. Você não ia trocar Bispos?" O russo replicou: "Pretendia fazer isso. Mas *nós* (o grifo é meu) achamos que deixando os Bispos sobre o tabuleiro haveria maior probabilidade de empate." Meu amigo sorriu diante dessa franca admissão de colaboração com outros. O russo, porém, nem percebeu isso.

Outro costume que se infiltrou no jogo de torneio aproxima-se da falta de ética, embora os mestres, que o adotaram, pareçam não ver nele qualquer violação de uma obrigação moral. Jogadores que não precisam ganhar sua partida da última rodada, para assegurar seu lugar entre os premiados, freqüentemente se contentam com um empate superficial ao invés de fazer o possível para vencer, mesmo quando o aumento da contagem de seu adversário em meio ponto prejudica a posição de um terceiro jogador.

Raros mestres parecem perceber que existe apenas uma diferença no grau de imoralidade entre tal despreocupação pelo efeito de uma partida sobre outros competidores e uma outra prática a que não se entregaria nenhum jogador que não fosse um velhaco completo. Trata-se da perda deliberada de uma partida, por parte de um jogador sem probabilidade de conquistar um prêmio, a fim de beneficiar um adversário pelo qual tem amizade. A história dos torneios está cheia de partidas que foram deliberadamente empatadas porque a posição de nenhum dos dois antagonistas seria afetada pelo meio ponto em questão. Todavia, existem também registrados exemplos igualmente numerosos de jogadores que, com uma contagem baixa, lutaram contra seu melhor amigo até a última gota de sangue, embora estivesse em jogo a perspectiva de o último ganhar o torneio. Um caso desses é a partida que Kotov ganhou de Botvinnik em Groningen em 1946, quando Euwe e Botvinnik estavam avançando par a par, muito à frente dos demais competidores.

Os jogadores de xadrez sempre acharam que o *match* e não o torneio é a verdadeira prova da superioridade de um entre dois jogadores, porque no primeiro nenhum dos antagonistas é afetado pelo resultado de partidas disputadas por outros jogadores. Uma combinação de *match* e torneio foi experimentada no campeonato mundial de 1948, metade do qual foi disputado em Haia e a outra metade em Moscou. Os competidores eram Mikhail Botvinnik e seu compatriota de vinte e sete anos de idade, Vassily Smyslov, o Dr. Max Euwe, da Holanda, o representante dos Estados Unidos, Samuel Reshevsky, e o jovem mestre estoniano Paul Keres. Reuben Fine, de Nova Iorque, que também fora convidado, não pôde comparecer. Cada um dos cinco participantes jogou quatro partidas com cada adversário. Botvinnik chegou ao final com três pontos à frente de Smyslov, o segundo colocado. Reshevsky obteve posições decisivamente favoráveis em pelo menos duas, se não três, de suas partidas com Botvinnik, mas, cometendo erros devido à pressão do tempo, fez apenas 1 ½ pontos nesses quatro encontros e terminou meio ponto atrás de Smyslov, empatando com Keres.

Botvinnik merece indiscutivelmente ser o detentor da coroa do xadrez. Demonstrou convincentemente sua superioridade em jogo de torneio. Se pode fazer o mesmo num *match* com Reshevsky é questão que o mundo ocidental do xadrez estaria muito interessado em ver resolvida. Ambos os jogadores são muito férteis em recursos e originais. Botvinnik tem um conhecimento vastamente superior de análises de abertura e os estudos que realizou para exercer sua profissão de engenheiro proporcionaram à sua mente um treinamento científico. Para este último, a maior experiência enxadrística de Reshevsky em seus anos de formação talvez ofereça um satisfatório contrapeso prático. Extraordinária aptidão enxadrística tende a desenvolver-se no cérebro de uma criança, quando ele é embebido de xadrez, como foi o de Reshevsky, que, tendo aprendido o jogo aos 3 ½ anos de idade, excursionou pelo mundo aos 8 anos, fazendo exibições de xadrez simultâneo contra vinte adversários. Caso semelhante é o de Bobby Fischer que, além do trabalho escolar, nada fez senão estudar xadrez a partir dos 9 anos de idade. Quando tinha 14 anos, dispunha realmente de mais experiência enxadrística do que mestres de xadrez com o dobro de sua idade. Ainda assim, a conquista do campeonato dos Estados Unidos por ele, à frente de Reshevsky, naquele ano, e sua classificação para o Torneio de Candidatos ao Campeonato Mundial quando tinha 15 anos foram sensações até hoje não igualadas na história do xadrez.

Os mestres de xadrez do mundo ocidental sofrem grande desvantagem quando competem contra jogadores russos, porque antes de uma competição internacional os russos têm dois meses de férias, um dos quais é dedicado ao treinamento físico e outro ao estudo das mais recentes análises de abertura. Assim, entram nos torneios em perfeitas condições. Outra vantagem que levam é a vasta atividade enxadrística na União Soviética, onde se realizam todos os anos numerosos torneios importantes, resultando daí que a Rússia está produzindo mais mestres de xadrez que todos os países ocidentais em conjunto.

Não é de admirar que até agora somente soviéticos se tenham classificado para o direito de desafiar Botvinnik para a disputa do Campeonato Mundial. De acordo com os regulamentos estabelecidos pela FIDE (Fédération Internationale Des Echecs), o campeão mundial deve defender seu título de três em três anos. O desafiante é determinado num "Torneio de Candidatos", do qual participam diversos candidatos mal-sucedidos anteriormente e cinco ou seis mestres que obtiveram as mais altas contagens num "Torneio Interzonal" disputado no ano anterior . A fim de qualificar-se para esta competição, o jogador precisa colocar-se em primeiro, segundo ou terceiro lugar num dos "Torneios Zonais", organizados de três em três anos em todo o mundo.

Em 1950, eram jogadores soviéticos sete dos dez participantes do "Torneio de Candidatos", em 1953, nove dos quinze e, em 1956, seis dos dez. A fim de evitar esse domínio mais ou menos completo dos "Torneios de Candidatos" por parte da Rússia, a FIDE estabeleceu que nenhum país poderia participar com mais de três candidatos. Quando este livro era composto, estavam sendo feitos esforços para levantar os recursos (cerca de 30 mil dólares) necessários à realização do "Torneio de Candidatos" de 1959 nos Estados Unidos. Se esses esforços forem bem-sucedidos, Reshevsky provavelmente terá sua última oportunidade de qualificar-se como desafiante para disputa da coroa mundial do xadrez. Reshevsky competiu no "Torneio de Candidatos" de 1953, que foi realizado na Suíça, mas Smyslov colocou-se em primeiro lugar, dois pontos à sua frente. Empatados com o jogador americano ficaram Keres e o jovem David Bronstein, vencedor do "Torneio de Candidatos" anterior, do qual Reshevsky não participou por ter sido na Hungria, país fortemente anti-americano. Bronstein quase derrotou Botvinnik num *match* de 24 partidas, em disputa do título, em 1951, mas o campeão mundial conservou sua coroa igualando a contagem no final da competição. Fez o mesmo com Smyslov em 1954. Todavia, quando Smyslov o enfrentou de novo em 1957, depois de vencer o "Torneio de Candidatos" realizado na Holanda em 1956, Botvinnik finalmente sucumbiu. Contudo, Smyslov reinou apenas por um ano. Botvinnik vingou-se em 1958, ganhando as duas primeiras partidas e não abandonando mais a liderança no *match* de desforra a que as regras da FIDE lhe davam direito.

Botvinnik, da mesma idade de Reshevsky, completará 49 anos em 1960, quando deverá ser realizado o próximo campeonato mundial. Estou quase certo de que a coroa será conquistada por um jogador muito mais jovem. Entre os vinte e tantos mestres da mais alta categoria existe hoje muito pouca diferença no conhecimento de análises e na compreensão dos pontos sutis da estratégia enxadrística, de modo que a resistência física tem possibilidade de desempenhar papel decisivo. O mestre soviético Mikhail Tahl, vencedor do Torneio Interzonal de 1958 quando contava apenas 20 anos de idade, tem provavelmente as maiores possibilidades de tornar-se o próximo campeão mundial. É um intelectual, estudante na Universidade de Riga, e suas partidas distinguem-se sempre por um entusiasmo e um vigor lamentavelmente inexistentes nos "embates de grandes mestres" com tanta freqüência encontrados nos modernos torneios de mestres.

Fora da União Soviética, a maior atividade enxadrística é encontrada nos países balcânicos e na Argentina. Em 1939, quando os Jogos Olímpicos foram realizados em Buenos Aires, cada um dos países participantes enviou também uma equipe de xadrez. Dois dias depois de ter chegado à Argentina o barco que levava os mestres europeus, irrompeu a segunda guerra mundial, que obrigou a maioria deles a permanecer lá durante todo o conflito. Sua presença resultou na organização de numerosos torneios de xadrez e, com o auxílio de generosa publicidade jornalística, desenvolveu-se em todo o país intenso interesse pelo xadrez.

Infelizmente, o xadrez americano recebe muito pouco apoio sob a forma de publicidade em jornais e revistas, enquanto na Europa nenhuma publicação que se respeite e que divulgue notícias esportivas pensaria em ficar sem uma seção de xadrez. A falta de publicidade do xadrez por sua vez influencia a atitude dos cidadãos medianos que não jogam xadrez. *The New Yorker* publicou certa vez este impressionante comentário sobre a situação.*

Os cafés parisienses podem exibir orgulhosamente as mesas em que Voltaire ou Napoleão jogaram xadrez, ou mesmo contentar-se com personalidades menos importantes que jogam nos dias atuais, mas naturalmente não se faz coisa dessa espécie neste país. Dois jovens professores da Universidade de Nova Iorque tentaram-no, mas não conseguiram êxito. Com freqüência estavam empenhados numa

---

* Copyright, 1931, *The New Yorker Magazine*, Inc.

partida ao chegar a hora do almoço e, ultimamente, adquirindo coragem, começaram a levar seu tabuleiro até um restaurante vizinho. Tudo correu muito bem nas primeiras vezes, embora as pessoas olhassem com surpresa, mas na sua quinta ou sexta visita o gerente aproximou-se e pediu-lhes que parassem. "Não fica bem", disse ele.

Poder-nos-íamos beneficiar muito com uma versão americana do Café de la Régence em Nova Iorque. Além de sua porção de fanáticos viciados no xadrez que jogariam diariamente durante horas sem pedir mais que uma ou duas xícaras de café, tal estabelecimento atrairia luminares de todos os setores — artistas e cientistas, músicos e escritores, astros do cinema e do teatro. Os numerosos aficionados de xadrez, que entre eles existem, gostariam de ter um lugar onde pudessem jogar ocasionalmente uma partida ou observar um mestre jogando. E as multidões que acorrem aos lugares freqüentados por celebridades mais do que compensariam a escassa renda proporcionada pelos aficionados do xadrez, que não pedem senão alimento para idéias.

CAPÍTULO VI

Mentalidade enxadrística

O que faz um bom jogador de xadrez? O que distingue o mestre de xadrez, que conhece todos os segredos do jogo, do mortal comum que jamais atinge aquela classe, por mais que tente?

As pessoas que não jogam xadrez, em geral, supõem que para ser um mestre no jogo são necessários memória excepcional, alto grau de inteligência e grande capacidade de concentração — teoria que dificilmente se esperaria fosse contestada muito seriamente pelos próprios mestres. Todavia, um estudo organizado de doze grandes mestres, feito por um grupo de psicólogos, revelou que as opiniões geralmente aceitas sobre os dotes especiais de tão extraordinários jogadores estão muito sujeitas a contestação.

Verificou-se que a memória do mestre de xadrez só se sobressai no referente a posições sobre o tabuleiro, do mesmo modo como a memória do virtuose é altamente especializada no terreno da música e pode não ser digna de nota em outros aspectos. Os mestres de xadrez não parecem também ser capazes de pensar mais depressa que outros grupos de pessoas, escolhidas ao acaso pelos psicólogos e submetidas aos mesmos testes. Demonstram, porém, uma faculdade de raciocínio bem desenvolvida, de tipo semelhante à dos matemáticos. Como estes, parecem ser mais capazes de pensar em termos abstratos do que concretos.

Muito reveladoras foram as experiências relacionadas com aspectos mentais mais complexos, como imaginação, processos emocionais, nível mental etc. Na execução desses testes, os psicólogos seguiram o método do famoso psiquiatra suíço Hermann Rorschach. O Teste de Rorschach baseia-se em reações a formas simétricas obtidas dobrando-se pedaços de papel sobre os quais foi feita uma série de borrões de tinta. A pessoa submetida ao teste deve descrever que imagens lhe sugere o quadro todo ou qualquer parte dele. Suas respostas, através de comparação com grande número de casos registrados por Rorschach, permitem um diagnóstico surpreendentemente preciso de seus processos e aptidões mentais.

O número total de imagens identificadas, por exemplo, mede a escala da imaginação da pessoa submetida ao teste. O número de imagens que vê porque atribui movimento à forma em questão indica o grau de sua atividade mental e sua força de vontade. Outras características da mente são reveladas pelo número de imagens identificadas como formas humanas, formas animais e objetos sem vida. Outras ainda pelo número de respostas sugeridas apenas pela forma dos borrões, pelo número em que também é mencionada a cor etc.

O resultado desses testes foi espantoso. Enquanto metade dos mestres de xadrez demonstrou capacidade inventiva anormalmente rica, beirando ao fantástico, a outra metade revelou ausência completa de tal qualidade, ausência essa típica da mentalidade pedante. A dedução evidente é que a pessoa pouco imaginativa mas esforçada pode ser tão bem-sucedida no xadrez quanto o homem de imaginação fabulosa.

Outra revelação surpreendente foi a de que a maioria dos mestres de xadrez submetidos ao teste pertencia ao tipo que "faz", e não ao tipo que "pensa". Os psicólogos explicaram isso pelo fato de o xadrez, embora exija concentração num plano puramente intelectual, envolver também uma luta contínua contra uma personalidade oposta. Nesse sentido, a atividade do mestre de xadrez assemelha-se mais à de um advogado perante o júri que à de um compositor ou matemático, com os quais é freqüentemente comparado.

Ao final, os psicólogos elaboraram uma lista de faculdades que consideraram essenciais a qualquer pessoa para tornar-se um enxadrista de categoria:

1. *Alto grau de inteligência,* embora não necessariamente de cultura. Um forte jogador de xadrez pode ter muito pouca cultura. Pode não saber mesmo ler ou escrever. Mas nunca será estúpido.

2. *Capacidade de pensar objetivamente.* A presença de um adversário que compreende a lógica rigorosa de todas as relações no tabuleiro de xadrez deixa pouco lugar para interpretação subjetiva arbitrária.

3. *Capacidade de pensamento abstrato.* As generalizações corretas, baseadas em experiências adquiridas em anos de prática, produzem o chamado "instinto posicional" do mestre de xadrez, que lhe permite deduzir o melhor lance em situações nas quais é impossível o cálculo exato.

4. *Capacidade de distribuir a atenção* por diversos fatores diferentes, como os que estão sempre envolvidos numa "combinação". Isso evita que o jogador deixe de perceber certos lances, fraqueza que prejudica o jogo da maioria dos amadores.

5. *Vontade disciplinada,* capaz de forçar a rapidez e concentração do processo de pensamento, sempre que necessário, até muito além da capacidade normal do jogador. Em contraste com o pensamento filosófico ou matemático, o pensamento do mestre de xadrez precisa às vezes de terrível intensificação momentânea, porque o xadrez é uma *luta* e o jogador tem de chegar a uma decisão dentro de certos limites de tempo. A consideração vagarosa de relações puramente lógicas, que pode resolver os problemas de um filósofo ou de um matemático, não levará à vitória o mestre de xadrez.

6. *Bons nervos e autocontrole.* O jogador que não seja capaz de disciplinar suas emoções está sujeito a desmoralizar-se e

jogar muito abaixo de sua força real. Precisa poder resistir à tensão da pressão do tempo, que abala muito os nervos, e quando o resultado é um erro que o leva à derrota numa partida quase ganha deve aceitar calmamente a situação.

7. *Autoconfiança.* O mestre de xadrez deve ter confiança implícita em seu julgamento de posições, pois raramente é possível a análise pormenorizada de todas as variações pertinentes.

Esta última qualidade é uma que, nos jogadores de xadrez proeminentes, não precisa de desenvolvimento especial. Raramente são encontrados, em qualquer outro setor, mortais mais autoconfiantes. Uma história contada a respeito do mestre russo Efim Bogolyubov, e que se tornou clássica nos círculos enxadrísticos, é divertido testemunho desse fato. Quando um admirador lhe perguntou se preferia jogar com as peças brancas ou com as negras, ele respondeu: "Eu não tenho preferência. Quando jogo com as Brancas, ganho porque tenho o primeiro lance. Quando jogo com as Negras, ganho porque sou Bogolyubov."

A autoconfiança, porém, e todas as outras qualidades mencionadas pelos psicólogos não levarão muito longe o mais bem dotado jogador, a menos que a elas se junte aquela perfeição técnica que, em nossa era científica, se tornou indispensável mesmo em setores onde uma imaginação rica pareceria ser de primordial importância. Tal perfeição técnica exige enorme volume de prática desde tenra idade. Exige também anos de estudo para assimilar o que os mestres do passado descobriram com o suor de seus rostos e acompanhar a massa sempre crescente de análises contemporâneas de jogo de abertura.

Nem a prática e um conhecimento enciclopédico serão suficientes para manter um mestre à frente de seus competidores. Por estranho que pareça, sua disposição física é quase igualmente importante. O estado de saúde de um mestre sempre afeta sua contagem num torneio. Precisa ter o vigor necessário para manter claras as suas idéias durante as quatro ou cinco horas de uma sessão de jogo. Caso contrário estará sujeito a perder a melhor das posições através de um erro decisivo.

Um dos ex-campeões mundiais, o Dr. Max Euwe, oferece o melhor exemplo. Sobre aberturas analisadas, conhece tanto ou mais que a maioria dos outros mestres. Além disso, sua magnífica noção de posições ajudou-o muitas vezes a obter posições vantajosas mesmo quando um adversário o surpreendia com um lance que não vira com antecedência. Todavia, no meio ou no final da partida, em decorrência de repentinos acessos de fadiga, muitas vezes deixou, devido a erros, de obter uma vitória fácil, não vendo lances que normalmente qualquer jogador de terceira classe veria.

Não falta a Euwe um físico robusto. De outro modo, jamais teria conseguido vencer um *match* com o gigante do xadrez, Alexander Alekhine. No entanto, depois de passar dos quarenta e cinco anos de idade, um homem precisa de várias semanas de repouso antes de entrar numa competição de xadrez ou seu cérebro sofrerá acessos de fadiga ruinosos para sua contagem. Isso é o que Euwe e outros mestres deixaram de perceber. Os três mestres russos que participaram da disputa do campeonato mundial em 1948, embora tivessem trinta e tantos anos, no apogeu de sua vida, obtiveram de seu governo dois meses de férias para ficar na melhor forma física antes do torneio. Conquistaram os três primeiros prêmios, embora os dois outros contendores, Euwe e Reshevsky, conheçam tudo quanto se refere a xadrez tão bem quanto o novo campeão, Mikhail Botvinnik.

Existem hoje, talvez, uns cem jogadores, oito ou dez deles nos Estados Unidos, que são reconhecidos internacionalmente como mestres do xadrez. Sua força no jogo não é mais muito afetada pela falta de prática, ao contrário da errônea opinião que o jogador médio de xadrez tem a esse respeito. É a perfeita compreensão que o mestre de xadrez tem dos sutis problemas de posições que o distingue dos jogadores menores. Essa capacidade não piora com a falta de prática. Alekhine teve muito trabalho para empatar um *match* com o Dr. Ossip Bernstein, após este último ter estado afastado do xadrez durante mais de vinte anos! Sem jogar uma única partida durante outros doze anos, Bernstein quase venceu um torneio de mestres em 1946, com a idade de sessenta e quatro anos!

Embora dotado de todas as qualidades mentais e físicas, consideradas essenciais a um mestre de xadrez, um jogador não atingirá aquela classe mediante a mais intensa prática, a menos que enfrente adversários de força superior. Em todo país, a cidade maior é o lugar onde podem ser encontrados tais adversários, exceto nos raros casos em que um mestre fixa residência numa cidade menor. Isso cria uma lamentável desvantagem para os jogadores que têm pouca ou nenhuma oportunidade de passar tempo suficiente no lugar onde é encontrada a maioria dos mestres. Este é outro ponto que o xadrez tem em comum com as artes.

Como conseguem então rapazes "das províncias" chegar à alta posição a que aspiram? Bem, o rapaz americano que se convence de que deve tornar-se um mestre de xadrez não deixa pedra sobre pedra até encontrar um emprego em Nova Iorque; assim como aqueles que sentem o irreprimível anseio de pintar fazem tudo, a não ser morrer de fome, para chegar à França ou Itália, onde podem encontrar-se com as grandes figuras de seus sonhos. O gênio manifesta-se!

CAPÍTULO VII

Xadrez, música e matemática

É fato bastante conhecido entre músicos e enxadristas, que muitos músicos gostam apaixonadamente do xadrez e que muitos jogadores de xadrez são ardorosos amantes da Música. Isso talvez se explique pela similaridade da maneira como a Música e o xadrez satisfazem os desejos de seus aficionados. Nos dois casos, há uma variedade quase infinita de combinações em que elementos simples — os tons da escala e os movimentos das peças de xadrez — podem ser unidos para produzir novos efeitos, às vezes impressionantemente belos, atividade sempre fascinante para o espírito criador que todos nós possuímos em grau mais ou menos pronunciado.

Naturalmente, com sua atração mais sensorial que intelectual, a Música conta com um grupo de adeptos muito maior. Por outro lado, o estímulo da competição aumenta continuamente as fileiras dos aficionados do xadrez e não permite que seu número se limite às, relativamente, poucas pessoas — em geral mais amantes de problema de xadrez que de partidas reais — que procuram no xadrez apenas emoções estéticas.

Comparando-se as qualidades características dos mestres

de xadrez e dos grandes músicos, fica-se impressionado por um curioso paralelismo entre o compositor de Música e o criador de novas idéias enxadrísticas, de um lado, e entre o virtuose e o brilhante jogador de torneios, de outro lado. Os compositores são em geral introvertidos, de temperamento retraído. Os virtuoses são quase sempre extrovertidos, sem nenhuma inclinação especial para a modéstia. No xadrez, observamos contraste semelhante: o pensador introvertido que concebe novas idéias estratégicas e o executor extrovertido que se destaca na aplicação prática daquelas idéias.

Em alguns raros casos, esses dois tipos fundem-se numa única personalidade com resultados notáveis, produzindo compositores-executores como Liszt, Rachmaninoff e Prokofieff, e gênios do xadrez como Emanuel Lasker, Niemtsovich e Alekhine. Convém observar que todos esses três grandes jogadores apresentaram um traço que é geralmente apenas identificado com os grandes músicos. De vez em quando as características de prima-dona do executor brilhante predominam sobre a influência moderadora do pensador lógico. Niemtsovich particularmente correspondeu à concepção popular de um "gênio louco".

Philidor foi o único mestre de xadrez que se destacou ao mesmo tempo como compositor de grande mérito. Contudo, isso dificilmente pode causar surpresa se considerarmos que é possível contar nos dedos da mão o número de homens que foram grandes em dois setores. Emanuel Lasker chegou quase a pertencer a essa categoria de eleitos. Como já mencionei anteriormente, ele dedicava ao trabalho filosófico e matemático mais tempo do que ao xadrez e, segundo filósofos e matemáticos contemporâneos, suas contribuições nesses terrenos foram notavelmente originais.

O pensamento matemático é em geral considerado como mais ou menos intimamente associado ao tipo de pensamento empregado no xadrez. Os matemáticos são, com efeito, mais atraídos para o xadrez do que para a maioria dos outros jogos. Menos conhecido é o fato de os matemáticos com freqüência também sentirem forte atração pela Música. Essa atração não é retribuída por muitos músicos, mas acredito firmemente que isso se deve mais à sua falta de relação com a Matemática e à confusão geral de Matemática com cálculos numéricos.

Fenômeno interessante que liga a Matemática, a Música e o xadrez é o fato de somente nesses três terrenos serem conhecidas crianças prodígios. O fato de crianças jamais terem produzido uma obra-prima na Pintura, Escultura ou Literatura parece muito natural quando consideramos sua limitada experiência da vida. Na Música, no xadrez ou na Matemática, aquela experiência não é necessária. Ali as crianças podem brilhar, porque os dotes nativos são o fator dominante. A sensibilidade estética e a capacidade de pensar logicamente são sem dúvida qualidades natas. De outra forma, como poderia Mozart ter composto um minueto, escrevendo-o realmente, antes de completar quatro anos de idade? Como poderia Gauss, antes dos três anos de idade e antes de saber escrever, ter corrigido o total de uma comprida soma que via seu pai fazer? Como poderia Sammy Reshevsky ter jogado dez partidas de xadrez simultaneamente com apenas seis anos de idade?

O ingrediente de raciocínio numa combinação de xadrez é sempre de primordial importância, embora uma imaginação viva possa fazer um enxadrista pensar em possibilidades que não ocorreriam a um lógico menos imaginativo. É por isso que, em geral, os cientistas jogam xadrez melhor que os artistas. Os últimos se deixam levar facilmente por uma bela idéia que só dá resultado quando o adversário não a combate corretamente. De acordo com minha experiência, que talvez seja muito limitada para permitir generalizações, isso se aplica principalmente aos virtuoses e apenas em menor escala aos compositores, pintores ou escultores. A razão talvez seja que os criadores de obras mais ou menos permanentes tendem a ter um temperamento refletivo e planejar seus efeitos antecipadamente com muita deliberação. Fiquei impressionado por essa observação, quando jogava xadrez com Richard Strauss e, entre pintores, com Marcel Duchamp e Maximiliano Mopp. Talvez pareça muito natural que o vôo da imaginação do pintor se combinasse com tendências intelectuais em homens como Duchamp, um dos fundadores do cubismo, e Mopp, um daqueles que, com muita premeditação, foram os pais do dadaísmo. Seja como for, eles eram jogadores de xadrez muito fortes.

Os artistas em geral têm a reputação de dedicar interesse pouco mais que cortês pelas matérias que exigem pensamento estritamente lógico. Eles não negam que a lógica é necessária, mas não gostam que ela amarre seu estilo. Por outro lado, os artistas são atraídos para o xadrez mais intensamente que qualquer outro grupo de pessoas, embora o jogo seja considerado altamente "científico". Na realidade, não o é; pelo menos até quando são atingidas posições de final de partida relativamente simples. Nestas, o melhor prosseguimento pode ser claramente determinado de lance em lance, com base em análise que leva em consideração todas as possibilidades razoáveis. No jogo de abertura e de meio de partida — as fases mais importantes da luta, pois precedem o jogo do final — tal análise é impossível devido ao enorme número de variações que precisariam ser examinadas. Assim, o jogador de xadrez, incapaz de calcular com exatidão qual o melhor lance, deixa-se orientar por certos princípios gerais. O conhecimento desses princípios permite-lhe escolher, entre grande número de possíveis lances, aqueles poucos que são dignos de investigação. Todavia, como mesmo a análise dos lances selecionados raramente pode ser executada em escala suficiente pelo jogador, ele precisa, finalmente, aplicar seu julgamento imaginativo e efetuar *o que lhe parece ser* o melhor lance. Como disse o físico John R. Bowman: "É essa impossibilidade de conhecer o melhor lance que eleva o xadrez de um jogo científico para uma arte, um meio de expressão individual."

Indiscutivelmente, o pronunciado individualismo do artista é às vezes impressionantemente exibido também pelo mestre de xadrez. Não estou pensando em semelhanças exteriores, como o comportamento excêntrico e outros atributos estranhos que não parecem adaptar-se a um homem normal. Existe no xadrez, como nas artes plásticas e na Música, um elemento de *estilo*; e os grandes mestres de xadrez às vezes se distinguem tão claramente por seu estilo de jogo que, quando reproduzimos as partidas de um torneio, podemos adivinhar quais foram os jogadores.

Finalmente, desejo mencionar um divertido comentário a respeito das características comuns aos mestres de xadrez, artistas plásticos e músicos, feito pelo especialista americano em xadrez, Anthony E. Santasiere, que é também um pouco de artista plástico e músico. Ficou ele impressionado pelo fato de, em todos os três setores, os nomes da maioria dos mestres soarem romanticamente estrangeiros aos ouvidos anglo-saxônicos e expressou sua descoberta sobre a forma da explosão poética reproduzida a seguir.

NOMES — APENAS NOMES

Por Anthony E. Santasiere

What's in a name?
A whisper,
A storm...
A mountain,
An angel,
A hero, a color, a baby,
A devil?
What's in a name?
*Let's see...**

Caro, Nanini,
Mendalfo, Bellini,
Matchego, Rossini,
Frescobaldi...
*And now comes Verdoni,***

* Que há num nome? / Um sussurro, / Uma tempestade... / Uma montanha, / Um anjo, / Um herói, uma cor, uma criança, Um demônio? / Que há num nome? / Vejamos...

** E agora vem Verdoni.

Mephisto, Bononcini,
Angelico, Geminiani,
Monticelli, Miniati,
Peci, Pleci, Cherubini;
Ah, Garibaldi!
Domenico,
Polerio,
Damiano,
Sapico;
Testa, Zambelly...
*Names... only names.**

What's in a name?
A tinker, a dovecote?
Green fields assiduous,
A coward, a soup?
God... and a tailor?
Yes, only names;
But surely you'll hear
*Some sweet enharmonics?***

Dunkelblum, Schneider,
Gruenfeld, Blechschmidt,
Eisenschmidt. Goldschmidt,
Hasenfuss, Schlechter,
Taubenhaus, Fleissig,
Buxtehude...
Meyerbeer, Suechting,
Von Suppé, Rosenmueller,
Bach!
Cukierman, Gotthilf...
Gotthilf... Ja! Gotthilf!

---

* Nomes... apenas nomes.

** Que há num nome?/ Um funileiro, um pombal?/ Verdes campos permanentes,/ Um covarde, uma sopa?/ Deus... e um alfaiate?/ Sim, apenas nomes;/ Mas certamente você ouvirá/ Algumas suaves enarmonias?

*Names... only names.**

What's in a name?
A saint full of love?
A forest, a youth?
Poets and paper?
Fate. . .
And the grave?
*Then listen...***

Lamartine, Saint-Amant,
Dubois, Feuillet,
Debussy, Maupassant,
Chateaubriand...
Le Jeune, Saint-Beuve,
Dufresne, Beaudelaire,
Monet, Michelet,
Manet, Saint-Säens,
Verlaine,
La Bourdonnais,
Renoir,
D'Indy,
Loti,
Colle...
*Only names?****

What's in a name?
Ah, if I knew!
Heaven
And hell,
Love
And despair;

---

* Nomes... apenas nomes.

** Que há num nome?/ Um santo cheio de amor?/ Uma floresta, um jovem?/ Poetas e papel?/ Destino.../ E o túmulo?/ Então, ouça...

*** Apenas nomes?

Dire forebodings...
The coming of Springtime?
What's in a name?
Fame.. and a game?
Struggle and joy?
Beauty eternal?
More! So much more!
Poor little me!
Searching, exploring
Roots never-ending
Whose secrets unyielding
Can only entice me
To death
Or living humility.
*Names...**

Bogolyubov, Tchigorin,
Iljin-Genevsky,
Kieseritzky,
Dus-Chotimirsky,
Petroff, Ragosin,
Löwenfisch...
Soldatenkoff, Prokofieff,
Wygodchikoff, Selesnieff,
Nadzhmetdinoff, Sultanbeieff,
Lissitzin...
Chekhoff, Niemtsovich,
Botvinnik, Yudovich,
Pritzel, Shostakovich,
Tscherepnine...
Yanofsky, Romanovsky, Swiderski,

---

* Que há num nome?/ Ah, se eu soubesse! Céu/ E inferno,/ Amor/ E desespero;/ Funestos presságios.../ A chegada da Primavera?/ Que há num nome?/ Fama... e um jogo?/ Luta e alegria?/ Beleza eterna?/ Mais! Muito mais!/ Pobre de mim!/ Procurando, explorando/ Raízes que nunca se acabam/ Cujos resistentes segredos/ Só podem atrair-me/ Para a morte/ Ou humildade viva./ Nomes...

Tschaikovsky!
Gonssierovsky!!
Znosko-Borovsky!!!
Konstantinopolsky!!!!

*Names... only names.**

* NOTA DO AUTOR — Anthony E. Santasiere esqueceu-se de Rimsky-Korsakoff e Bogatyrchuk!

CAPÍTULO VIII

O xadrez na literatura e na arte

Lendo o que contadores de histórias escreveram sobre o xadrez ou olhando cenas de xadrez, nas paredes dos museus do mundo, um enxadrista fica admirado diante da indiferença dos escritores e pintores pelas regras do jogo.

O tabuleiro de xadrez numa pintura pode ter qualquer número de casas, menos o número correto. Um conhecido retrato do margrave de Brandenburg mostra-o jogando xadrez num tabuleiro de seis casas por sete! Certa vez, vi uma pintura que tinha um tabuleiro de xadrez com nove fileiras numa direção e sete na outra. Pelo menos, o número de casas ficava quase certo.

Argumentando com artistas que parece tão fácil pintar oito por oito quadrados quanto qualquer outro número, sempre me disseram: "O que importa é a composição!" E geralmente insinuam que meu modo de contar os quadrados denuncia uma concepção deploravelmente errônea sobre o que interessa à Arte. Entretanto, não há dois artistas que sustentem a mesma opinião sobre o que constitui a boa composição e ouvir suas explicações faz com que eu me sinta como o estudante de "Fausto":

> *Mir wird von alledem so dumm*
> *Als ging mir ein Mühlrad in Kopf herum.**

Permanece inabalada minha convicção de que o tabuleiro de xadrez deveria ter oito por oito quadrados mesmo numa pintura. O artista que escolhesse o formato de tabuleiro de xadrez, em sua opinião mais adequado ao seu quadro, mas eu dividiria sempre aquele formato em sessenta e quatro pedaços semelhantes e garanto que o efeito estético sobre os não enxadristas nada sofreria, ao mesmo tempo que os jogadores de xadrez, pelo menos uma vez, ficariam satisfeitos!

Quando um escritor usa o xadrez em sua história, a semelhança com o jogo verdadeiro provavelmente também não seria prejudicial. Foram preservados diversos romances medievais cujo clímax é uma partida de xadrez entre o herói e a heroína; todavia, raramente se consegue encontrar qualquer significação enxadrística nos lances descritos pelo poeta. O resultado dessas partidas, em geral, tem uma influência decisiva sobre a virtude da dama e a satisfação do leitor enxadrista em face de sua vitória é diminuída pelos lances que a vê fazer.

Talvez não devêssemos criticar a inexatidão de pormenores nos casos em que o xadrez serve apenas como base para o desenvolvimento de um tema alegórico. O predomínio do simbolismo na literatura da Idade Média explica facilmente o freqüente emprego das peças de xadrez e seus movimentos na criação de caprichosas alegorias nas quais os pormenores do jogo são apresentados de modo a adaptarem-se à história. Essas alegorias geralmente tratavam das condições sociais da época e eram chamadas Moralidades.

A importância que, naquela época, o xadrez atingiu na mente do povo é melhor ilustrada pelo notável fato de ter sido

---

* Minha inteligência está aturdida pelo que dissestes
Como se uma roda de moinho girasse dentro de minha cabeça.

a respeito de xadrez o segundo livro impresso em língua inglesa. Foi o *Game and the Playe of the Chesse,* publicado pela Caxton's Press em 1474. O texto inglês é a tradução da versão francesa de uma Moralidade escrita em latim pelo frade lombardo Jacobus de Cessolis no último quarto do século XIII. Caxton publicou uma segunda edição com ilustrações em 1481. A figura seguinte mostra o fac-símile de uma página daquela edição, na qual aparece um Cavaleiro*, com o texto explicando pormenorizadamente como devia ele estar vestido. A Torre, Legado do Rei, é mostrada no livro a cavalo, como o Cavaleiro, mas desarmada.

Cessolis deu à sua Moralidade o título de *Liber de Moribus Hominum et Officiis Nobilium,* isto é, livro dos costumes do homem e dos ofícios dos nobres. O texto, originariamente um sermão, contém muitas anedotas interessantes, às quais não falta às vezes malícia. Todavia, a virtude é sempre vitoriosa, criando oportunidade para o conselho moral sólido. O sermão fora copiado por eclesiásticos de muitas nacionalidades antes de aparecer impresso. Seu valor como distração atraiu multidões em toda parte. O livro foi traduzido para quase a totalidade dos idiomas europeus e, sem dúvida, contribuiu para modificar a opinião anteriormente hostil da Igreja em relação ao jogo.

Cessolis explica as peças de xadrez como simbolizando as diferentes classes da sociedade e introduz uma nota original e interessante, fazendo cada Peão representar um ofício ou profissão diferente. Como as adaptações latinas dos nomes árabes do Bispo e da Torre, ao contrário dos nomes do Rei, Dama ou Cavalo, não descreviam personagens determinados, Cessolis teve uma boa oportunidade de escolher interpretações que se adaptassem à sua alegoria. Apresentou o Bispo como um juiz e a Torre como um legado do Rei a cavalo.

Cada personagem é descrito num capítulo separado, com pormenores até sobre seus vestuários, sendo acrescentadas histórias adequadas, estendendo-se sobre as obrigações mo-

* N.T. Em inglês, o Cavalo é chamado *Knight,* ou seja, Cavaleiro.

The fourth chappitre of the second book treteth of the ordre of chyualrye and knyghthode and of her offyces and maners capitulo quarto

The knyght ought to be maad al armed vpon an hors in suche wise that he haue an helme on his heed and a spere in his right hond / & coueryd with his shelde, a swerd & a mace on his lyft syde . clad with an hawberk & plates tofore his breste . legge harnoys on his legges . spores on his heelis, on hys handes hys gauntelettes . hys

Página do livro de Caxton: *The Game and the Playe of the Chess*, Londres, 1481 (Cortesia de Lessing J. Rosenwald).

rais da categoria ocupada na sociedade pelo personagem. O Peão da Torre do Rei é um trabalhador agrícola, o Peão do Cavalo do Rei, um trabalhador em metais, o Peão do Bispo do Rei, um notário e fabricante de tecido, o Peão do Rei, um comerciante, o Peão da Dama, um médico, o Peão do Bispo da Dama, um dono de taberna, o Peão do Cavalo da Dama, um guarda de tributos e direitos, o Peão da Torre, da Dama, um corredor ou jogador.

A grande popularidade de que o livro gozou durante vários séculos levou diversos artistas a desenharem jogos de xadrez mais ou menos semelhantes às descrições feitas por Cessolis.

É divertido observar a despreocupação com que os autores medievais repetem histórias fantásticas sobre a origem do xadrez quando isso convém a seus propósitos. Cessolis atribui a invenção a um filósofo chamado Xérses pelos caldeus e Philometer pelos gregos, o qual teria imaginado o jogo para corrigir as maneiras cruéis do Rei Merodach, o Perverso, filho de Nabucodonosor, e também para evitar a ociosidade e a tristeza. Como mostra o seguinte trecho citado por Murray, Cessolis conhecia, mas rejeitava, a lenda corrente segundo a qual Ulisses inventara o jogo durante o cerco de Tróia.

"Under this kynge than Evilmerodach was this game and playe of the chesse founden Trewe it is that some men wene/ that this playe was founden in the tyme of the bataylles & siege of troye. But that is not soo For this playes cam to the playes of the caldees as dyomedes the greek sayth and reherceth That amonge the philosophrs was the most renomed playe amonge all other playes/ And after that/ cam this playe in the tyme of Alixandre the grete in to Egipte And so unto alle the parties toward the south/"*

Caxton descreve Merodach, o Perverso, como um "homem folgazão sem justiça, e tão perverso que cortou o corpo

* N.T. Em inglês arcaico no original.

de seu pai em trezentos pedaços", que deu de comer aos pássaros. A rapidez com que ele se corrigiu, depois de Philometer ter-lhe mostrado como o xadrez simbolizava a justiça, é realmente notável. Eu gostaria que as pessoas fossem hoje igualmente impressionáveis. Que novo e vasto campo de aplicação isso abriria para o xadrez!

Vinte anos depois de Caxton ter publicado pela primeira vez sua versão inglesa do manuscrito de Cessolis, uma tradução italiana foi impressa em Florença com o título de *Libro di Giuocho di Scacchi Intitolato de Costumi Deglhuomini & Degli Officii Denobili.* O Museu Metropolitano de Nova Iorque tem um exemplar desse livro raro. Suas ilustrações, como mostra o exemplo da figura seguinte, são de alta qualidade artística. Os desenhos primitivos, usados no livro de Caxton, dificilmente teriam agradado à Florença do tempo de Botticelli.

Do *Libro di Giuocho di Scacchi,* Florença, 1493.

Existe uma Moralidade anterior (também escrita em latim, no século XIII) que exerceu considerável influência sobre a literatura medieval e afetou mesmo algumas das traduções feitas do trabalho de Cessolis. É um curto tratado intitulado *Quaedam Moralitas de Scaccario* e erroneamente atribuído ao Papa Inocêncio. Como acentua Murray, um papa não poderia ter feito as depreciativas observações sobre o clero contidas nessa Moralidade. Mais divertida é a maneira como as mulheres são nela depreciadas. Murray prova mais ou menos concludentemente que o autor deve ter sido um inglês e oferece esta tradução abreviada:

O mundo assemelha-se a um tabuleiro de xadrez quadriculado em branco e preto, com as cores mostrando as duas condições de vida e morte ou louvor e censura. As peças de xadrez são homens deste mundo, que têm um nascimento comum, ocupam posições diferentes e detêm títulos diferentes nesta vida, que lutam juntos e finalmente têm um destino comum que nivela todas as categorias. O Rei muitas vezes fica por baixo das outras peças na sacola.

O movimento e os poderes de captura do Rei são em todas as direções, porque a vontade do Rei é lei.

O movimento da Dama é somente enviesado, porque as mulheres são tão cobiçosas que nada tomam a não ser por rapina e injustiça.

A Torre representa os juízes itinerantes que viajam por todo o reino e seu movimento é sempre reto, porque o juiz deve tratar com justiça.

O movimento do Cavaleiro* é composto de um movimento reto e um oblíquo; o primeiro indica seu poder legal de recolher rendas etc., o último, suas extorsões e más ações.

Os *Aufins* são prelados que usam chifres (mas não como aqueles que Moisés tinha quando desceu do monte Sinai). Movimentam-se e capturam obliquamente porque quase todo bispo abusa de seu cargo através da cupidez.

Os Peões são homens pobres. Seu movimento é reto, exceto quan-

* Em inglês, *Knight*, que corresponde ao Cavalo.

do tomam alguma coisa: pois também o homem pobre age bem enquanto se conserva afastado da ambição. Depois de ser promovido, o Peão torna-se um *Fers* e movimenta-se obliquamente, o que mostra como é difícil para um homem pobre agir corretamente quando elevado acima de sua posição apropriada.

Neste jogo o Diabo diz "Xeque!" quando um homem cai em pecado e, a menos que ele cubra rapidamente o xeque voltando-se para o arrependimento, o Diabo diz "Mate" e leva-o para o inferno de onde não há escapatória. Pois o Diabo tem muitas espécies de tentações para apanhar tipos diferentes de homens, como o caçador tem cães para apanhar tipos diferentes de animais.

Uma versão impressa posteriormente contém a seguinte interpretação adicional:

Existem muitos jogadores presunçosos, que fazem grandes apostas e sacrificam muitas de suas peças, esperando dar mate no fim e, antes que percebam, o adversário exclama "xeque-mate!" e eles perdem tudo. Assim, também, existem homens que durante a vida seguem o Diabo, esperando no fim furtar-lhe sua alma pela mercê de Deus, mas a Morte surpreende-os antes do que esperam e o Diabo diz "xeque-mate!" Por isso jogue o jogo da vida cautelosamente, pois seu adversário é cheio de sutileza, e dedique abundante pensamento aos seus lances, pois o prêmio é sua alma.

As metáforas enxadrísticas ocorrem naturalmente com freqüência na literatura romântica de todos os países Murray cita muitas passagens interessantes desse tipo, em sua maioria de antigas fontes inglesas, francesas e alemãs, algumas das quais apresentam, jogando xadrez, famosas personagens lendárias, que ninguém jamais ligaria ao jogo. Assim, um romance francês do século XII conta-nos como Tristão e Isolda jogam xadrez em sua viagem de volta da Irlanda e ficam tão absortos no jogo que bebem, por engano, um filtro de amor. A paixão assim despertada leva-os à tragédia imortalizada na ópera de Wagner.

Uma versão alemã desse romance, escrita no século XIII

por Gottfried von Strassburg, descreve as peças de xadrez como feitas de marfim belamente esculpido:

von aventiure ez do geschach
das Tristan in dem schiffe ersach
ein schachzabel hangen
an brete und an den spangen
vil schone und wol gezieret,
ze wunsche gefeitieret;
da bi hienc ein gesteine
von edelen helfenbeine
*ergraben meisterliche.**

Através dos séculos, o marfim permaneceu o material favorito dos artistas que o jogo de xadrez inspirou a produzirem peças, cujo formato característico foi enriquecido por beleza ornamental. Infelizmente, raros jogos antigos ou medievais sobreviveram à cobiça de ladrões de alta ou baixa categoria; os que foram preservados fornecem muitas informações de interesse histórico, pois retratam a vida da época em que foram produzidos.

Uma extraordinária descoberta de peças de xadrez antigas, de marfim, verificou-se em 1831, quando setenta e oito peças foram encontradas enterradas numa câmara de pedra, quinze pés abaixo de um banco de areia na ilha de Lewis, uma das Hébridas. Sessenta e sete dessas "Peças de Xadrez de Lewis" estão no Museu Britânico e onze encontram-se no Museu Nacional de Edinburgo. São esculpidas em marfim de morsa e atribuídas ao século XIII. Aparentemente pertencem a pelo menos sete jogos diferentes. Os Reis e Damas estão sentados, sendo que os Reis seguram uma espada semidesembainhada sobre os joelhos. Alguns dos Bispos estão sentados, outros em pé. Os Cavaleiros estão a cavalo, com a lança na

* Aconteceu por acaso que, como se fosse uma resposta ao seu desejo, Tristão viu no navio um tabuleiro de xadrez, muito belo e altamente ornamentado. Com ele havia um jogo de peças feitas de nobre marfim e magistralmente esculpidas.

mão direita e o escudo sobre o braço esquerdo. As Torres são Cavaleiros a pé, com elmo, espada e escudo.

O desenho das peças de Lewis é decididamente primitivo em relação a um belo jogo italiano, datando do século XII, do qual dezesseis peças estão na Bibliothèque Nationale de Paris. O restante das peças, que se encontrava outrora na abadia de St. Denis, desapareceu durante a Revolução. Os Reis e as Damas são esculpidos sentados em pavilhões semicirculares caprichosamente ornamentados. Os pavilhões têm cortinas que são seguradas por pajens. As Torres são guerreiros em carros puxados por quatro cavalos cada um e os Bispos são elefantes, de acordo com a tradição indiana original.

A mais extraordinária peça de xadrez existente no mundo é o chamado Rei de Carlos Magno, que está exposto na Bibliothèque Nationale juntamente com o jogo indiano antes descrito. Esta peça representa um rajá indiano sobre um elefante, numa base, na qual quatro cavaleiros, ao lado do elefante, proporcionam maior estabilidade à figura. O Rei está sentado sobre um banco baixo, que é cercado por oito pequenas figuras representando soldados armados. Em sua tromba, o elefante apanhou um quinto cavaleiro, menor que os demais. Há na base uma inscrição em árabe que diz: "de fabricação de Yusuf al-Bahili".

De acordo com uma tradição popular, esse Rei pertenceu a um jogo de propriedade de Carlos Magno, mas já se determinou que a peça não pode datar de antes do século XII.

Que peças e tabuleiros maciços eram populares naquele período, sabemos através de relatos em que se descrevem lutas nas quais eles foram usados como armas. Em um dos romances de Carlos Magno, do século XII, Charlot, o filho de Carlos Magno, joga xadrez em Easter com Baudinot, o filho de Ogier, o Dinamarquês. Charlot, exasperado por perder a partida, primeiro insulta Baudinot e em seguida mata-o com o tabuleiro de xadrez.

Violentas disputas em torno de partidas de xadrez parecem ter envolvido com muita freqüência membros da família de Carlos Magno, inclusive o próprio imperador. Em *Garin de*

Montglane, outro romance do ciclo de Carlos Magno, Garin chega à corte do imperador com a reputação de ser um jogador de xadrez de grande força e é por ele desafiado para uma partida com apostas nada mesquinhas. Se Garin perder, perderá também a cabeça. Se ganhar, terá o reino da França e a Rainha de Carlos Magno como esposa. Garin concorda, mas manifesta suas dúvidas quanto à honestidade das intenções do imperador. Este as confirma com um solene juramento — não há menção de que tenha consultado sua esposa — e manda armar o tabuleiro de xadrez.

Pela descrição desse tabuleiro, é de perguntar-se se Garin não o teria preferido à rainha. Era o "plus riche eschequier... dons que soit vis", o mais rico tabuleiro de xadrez que já se viu. Tudo era de ouro e prata, e as bordas eram incrustadas de rubis, esmeraldas e safiras.

Os barões da França reúnem-se ao redor da mesa para assistir à partida, mas antes de muito tempo ela é interrompida por uma explosão de cólera de Carlos Magno, que lança num tumulto toda a sala. O Duque da Borgonha consegue finalmente restabelecer a paz e Garin dá o xeque-mate no imperador. Recusando aproveitar-se dos termos da aposta — novamente a rainha não foi consultada — Garin aceita em troca a cidade de Montglane.

Em *Chessmen,* de Liddell, é mencionada outra história interessante relacionada com Berthelot, um sobrinho de Carlos Magno. Berthelot procura Renaud de Montauban para jogar xadrez. Briga com ele e fere-o no rosto, após o que Renaud apanha o tabuleiro de "ouro maciço" e mata Berthelot.

De acordo com a mesma história, Renaud de Montauban envolveu-se em outra questão na qual o equipamento de xadrez serviu como instrumento de morte. Ele mantinha prisioneiro Ricardo, Duque da Normandia, e manda seus homens levá-lo ao patíbulo. Os homens encontraram-no jogando xadrez com Yvonet, filho de Renaud, e tentaram agarrá-lo, mas ele recusou abandonar a partida para ser enforcado. Ricardo matou então um dos homens com sua Dama, outro com uma Torre e um terceiro com um Bispo. Os demais fugiram e o duque convidou calmamente Yvonet para terminar a partida.

Peças de xadrez, caprichosamente esculpidas, eram naturalmente encontradas apenas entre os ricos. O jogador comum tinha de contentar-se com jogos simples nos quais as peças tinham formatos convencionais. Das numerosas formas diferentes dadas às peças de xadrez, nos diversos países, as mais geralmente aceitas hoje assemelham-se bastante ao desenho prático e agradável criado por Howard Staunton há cerca de cem anos.

Nos séculos XVII, XVIII e XIX, artistas criaram muitos jogos excepcionais, não apenas em marfim, mas em toda espécie de material fino — âmbar, mármore, cristal, cerâmica, ouro, prata, peltre e todos os outros que agradaram a sua fantasia. O livro de Liddell tem uma maravilhosa coleção de fotografias mostrando dúzias de jogos famosos, um verdadeiro tesouro para quem se interessa em conhecer este setor da arte, sobre o qual muito poucas informações podem ser encontradas em outras partes. Infelizmente, *Chessmen* está esgotado, mas é provável que numerosas bibliotecas públicas possuam exemplares da obra.

Era natural que as obras literárias muito lidas em que o xadrez desempenha papel proeminente tivessem inspirado artistas a desenharem peças de xadrez de acordo com as histórias contidas nos livros em questão. Dois exemplos desse tipo, encontrados na coleção de fotografias de Liddell, são um jogo representando as peças de xadrez descritas na segunda edição da versão de Caxton do livro de Cessolis e um jogo *Alice no País das Maravilhas,* feito de porcelana. Alice e o Coelho são a Dama e o Rei brancos. Tweedledum e Tweedledee são as Torres brancas e Mad Hatter é um dos Bispos brancos.

A figura da pág. 191 mostra outro jogo modelado com base no livro de Caxton. Este conjunto, que é esculpido em marfim, faz parte da coleção de Lessing J. Rosenwald, de Filadélfia. Grande número dos jogos reproduzidos no livro de Liddell pertenceu antigamente ao seu co-autor, Gustavus A. Pfeiffer, de Nova Iorque, e foi recentemente oferecido ao Museu Metropolitano de Arte.

A arte moderna apresentou notável prova de sua originalidade também sob a forma de impressionantes jogos de xadrez. O exemplo mais belo, que eu vi, é o jogo mostrado na figura da pág. 192. Foi desenhado pelo conhecido surrealista Max Ernst e executado em madeiras finas por seu proprietário, Julien Levy. Cada peça é um exemplo notável de forma prática estilizada. Embora as formas das peças sejam diferentes das encontradas em todos os outros jogos, reconhece-se sem um momento de hesitação a peça representada em cada forma.

Em um capítulo sobre excentricidades do jogo, o livro de Liddell apresenta a fotografia de um tabuleiro com peças vivas usado numa partida disputada no anfiteatro ao ar livre da Exposição do Século de Progresso, em Chicago, em 1933. Fui eu quem dirigiu aquela partida e a fotografia fez-me recordar um incidente tragicômico que ocorreu quase no final dela. As peças de xadrez eram, em sua maioria, rapazes e moças de escolas secundárias de Chicago, vestidos em verdadeiros trajes indianos antigos. No dia da disputa, havia um sol brilhante e quente. Mais de cinco mil espectadores aglomeraram-se na arena, ocupando todos os lugares. Ao som majestoso de uma marcha composta especialmente pelo conhecido compositor DeLamarter, que residia em Chicago, as peças de xadrez, em impressionante formação, desceram por uma larga escada e ocuparam seus lugares sobre o tabuleiro. O campeão, Alekhine, fora contratado para disputar comigo a partida que seria mostrada pelas peças vivas. Armou-se uma torre, de onde Alekhine e eu anunciaríamos nossos lances através de megafones. Para que o jogo não durasse mais do que uma hora, decidimos escolher uma partida curta que ambos conhecêssemos bem, ao invés de nos empenharmos realmente numa disputa. A escolha da comissão recaiu sobre uma partida bastante conhecida que eu vencera cerca de vinte anos antes contra o campeão britânico, Sir George Thomas. Alekhine concordou, mas insistiu em jogar do lado vencedor! Tudo correu bem durante cerca de meia hora, até quando o meu Peão da Torre da Dama desmaiou! O pobre rapaz permanecera em pé, imóvel sob o sol quente, durante todo aquele tempo e, ao invés de fazer alguém saber que estava passando mal, resistiu bravamente até desmaiar. Foi levado para fora numa maca e em seu lugar entrou um "substituto", que havíamos mantido de prontidão para o caso de algum dos atores não comparecer.

Duvido que porcentagem muito grande da multidão conhecesse xadrez, mas o colorido espetáculo sem dúvida serviu como uma fascinante introdução ao estudo do jogo.

As pessoas que hoje se tornam aficionadas do xadrez não se interessam mais pelos aspectos do jogo, que criaram a enorme voga das Moralidades enxadrísticas nos períodos da Renascença e Idade Média. Na vida e na literatura, a ênfase passou gradualmente da moral para a psicologia e não é de surpreender que o escritor moderno empregue cada vez mais o xadrez em relação com temas psicológicos. Uma abundância de exemplos de escritos desse tipo foi incluída numa antologia de Jerome Salzmann, intitulada *The Chess Reader,* que, entre outras matérias de interesse psicológico, apresenta na íntegra o conto de Ambrose Bierce *Moxon's Master* e a novela de Stefan Zweig *The Royal Game.*

A literatura técnica do jogo atingiu proporções espantosas. Dificilmente passa um ano sem que apareçam dezenas de novos livros de xadrez, escritos em todos os idiomas falados pelo crescente exército dos aficionados do jogo. Mais de dez mil volumes contêm a coleção J. G. White de livros de xadrez, guardada na Biblioteca Pública de Clevelândia! Creio que isso supera o número de livros impressos sobre todos os outros jogos em conjunto.

CAPÍTULO IX

Famosos amadores do xadrez

Napoleão

Reunindo os dados históricos existentes sobre Napoleão como jogador de xadrez, o que obtemos não é um belo quadro. Podemos prontamente estabelecer que ele era um grande aficionado no xadrez; mas descobrimos igualmente que, não apenas jogava mal, como também não sabia perder. Sua estratégia no tabuleiro de xadrez era sempre ruim. Naturalmente, isto não se aplica a quaisquer qualidades que possa ter tido como general. Não sou juiz dessas qualidades. Nem o é, muito provavelmente, a maioria das pessoas que professam admiração por ele. De modo geral, nossas opiniões sobre os grandes homens refletem o que sobre eles nos disseram os livros da História.

Que confiança merecem esses livros? Duvido que o retrato de caráter que eles traçam de Napoleão, através de fontes contemporâneas políticas e militares, possa comparar-se em semelhança com os esboços autênticos e íntimos que possuímos de cenas mostrando-o diante do tabuleiro de xadrez. Por essas cenas somos forçados a concluir que o grande gênio estratégico era um oportunista vaidoso, cruel, egoísta e vulgar, e que muitas das maravilhosas coisas sobre ele ditas por historiadores são provavelmente simples lendas.

É possível que eu esteja encarando os escritos históricos com preconceito, pois minhas notas escolares em História sempre foram tão más a ponto de quase ter sido reprovado no exame que precisei prestar para entrar numa universidade. Contudo, há pessoas eminentes que partilham de minha instintiva aversão. Há alguns anos, quando o escritor inglês Zangwill fez uma série de palestras neste país, perguntaram-lhe se se limitava a escrever romances ou se pensara em tratar também de assuntos históricos. Sua resposta foi no sentido de que tinha uma razão muito boa para preferir os romances. "Nos romances", disse ele, "tudo é verdadeiro, com exceção dos nomes e datas. Na História, nada é verdadeiro, a não ser os nomes e datas."

De todos os livros que consultei, as memórias da Condessa Claire de Rémusat parecem ser as mais imparciais. Como dama de honra de Josefina, esposa de Napoleão, ela tinha intimidade na família. Era uma notável beldade, uma mulher de raros dotes morais e intelectuais. Todas as linhas de suas memórias revelam aquela simplicidade e honestidade que caracterizam as pessoas inteligentes, de altos padrões éticos.

Embora fosse absolutamente leal a Josefina e Napoleão, ela percebia claramente seus defeitos e desprezava a vulgaridade e corrupção dos homens com que Napoleão se cercava. Refere-se freqüentemente ao interesse que ele adquirira pelo xadrez. Entre os incidentes que registra nesse sentido, os que precederam a execução do jovem Duque d'Enghien lançam uma luz particularmente reveladora sobre o caráter de Napoleão.

Madame de Rémusat descreve seu terror e desespero quando Josefina, com ar desconsolado, lhe confiou que Bonaparte acabara de informar-lhe que mandara chamar o duque e que este teria de pagar com a vida sua participação em certas atividades rebeldes sobre as quais haviam sido encontradas algumas provas. Inúteis tinham sido seus argumentos de que seria mais sábio poupar a vida do jovem e que o povo admiraria a generosidade de Napoleão se, após ter provado a culpa do duque, ele lhe concedesse o perdão. Napoleão não se definira. Madame de Rémusat implorou a Josefina para que falasse novamente com seu marido a fim de ter certeza de que ele desistira do plano.

Foram juntas procurá-lo e a Condessa de Rémusat ficou muito chocada quando o encontrou jogando xadrez com semblante sereno, evidentemente sem estar de modo algum afetado pela tragédia iminente. Depois da partida, Josefina renovou seu apelo em favor do Duque d'Enghien, mas Napoleão lhe disse rudemente que parasse de falar sobre o assunto. Na política, disse ele, uma morte que traga com certeza a paz não é crime.

A descoberta de que Napoleão era uma vítima desse estúpido e criminoso erro deveria ajudar alguns de seus ardorosos admiradores a corrigirem sua noção sobre as qualidades mentais de Bonaparte. Ouvimos hoje o mesmo argumento com relação à bomba de hidrogênio, estando em jogo desta vez milhões de vidas inocentes. Felizmente, o conhecimento psicológico progrediu muito desde os tempos de Napoleão e, quando alguém propõe um assassínio em massa por meio de armas atômicas para "conter" o comunismo, sabemos que se trata muito provavelmente de um perigoso sadista e sem dúvida alguma de pessoa científica e socialmente analfabeta. Napoleão provavelmente era as duas coisas. Como nossos militares e políticos que preconizam o desenvolvimento de uma bomba de hidrogênio para guerra "preventiva", ele era incapaz de compreender que idéias só podem ser combatidas com êxito por idéias, nunca pelo assassínio.

Como Napoleão se sentia pouco afetado pela idéia de tirar a vida de um jovem promissor, apenas para dar um exemplo, é demonstrado pela descrição que Madame de Rémusat faz da maneira como ele passou a noite anterior à execução de d'Enghien. Um tribunal militar estava realizando uma simulação de julgamento para decidir se o duque era culpado ou inocente, e Napoleão nem se deu ao trabalho de assistir ao julgamento, tornando assim perfeitamente claro que não pretendia poupar a vida do jovem. Durante o jantar, fez questão de aparentar uma disposição jovial, mostrando-se particularmente afável com Madame de Rémusat, que se sentava ao seu lado, pálida e silenciosa, incapaz de ocultar o efeito que sobre ela exercia sua impiedosa resolução.

Josefina aparentemente se resignara à decisão de seu marido ou era incapaz de emoção prolongada e profunda. Adaptou-se prontamente ao espírito leve da conversa de Napoleão e, depois do jantar, não fez objeções a que ele "gracejasse com ela com mais liberdade do que propriedade" na presença dos demais convidados.

Madame de Rémusat observa que Napoleão não tinha gosto nem moderação em sua jovialidade, assumindo às vezes maneiras que cheiravam a quartel.

Depois de algum tempo, Napoleão encaminhou a condessa para o tabuleiro de xadrez. Como de hábito, diz ela, Napoleão não jogava bem e recusava conformar-se com as regras do jogo quando não lhe convinham.

Ela estava muito agitada para fazer objeções. De repente, ele começou a cantarolar uma melodia e todos ficaram em silêncio. Em seguida, falando em voz baixa, disse: "Sejamos amigos, Cinne". E declamou os versos de *Alzire* de Guzman:

> *"Você sabe a diferença que há entre os deuses que servimos:*
> *Vossos deuses aconselharam assassínio e vingança,*
> *O meu, quando vosso braço está erguido contra mim,*
> *Ordena que eu me compadeça e perdoe."*

Ouvindo isso, Madame de Rémusat ergueu os olhos, espantada, esperando, contra todas as esperanças, que Napoleão poupasse d'Enghien. Napoleão perguntou-lhe se gostava daqueles versos. Respondeu que sim e sentiu o impulso de acrescentar: "particularmente se permitir que eles o orientem". Entretanto, temeu encolerizá-lo. Em qualquer caso, sua vaga esperança era inútil. Ao romper do dia, o Duque d'Enghien enfrentou o pelotão de fuzilamento.

Madame de Rémusat tinha fama de jogar bem xadrez e é improvável que Napoleão pudesse derrotá-la. Existe registrada uma partida* que os dois disputaram em 1804 e que é típica do estilo de Napoleão. Ele transferia para o tabuleiro de xadrez sua predileção pela cavalaria e gostava de manobras prematuras com os Cavalos, com vistas a abrir uma brecha no Centro do adversário e assim dividir suas forças. Baseando-se nisso, deve ter sido Napoleão quem jogou com as peças negras na partida mencionada, embora alguns escritores sustentem que ele jogou com as Brancas, tendo a vitória cabido assim a Madame de Rémusat. O mais provável é que a condessa tenha perdido propositadamente a partida, jogando 8. C3TR, em lugar de B4BR, lance com o qual teria repelido facilmente o prematuro ataque de cavalaria.

Os biógrafos de Napoleão comentam a hipócrita convenção existente entre os membros de seu séquito, tanto generais como cortesãos, no sentido de perderem quando jogavam xadrez com ele, a fim de não ofender sua vaidade. Às vezes, era tão difícil para seus adversários deixar de ganhar, que ele percebia seu motivo — mas sem nunca desencorajá-los.

Sua tendência a fazer lances falsos serve de base a uma divertida história referente ao seu encontro com o autômato de Maelzel, em Viena, em 1809 (ver Capítulo X). Mal havia sido feita uma dúzia de lances quando Napoleão, experimentando propositadamente a capacidade da máquina, praticou um lance falso. O autômato curvou-se, repôs no lugar a peça movida errada e fez sinal a Napoleão para que jogasse corre-

---

* O desenvolvimento da partida foi o seguinte:

1. P4R	C3BD	8. C3TR	C6B+
2. P3D	C3B	9. R2R	CPD+
3. P4BR	P4R	10. R3D	C4R+
4. PXP	CDXP	11. RXC	B4B+
5. C3BD	CR5C	12. RXB	D3C+
6. P4D	D5R+	13. R5D	D3D-mate
7. P3C	D3B		

tamente. Achando muita graça, depois de alguns minutos, o imperador realizou novamente um lance ilegal. Desta vez o autômato, sem hesitação, agarrou a peça que fora movimentada falsamente e fez seu próprio lance. Bonaparte riu e, pela terceira vez, como que para submeter à severa prova a paciência de seu antagonista, fez um lance falso. O autômato levantou o braço, jogou fora do tabuleiro todas as peças e recusou continuar a partida.

Essa história é, sem dúvida alguma, pura fantasia. Quando Napoleão jogou com o autômato, este era operado pelo mestre de xadrez austríaco Allgaier e tenho certeza que ele era muito hábil para arriscar-se a tratar o imperador da maneira acima mencionada. Em outra versão deste encontro, que dizem ter sido contada pelo próprio Maelzel, as peças foram também jogadas fora do tabuleiro, mas desta vez por Napoleão. Pelo que sabemos do caráter de Bonaparte, os pormenores deste relato parecem mais verdadeiros.

Desde o início, Napoleão recusou obedecer às regras que haviam sido estabelecidas por Maelzel, segundo as quais o adversário do autômato devia permanecer do lado de fora de uma barreira de cordas e jogar num tabuleiro separado. Napoleão aproximou-se, exclamando: "Não jogarei à distancia! Lutaremos face a face!"

Nessa partida foi fragorosamente derrotado. Voltou mais tarde para outra partida e levou consigo um ímã para colocar sobre o tabuleiro de seu adversário. Aparentemente ouvira dizer que o magnetismo tinha alguma relação com a performance do autômato e pensou que descobriria o segredo por meio dessa tosca experiência. Todavia, Maelzel retirou o ímã e Napoleão foi novamente derrotado.

Uma terceira partida foi iniciada e, desta vez, Napoleão insistiu em embrulhar um xale ao redor do rosto e do peito do autômato. Como muitos outros, suspeitava que havia uma abertura na cabeça ou no peito da figura, através da qual um jogador oculto observava os lances. Quando o autômato venceu pela terceira vez, apesar dessas precauções, Napoleão jogou as peças fora da mesa e saiu pela sala batendo os pés.

No alto, as peças brancas, e embaixo, as peças negras, de um caprichoso jogo de xadrez de marfim, cujos Peões (mostrados na gravura seguinte) representam ofícios e profissões diferentes, como foi sugerido no livro de Caxton: *The Game and the Playe of the Chess* (Figura superior, cortesia de Lessing J. Rosenwald. Figura inferior, cortesia de Julien Levy).

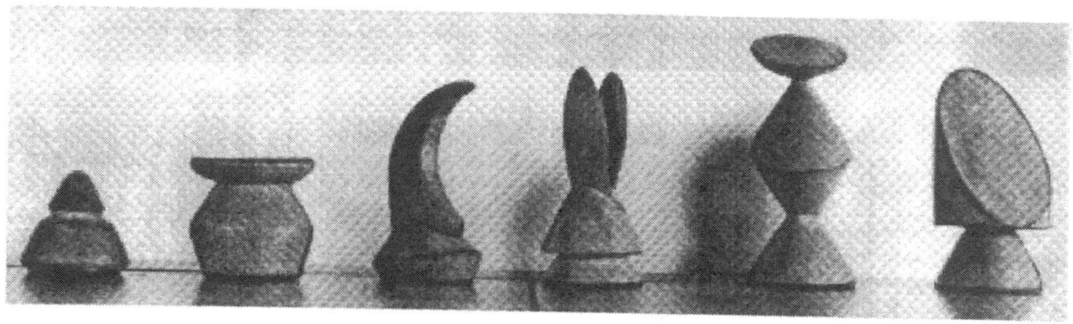

No alto, os Peões do jogo mostrado na gravura anterior (Cortesia de Lessing J. Rosenwald). Embaixo, moderno jogo de xadrez desenhado pelo surrealista Max Ernst (Cortesia de Julien Levy).

Quando vemos um grande general jogar mal xadrez, devemos lembrar-nos que a estratégia militar e a estratégia enxadrística estão relacionadas apenas em um sentido superficial. Ambas são orientadas pelos mesmos princípios estratégicos gerais, mas sua aplicação produz conclusões absolutamente diferentes nos dois casos, pois as unidades em luta e o objetivo final são de natureza diferente. Ainda assim, na guerra como no xadrez, uma mente lógica deveria transformar num bom general qualquer pessoa que adquirisse perfeito conhecimento das tarefas para as quais são mais adequadas suas diferentes forças combatentes. Sobre a estratégia da guerra, Napoleão disse certa vez:

"A ciência militar consiste, em primeiro lugar, em calcular com o máximo de precisão toda probabilidade e depois esforçar-se para levar em consideração os riscos exatamente, quase matematicamente. É neste ponto que um general não deve iludir-se: um decimal a mais ou a menos pode alterar tudo."

Esta declaração muito generalizada a respeito da atitude mental conveniente a um general aplica-se evidentemente a qualquer luta competitiva de natureza bastante complexa para exigir discernimento ao invés de mera força bruta. O xadrez é um exemplo. A maneira como Napoleão jogava xadrez mostra, por estranho que pareça, que essa conclusão bastante simples lhe escapava completamente.

Rei Fernando, da Espanha

Quando procurava antigas referências espanholas ao livro de Lucena sobre xadrez, do qual uma página é reproduzida na gravura da pág. 36, tive a sorte de encontrar uma história relativa a um incidente de xadrez que precedeu imediatamente a grande expedição de Cristóvão Colombo e, portanto, tem um interesse especial para os leitores americanos, sejam ou não jogadores de xadrez.

Os pormenores dessa história estão contidos em duas cartas, que fazem parte de uma coleção de manuscritos preservada nos arquivos de Córdova, na Espanha. Nunca vi menção ao acontecimento em livros de História, mas considero razoável aceitar as cartas como autênticas. Os historiadores têm forte inclinação a alterar acontecimentos que mostram seus heróis sob luz desfavorável e as cartas em questão tendem a indicar que Colombo possuía uma apreciável dose de vaidade, algo que os historiadores possivelmente acharam não ser importante mencionar, através da divulgação do conteúdo das missivas.

Descobri-as em tradução francesa em *Le Palamède,* a primeira revista dedicada exclusivamente ao xadrez, que De la Bourdonnais fundou em 1836. Se as cartas contam a verdade, Colombo talvez jamais tivesse posto os pés em nosso continente, se não fosse o fato de o Rei Fernando, da Espanha, ter ganho uma partida de xadrez, aparentemente perdida, ficando por isso de tão bom humor que decidiu atender a um pedido ditado pela vaidade do descobridor.

Há cerca de cem anos, H. R. Agnel, de West Point, Nova Iorque, traduziu para o inglês a versão francesa das cartas espanholas, publicada por *La Palamède,* cujo texto em português é a seguir reproduzido juntamente com diagrama tendente a mostrar a posição crucial da partida em questão. O fato de essa partida ter sido evidentemente disputada de acordo com as regras do xadrez reformado pode ou não servir de argumento contra sua autenticidade. O livro de Lucena, impresso cinco anos depois de terem sido escritas essas cartas, dá as regras tanto do jogo antigo (del viejo) como do xadrez reformado (de la Dama), mostrando que naquele tempo as novas regras não eram ainda geralmente aceitas. Como ilustração de uma combinação capaz de deleitar os jogadores do século XV, o diagrama é interessante, embora possa ter sido um simples acréscimo do tradutor.

O signatário das cartas, Hernando del Pulgar, parece não ter sido o famoso escritor espanhol desse nome, autor da *Crônica de Fernando e Isabel,* mas um homônimo, guerreiro distinto que participou do cerco de Granada, por meio do qual toda a Espanha foi libertada do domínio muçulmano. As cartas são datadas do célebre campo de Santa Fé, diante de Granada e dirigidas a um amigo íntimo, que deve ter sido um ilustre doutor.

Santa Fé, 2 de fevereiro de 1492

Muito querido amigo:

Se não me engano, você deve ter visto, durante sua última visita à corte, um certo Cristóval Colón, um genovês; em caso contrário, deve naturalmente ter ouvido falar nele, pois seu nome ultimamente se tornou tão conhecido quanto os ditos de Martín Revulgo. Alguns o consideram como um completo louco e muito poucos admitem que tenha qualquer dose de gênio. Ele pretende que a terra é redonda e que necessariamente deve existir, além do oceano, um mundo para servir como contrapeso do mundo em que habitamos; ele ainda afirma que, se não existir, além do oceano, países completamente distintos de nosso continente, um barco rumando para Oeste deve navegar completamente à volta do mundo e alcançar as praias orientais da Ásia e a cidade de telhados dourados de Cipango, descrita por Marco Antônio.

Ele aqui veio quando estávamos combatendo contra os mouros em Granada e apresentou o seu projeto aos soberanos, mas não encontrou encorajamento. A resposta deles foi que as despesas da guerra haviam esgotado o tesouro público. Depois da tomada de Granada, esse Colón renovou sua petição e foi encaminhado a um conselho de ilustres doutores e teólogos, que se reuniu ultimamente em Salamanca com o propósito de examinar suas extraordinárias propostas. Diante deles, ele defendeu suas opiniões, mas os doutores decidiram que a terra não é redonda e que a crença em antípodas é heresia.

Nossa boa Rainha Isabel, porém, que não tem grandes pretensões de saber físico ou geométrico, parece ter-se importado muito pouco com as decisões de seus graves conselheiros. Sua opinião é que a conquista da dourada Cipango proporcionará riquezas suficientes para salvar o Santo Sepulcro do domínio dos infiéis e que, em qualquer caso, a tentativa merece ser feita. Com efeito, ouviram-na manifestar expressamente o desejo de que o genovês realizasse aquilo que projetara; e dizer que, se faltassem fundos, ela promoveria o empreendimento pela sua própria coroa de Castela e empenharia suas jóias particulares para levantar a soma necessária. Entretanto, ela não teve necessidade de recorrer a essa medida extrema. Luís de San Angel, recebedor da renda eclesiástica de Aragão, adiantou os recursos e a rainha aceitou gostosamente seu oferecimento. No entanto, surgiu outra dificuldade. O genovês não assumirá o comando da expedição a menos que seja nomeado Almirante e Vice-rei dos países que descobrir. Esse título foi-lhe negado. E amanhã ele parte de volta para Palos de Moguer, segundo dizem. Acredita-se que tem a intenção de oferecer seus serviços a algum soberano estrangeiro.

Santa Fé, 4 de fevereiro de 1492

Meu querido amigo:

Nunca me esqueci do que Antônio de Lebrixa nos disse em uma de suas últimas lições: "Vejam bem como vocês desprezam as circunstâncias ocasionais, embora insignificantes na aparência, pois numerosas vezes elas levam a resultados muito importantes." Na corte, mais especialmente, esta importante máxima deve ser lembrada pois lá surgem com freqüência oportunidades para sua aplicação. Nesta carta, dar-lhe-ei um exemplo impressionante de verdade da máxima do bom Antônio. E, se não me engano, o mundo talvez observe antes de muito tempo uma maravilhosa exemplificação dela.

O gosto do rei pelo jogo de xadrez, como você sabe, é muito grande e, como todos os jogadores sérios, ele atribui a maior importância a ganhar uma partida, jamais perdoando a si próprio quando perde uma. Seus estratagemas de artifício e astúcia no campo enxadrezado são extremamente hábeis e, não estivesse eu falando de Sua Alteza*, diria que chegam quase à perfídia. Muitas vezes, ele

* O título de Majestade foi assumido pela primeira vez, entre os espanhóis, por Carlos V.

deixa uma peça desprotegida e aparentemente ao alcance do adversário; antes porém de estender a mão para agarrá-la, é bom que este verifique se a presa é certa, pois nunca o rei fica mais satisfeito do que quando seus planos profundamente arquitetados são coroados de êxito.

Ontem, no calor do meio-dia, ao invés de entregar-se à sua sesta habitual, ele nos mandou acompanhá-lo até os apartamentos da rainha e desafiou Fonseca, uma de suas vítimas diárias, para uma partida de xadrez, conosco naturalmente servindo como juízes da disputa. O Conde de Tendilla, Ponce de León e Gonsalvo de Córdova estavam presentes. As damas de honra da rainha, sentadas ao redor de um bastidor, trabalhavam numa magnífica peça de bordado a ser dada como presente à Nossa Senhora "del Pilar".

A idosa dama, Beatrix Galindez, tão profundamente versada no saber antigo que fora apelidada de "Latina", estava sentada perto da rainha, com quem conversava em voz baixa, em latim. Enquanto isso, o rei, inteiramente absorto no jogo, envolvia o pobre Fonseca em um de seus planos profundamente arquitetados.

Repentinamente, as cortinas ergueram-se e um pajem anunciou Sua Excelência, o Arcebispo de Toledo, Dom Pedro Gonzales de Mendonza, grande cardeal de Espanha. Depois de prestar suas homenagens ao rei, o santo prelado aproximou-se da rainha e perguntou-lhe respeitosamente o que havia decidido em definitivo a respeito do genovês, Cristóval Colón. Ao mesmo tempo, anunciou que o último, triste e desapontado, despedira-se de seus amigos e estava a caminho do convento de La Rábida, em Palos de Moguer. "Em minha opinião", disse Beatrix Galindez, depois que o arcebispo proferira sua pergunta, "se o pedido fosse simplesmente uma importância em dinheiro, eu propugnaria que fosse atendido; pois, como Dyonysius Cato expressou em um de seus dísticos:

"'Ne dubites cum magna petas, impendere parva.'

"Mas não é questão de dinheiro. Um título é pedido; e honrarias e títulos não devem ser prodigalizados assim a todos quantos chegam. Com efeito, minha opinião sobre o absurdo de sua doutrina fortaleceu-se ultimamente e eu sustento que é muito extravagante afirmar poderem existir países numa linha reta por baixo de nossos próprios pés, nos quais homens caminham com as cabeças para baixo, como vemos as moscas no forro enrugado."

Em sua excitação enquanto falava, a voz de Latina tornara-se gradualmente mais alta. Esquecera-se de que jogadores de xadrez não devem ser perturbados. Sua voz alcançara os ouvidos deles. O jogo estava decididamente a favor do rei e Fonseca, com certa ansiedade, aproveitou a oportunidade de interromper o silêncio em que o rei jogara até então na esperança, talvez, de distrair a atenção de seu implacável antagonista.

"De minha parte", disse ele, "inclino-me para a teoria do Cosmas Indicopleustes: O mundo é quadrado e, como este tabuleiro de xadrez, é finito. Além disso, é chato, cercado de água por todos os lados, e além da água existe um abismo. Assim é que os geógrafos árabes representam em seus mapas e cartas, na extremidade do grande oceano, uma mão preta e peluda, simbólica da garra do demônio, pronta a arrastar para o abismo embaixo os mortais temerários que ousam aproximar-se de seus limites."

"Estranha doutrina essa, Sr. Fonseca", respondeu o arcebispo, "estranha doutrina para opor às deduções realmente científicas de Colón. Com efeito, sinto-me quase tentado a repetir-lhe o que Afonso, o Sábio, costumava dizer outrora em ocasiões semelhantes: 'Se o mundo é assim modelado, sem impiedade, posso dizer que, pobre mortal como sou, eu teria sido capaz de imaginar uma forma melhor'."

Nesse meio tempo, nossa boa rainha aproximara-se do rei. "Meu senhor", disse ela, "não concederemos a esse intrépido homem o título que pede? Penso que não pode haver risco em concedê-lo para os países que promete descobrir. Que ele aponte o caminho de um novo mundo e toda dignidade que possamos conferir-lhe terá sido mais que merecida. Se seu projeto demonstrar-se um sonho, que importa? Seu título, não tendo base sobre a qual assentar, tornar-se-á um nome vazio."

"Pensaremos nisso", disse Fernando, franzindo a testa. Contra sua vontade, sua atenção desviara-se muito do jogo. Fonseca, aproveitando-se com habilidade da distração do rei, restaurara rapidamente seu jogo e conseguira mesmo uma preponderância de força.

"A Dama de Vossa Alteza seguiu o exemplo dos temerários navegadores. A mão preta está sobre ela. A Dama de Vossa Alteza está sendo forçada."

"Não me falem mais nesse genovês", replicou o rei. "Eu vou perder uma esplêndida partida." E, com a testa franzida, prosseguiu: "Almirante! Não sabem que a palavra significa Emir-la-ma ou príncipe das ondas? Título nobre demais para ser conferido a um aventureiro. Seu genovês não será almirante."

O rei deu mais alguns lances, mas a cada lance sua posição se tornava mais crítica e sua testa mais franzida. Entretanto, a partida parecia atingir rapidamente uma crise. Mando-lhe aqui a situação.

"A batalha será agora decidida logo", disse Fonseca, esfregando as mãos. "Vossa Alteza dobrará as Torres para evitar xeque-mate. Então eu darei xeque na casa da Torre da Dama de Vossa Alteza. E, se não me engano, pelo menos esta partida é minha."

Fernando mordeu o lábio e não acostumado ao revés permaneceu sentado, carrancudo diante do que parecia ser uma derrota inevitável. Neste momento, eu examinei a posição mais atentamente e, de repente, ocorreu-me que a posição de Fernando não era tão desesperada quanto parecia aos espectadores e mesmo a ele próprio. Em voz abafada segredei à Rainha Isabel: "Se Sua Alteza jogar corretamente, ganhará, e Fonseca não poderá sobreviver a quatro lances."

Isabel aproximou-se mais do rei e, inclinando-se sobre seu ombro, segurou-lhe o braço quando, depois de longa meditação, ele estava para erguer a mão a fim de mudar a Torre da quarta para a quinta casa.

"Não vai ganhar, meu senhor?" disse ela.

"Ganhar?" repetiu Fernando. Sua mão erguida voltou à posição anterior e ele reiniciou suas meditações. Entretanto, a ameaça de mate parecia ainda impedir que suas faculdades de raciocínio percebessem a posição. Nessa altura, seus olhos encontraram-se com os meus e, muito provavelmente lendo certo minha expressão, começou de novo a calcular. De repente, um sorriso apareceu em seus lábios.

"Fonseca, meu amigo, *estás malo!*"

"Pensa, meu senhor" interrompeu a rainha, "que poderá haver mal em conferir esse título ao genovês?"

"Que pensa do caso, Latina?" disse Fernando, meio ironicamente. "Ainda persiste em sua opinião?"

"Ninguém pode vangloriar-se de infalibilidade", retorquiu Beatrix Galindez, "e Plínio disse: 'Nemo mortalium omnibus horis sapet'."

"Afinal de contas", acrescentou Sua Alteza, "pouco mal pode resultar de nomeá-lo almirante dos novos mares a serem navegados."

Mal a sanção real havia escapado dos lábios do rei, a rainha chamou um pajem. "Isidro", disse ela, "tome um cavalo imediatamente. Cristóval Colón está a caminho de Palos de Moguer. Não pode ter viajado até muito além da ponte de Pinos. Vá a toda pressa, alcance-o e diga-lhe que nós o fazemos Almirante do Mar Oceano."

E agora, meu caro doutor, não podemos repetir o que Antônio de Lebrixa tantas vezes nos disse: "As causas mais insignificantes com freqüência exercem uma influência maravilhosa sobre os maiores acontecimentos?" Se Cristóval Colón descobrir um novo mundo, como de fato creio que pode, não será isso resultado de um Peão ter sido empurrado no momento apropriado?"

Benjamin Franklin

Num jantar oferecido recentemente pelo Instituto Franklin de Filadélfia, antes de uma palestra do Dr. Claude E. Shannon sobre máquinas de jogar xadrez, tive oportunidade de admirar a impressionante estátua de Benjamin Franklin que se encontra no instituto. As feições magnificamente cinzeladas refletem a rara combinação de qualidades de pensador e executor que caracterizou esse aprendiz de tipografia transformado no primeiro embaixador dos Estados Unidos. Eu sabia que, além de ter sido um grande diplomata, Franklin inventara o pára-raios e que escrevera um ensaio sobre *Morals of Chess**. Aprendi, porém, que ele fora igualmente bem sucedido como tipógrafo, livreiro, jornalista e cientista. O que me surpreendeu foi o fato de meu informante, como a maioria das outras pessoas com quem falei a respeito de Franklin, não saber que o xadrez fora o passatempo de toda sua vida. Carl Van Doren, em seu livro sobre Franklin, menciona que ele se entusiasmava tanto pelo xadrez a ponto de jogar às vezes das seis horas da tarde até o nascer do sol.

Em sua *Autobiografia,* Franklin recorda um divertido episódio dos tempos de sua mocidade. Estava estudando italiano na ocasião e um conhecido, que também estudava o idioma, tentava-o muitas vezes a jogar uma partida de xadrez. Franklin achava que o jogo lhe tomava mais tempo do que podia perder e, finalmente, recusou continuar jogando, a não ser com a condição de o vencedor de cada partida poder exigir do vencido uma tarefa, a ser executada sob palavra de honra antes do encontro seguinte. A tarefa consistia sempre em traduzir ou decorar partes da gramática italiana. "Como jogávamos bastante equilibradamente", diz Franklin, "nós nos obrigávamos assim, mutuamente, a estudar essa língua."

Muitos já afirmaram que jogar xadrez tende a desenvolver certas qualidades mentais desejáveis. No entanto, muitos outros sustentam que, a não ser quando já se possui aquelas qualidades, não se sente o impulso de dedicar-se ao jogo. Franklin acreditava firmemente que o xadrez era um excelente treinamento para a mente. No ensaio antes mencionado, dá as razões de sua crença, sintetizando ao mesmo tempo suas opiniões sobre a etiqueta do jogo. Quem conhece jogadores de

* *Moral do Xadrez.*

xadrez concordará comigo em que muitos deles poderiam beneficiar-se com as advertências de Franklin.

Eis alguns trechos do ensaio:

"O jogo de xadrez é em si próprio tão interessante que não se torna necessário o desejo de ganho para induzir alguém a praticá-lo. Por isso nunca é jogado a dinheiro. Portanto, aqueles que dispõem de ócios para tais diversões, não podem encontrar outra mais inocente; e o seguinte trabalho, escrito com vistas a corrigir (entre alguns jovens amigos) certas pequenas impropriedades na prática do jogo, mostra, ao mesmo tempo, que ele pode, em seus efeitos sobre a mente, ser não apenas inocente, mas vantajoso, tanto para o vencido quanto para o vencedor.

"O jogo de xadrez não é meramente um divertimento ocioso; diversas e muito valiosas qualidades da mente, úteis no decurso da vida humana, são adquiridas e fortalecidas por meio dele, de modo a tornarem-se hábitos preparados para todas as ocasiões; pois a vida é uma espécie de xadrez, na qual temos pontos a ganhar e competidores ou adversários a enfrentar, e na qual existe uma ampla variedade de acontecimentos bons e maus, que são, em certo grau, os efeitos da prudência ou falta dela. Assim, jogando xadrez, podemos aprender:

"1.° — Previsão, que olha um pouco para o futuro e considera as conseqüências que podem resultar de uma ação; pois está continuamente ocorrendo a um jogador: 'Se eu mover esta peça, qual será a vantagem ou desvantagem de minha nova situação? Que proveito pode meu adversário tirar dela para me prejudicar? Que outros movimentos posso fazer para apoiá-la e para defender-me de seus ataques?'

"2.° — Circunspecção, que examina todo o tabuleiro de xadrez ou cena de ação: a relação das diversas peças e suas situações; os perigos a que estão repetidamente expostas; as várias possibilidades de umas auxiliarem outras; as probabilidades de o adversário poder fazer este ou aquele lance e atacar esta ou aquela peça; e os diferentes meios que podem ser empregados para evitar seu golpe e voltar contra ele suas conseqüências.

"3.° — Cautela, em não fazer nossos lances muito depressa. Este hábito é melhor adquirido obedecendo-se estritamente às regras do jogo, como estas; se você toca uma peça, deve mudá-la para algum lugar; se você a coloca sobre o tabuleiro, deve deixá-la ficar.

"Portanto, o melhor meio será observar essas regras, pois assim o jogo se torna mais a imagem da vida humana e, particularmente da guerra, na qual, se você se pôs imprudentemente numa posição má e perigosa, não poderá obter licença de seu inimigo para retirar suas tropas e colocá-las em maior segurança, mas deverá sofrer todas as conseqüências de sua temeridade.

"E, finalmente, aprendemos através do xadrez o hábito de não nos deixarmos desencorajar pelas más aparências atuais no estado de nossos negócios; o hábito de esperar uma mudança favorável e o de perseverar na procura de recursos. O jogo é tão cheio de acontecimentos, existe nele tal variedade de reviravoltas, a fortuna dele é tão cheia de vicissitudes e com tanta freqüência, depois de contemplação, descobrimos os meios de escapar de uma dificuldade supostamente insuperável, que somos encorajados a continuar a disputa até o fim, na esperança de vitória por nossa aptidão; ou, pelo menos, pela negligência de nosso adversário; e quem considerar que, como o xadrez oferece muitos exemplos, o êxito é capaz de produzir presunção e sua conseqüente desatenção, pela qual a perda pode ser recuperada, aprenderá a não ficar muito desencorajado por qualquer êxito presente de seu adversário, nem desesperar-se da boa fortuna final em face de todo pequeno golpe que receber ao persegui-la.

"Que devemos portanto ser induzidos com mais freqüência a escolher esse benéfico divertimento de preferência a outros... toda circunstância que possa aumentar o prazer dele deve ser considerada; e toda ação ou palavra que seja injusta... deve ser evitada, como contrária à intenção imediata de ambas as partes, que é passar agradavelmente o tempo.

"Portanto, se for combinado jogar de acordo com as regras estritas, essas regras devem ser estritamente observadas por ambas as partes; e um lado não deve insistir nelas, enquanto o outro delas se desvia: pois isso não é eqüitativo.

"Se for combinado não observar exatamente as regras, mas uma parte pedir concessões, deve ela então estar disposta a conferi-las à outra.

"... Não se agarre avidamente a toda vantagem oferecida pela inaptidão ou desatenção; mas mostre a seu adversário que com tal lance coloca ou deixa uma peça *en prise* sem apoio; que, por outro, coloca seu Rei numa situação perigosa etc.

"Por essa civilidade geral você poderá com efeito perder a partida; mas ganhará o que é melhor, sua estima, seu respeito e sua afeição; juntamente com a silenciosa e a boa vontade dos espectadores imparciais.

"Quando um jogador derrotado é culpado de uma inverdade para esconder sua desgraça, como 'Eu não jogava havia muito tempo... seu método de abertura confundiu-me... as peças eram de tamanho incomum' etc., todas essas desculpas (para não dizer pior) devem diminuí-lo aos olhos de uma pessoa sábia, como homem e como jogador de xadrez; e quem não suspeitará que uma pessoa que se protege com tais inverdades em questões insignificantes não será muito forte moralista em coisas de maior conseqüência, quando sua fama e sua honra estiverem em jogo? Um homem de orgulho apropriado desprezaria atribuir sua derrota a uma dessas desculpas, mesmo que fosse verdadeira; porque todas elas têm, no momento, grande aparência de ser inverídicas."

Hoje, muitas dessas observações poderiam parecer truísmos evidentes; mas em 1779, quando foram escritas, eram altamente apreciadas como o bondoso conselho de um homem sábio que amava seus semelhantes apesar de seus defeitos. Franklin traça seus paralelos entre o xadrez e a vida de modo tão atraente que facilmente nos esquecemos da ausência, neste ensaio, de seu famoso humor. Talvez o considerasse inadequado a uma dissertação sobre moral, ainda que apenas a moral do xadrez.

Presidente Harding

As oportunidades de conhecer pessoas de alta categoria são raras e portanto sempre bem recebidas. Às vezes, o xadrez serviu para fazer-me conhecer tais pessoas, embora elas pouco ou nada conhecessem do jogo. Em certa ocasião — foi em 1923 — no dia em que uma partida do Campeonato de Xadrez dos Estados Unidos, entre Frank Marshall e eu, estava programada para realizar-se no Metropolitan Club, de Washington, um meu parente distante, que era presidente da Junta de Navegação dos Estados Unidos, arranjou-me uma entrevista privada com o Presidente Harding.

Sentia-me assustado pela idéia de me encontrar com o presidente dos Estados Unidos, sentimento que aumentou de intensidade quando um dos assistentes de Harding me conduziu através de algumas belas salas até o grande gabinete privado do presidente. Quando a porta se fechou por trás de mim, nenhuma palavra podia sair de meus lábios.

Contudo, meu embaraço diminuiu instantaneamente quando Harding se levantou da cadeira, caminhou até o meio da sala para apertar-me a mão e, como se me conhecesse desde anos antes, disse: "Alô, Lasker, sinto-me satisfeito por você ter vindo. Você vai ganhar hoje à noite? Eu talvez chegue até o clube para assistir um pouco, mas" — neste ponto, colocou ambas as mãos sobre a testa — "você sabe, o xadrez sempre foi um pouco demais para mim. Damas é o que eu gosto!"

Essa confissão era comovedora. Entretanto, da maneira como foi feita, desiludiu-me um pouco e deixou-me mesmo embaraçado. Eu gostaria de imaginar o presidente dos Estados Unidos como um homem de superior inteligência, cultura e dignidade. Harding não revelou essas qualidades em nossa palestra, embora as compensasse por uma ampla medida de virtudes simples, como franqueza, cordialidade e falta de pretensão. Não havia nele traço algum de efeito calculado. Sua genuína simplicidade e cordialidade deram-me uma clara impressão de que era um homem bondoso e honesto. Quando, pouco tempo depois, o escândalo do *Teapot Dome* abalou a capital, ninguém me conseguiu convencer de que Harding estivesse pessoalmente envolvido, a não ser por sua incapacidade de ver através dos motivos dos homens que o cercavam, os quais eram instrumentos de certo "capitão de indústria".

Charles M. Schwab

Falando em capitães de indústria, lembro-me de uma divertida entrevista que tive certa vez com Charles Schwab, o Rei do Aço. Eu ouvira tantas histórias contraditórias sobre o caráter do grupo relativamente pequeno de homens que controla as grandes finanças nos Estados Unidos, que me sentia curioso por conhecer um deles pessoalmente, de preferência, como é natural, um que gostasse de jogar xadrez. Uma das minhas teorias favoritas é a de que homens que gostam do jogo de xadrez são homens bons. Com exceção de Alekhine, nunca conheci uma pessoa de mau caráter que gostasse realmente de xadrez. Um poeta alemão disse:

"Wo man singt, da lass Dich ruhig nieder!
*Böse Menschen haben keine Lieder."**

Estou certo de que ele tinha razão — eu também canto — mas o xadrez poderia ser introduzido nesses versos sem invalidá-los:

"Do not fear a man who loves the game of chess!
*Bad men only play where gain is effortless."***

Charles Schwab gozava da reputação de ser um jogador de xadrez bastante bom. Pareceu-me também uma pessoa

---

* Onde ouvirdes cantar, lá não cabe o medo!
O coração dos homens maus nunca abriga uma canção.

** Não temais o homem que ama o jogo de xadrez!
Homens maus só jogam onde o ganho não exige esforço.

muito jovial. Encontrei-o em seu escritório. Com seu imponente corpanzil mergulhado fundamente numa poltrona, acenou-me com a mão num cumprimento cordial. Sua primeira pergunta foi: "Se eu o desafiar para uma partida de xadrez, quanto você apostará em que pode derrotar-me?" A falsa modéstia levou-me a dar uma resposta tola. Disse que temia ser considerado por ele como presunçoso se mencionasse uma grande importância, mostrando que me sentia certo da vitória. O que eu deveria ter dito era, naturalmente, um milhão de dólares. Nesse caso teríamos jogado e eu me teria aposentado. Tal como ocorreram as coisas, a partida nunca foi realizada.

Marcel Duchamp

A maioria dos homens famosos que conheci através do xadrez é formada de artistas plásticos, escritores e músicos. São os mais entusiásticos amadores de xadrez, e suas proverbiais excentricidades tornam-nos também os mais interessantes e divertidos. Entre meus amigos artistas, o mais forte jogador é Marcel Duchamp, fundador da "Escola Cubista", cujo "Nu Descendo Escada", depois de sua exibição na Armory Show, em Nova Iorque, em 1913, fez dele o mais falado pintor da última geração. Quando a exposição cubista veio a Chicago, creio que em 1915, vi vários quadros de Duchamp na casa de Arthur Jerome Eddy, um fanático de xadrez e colecionador entusiasta de arte cubista e pós-impressionista. Pinturas modernas cobriam, não apenas as paredes da sala onde jogávamos xadrez, mas também as paredes de todos os outros aposentos da casa, inclusive a garagem!

Conheci Duchamp alguns anos mais tarde e perguntei-lhe por que dera a seu quadro o título de "Nu Descendo Escada", quando nele não havia nu, nem escada. Disse-me que a razão fora o simples fato de ter tido a idéia do quadro quando observara, por acaso, uma pessoa nua descendo um lanço de escada. Em sua pintura, Duchamp apresenta uma sucessão de esboços da figura em movimento, transmitindo assim a impressão de movimento real com o mesmo efeito impressionante conseguido na "cronofotografia", tipo de fotografia que aparecera em Paris naquela época e era freqüentemente usado para ilustrar movimentos rápidos, como a raquetada de um jogador de tênis, por exemplo.

Duchamp aprendera a jogar xadrez na mesma época em que aprendera pintura, aos 13 anos de idade. Tornou-se um jogador tão forte que, em 1923, foi escolhido como membro substituto da Equipe Olímpica de Xadrez da França. Como tal, em Hamburgo, em 1930, enfrentou o campeão dos Estados Unidos, Frank Marshall, porque Alekhine não jogava naquele dia. Duchamp empatou a partida, dando assim à equipe francesa o meio ponto de que precisava para empatar a competição.

Depois de viajar de um lado para outro, entre a França e os Estados Unidos, durante trinta anos, Duchamp acabou fixando-se definitivamente em Nova Iorque em 1945. Fiquei sabendo de sua presença de uma maneira engraçada. Certa noite, recebi um telefonema de Frederick Kiessler, o arquiteto, que eu não via desde quando o encontrara cerca de dez anos antes. Disse-me ele: "Estou telefonando a você com o consentimento de dois artistas, amigos meus, que se encontram agora no meu apartamento. Você não os conhece, mas Marcel Duchamp, que você conhece, também está aqui. Está derrotando todos nós no xadrez de uma maneira vergonhosa e eu pensei que talvez pudesse convencer você a vir até aqui para derrotá-lo em nosso nome. Gostaríamos de vê-lo levar um xeque-mate." Foi nessa ocasião que conheci Max Ernst e Julien Levy, o desenhista e o executor do belo jogo moderno mostrado na figura da página 192.

Duchamp não pôde ficar afastado do xadrez de torneio. No ano passado, jogou na Classe A na convenção da Associação de Xadrez do Estado de Nova Iorque e conquistou o primeiro lugar, ganhando todas as partidas que disputou!

Moritz Rosenthal

Entre os virtuoses e compositores, não encontrei ninguém que jogasse xadrez tão bem quanto Moritz Rosenthal, o famoso pianista vienense, cuja morte, há alguns anos, marcou, em certo sentido, o fim do que poderíamos chamar de grande tradição de Liszt. Rosenthal era o último discípulo vivo de Liszt e quando interpretava as composições do mestre sempre se experimentava a sensação que se obtém da execução de uma peça por autoridade soberana, autoridade que transcende a interpretação da música e se torna parte da personalidade do próprio compositor.

No caso da música de Liszt, isso era importante, muitas vezes mesmo necessário, a fim de evitar uma ligeira sugestão de banalidade que podia facilmente prejudicar o gosto de um ouvinte por algumas das ruidosas composições do grande romântico vienense.

Digam o que disserem, os jovens magos do piano de hoje podem ter uma compreensão da música de Liszt tão boa quanto a que já teve qualquer virtuose e podem ter uma perfeição técnica não atingida por qualquer dos mestres da geração anterior, mas falta-lhes certa qualidade, que homens como Paderevsky e Rosenthal possuíam, e que era uma das extraordinárias características pessoais de Liszt. Poder-se-ia chamá-la de qualidade hipnótica, intimamente relacionada com a maneira grandiosa como esses homens se comportavam e que deixava fascinada a platéia no momento em que eles apareciam no palco.

Recordo-me muitas vezes como fiquei impressionado pela personalidade de Rosenthal quando o ouvi pela primeira vez num recital que deu em Chicago no começo da década de 1920. Eu ia encontrar-me com ele naquele dia na casa do Dr. Erwin Zeisler, amigo meu e também magnífico pianista, com quem Rosenthal combinara uma orgia de xadrez para depois do concerto. Fui ao recital e fiquei horrorizado ao encontrar no programa a Segunda Rapsódia Húngara de Liszt. Trinta anos antes essa peça já era uma antiguidade. Nos meus tempos de escola e colégio, ouvira-a inúmeras vezes e adquirira por ela forte antipatia. Decidi deixar o salão de concerto quando Rosenthal chegasse a esse número. Quando ele começou a tocá-lo, levantei-me e encaminhei para a porta. Antes de chegar à saída, ele já tocara os primeiros cinco ou seis acordes. Foi quanto bastou para me deixar preso ao chão. Enquanto continuava a ouvir, a composição adquiria um caráter que nunca distinguira antes nela. As brilhantes tonalidades multicores que Rosenthal produzia e o gigantesco crescendo que criou no final lançaram literalmente a platéia num estado de frenética excitação. Raramente tenho visto coisa semelhante.

Depois de lhe ser apresentado naquela noite, no intervalo entre duas partidas de xadrez, observei-lhe que durante o concerto ficara um pouco preocupado com o piano em alguns de seus maciços fortíssimos. Ele limitou-se a sorrir. Entretanto, um dos presentes, Ernest Zeisler, filho da prima de Rosenthal, a famosa pianista americana Fannie Bloomfield Zeisler, disse: "Sua preocupação era muito bem fundada! Na Europa, um piano ruiu efetivamente sob o ataque de meu querido primo e o concerto precisou ser interrompido até chegar outro piano."

O fanatismo de Rosenthal pelo xadrez era algo digno de ser observado! Uma vez sentado diante do tabuleiro, parecia incapaz de parar de jogar. Eu precisei fingir extremo cansaço a fim de poupar meus anfitriões a uma sessão que se prolongasse pela noite inteira. Quando nos despedimos, fez-me prometer que me conservaria livre para jogar com ele sempre que uma excursão o trouxesse a este país.

Antes que surgisse tal oportunidade, encontrei-o ocasionalmente na Suíça, em um hotel de Saint-Moritz. Ele e sua esposa, que eu conheci naquela ocasião, acabavam de sentar-se para o almoço. Entretanto, vendo-me entrar na sala de jantar, Rosenthal mandou trazerem à mesa um tabuleiro de xadrez, como se isso fosse a coisa mais natural do mundo. Sem se incomodar com — ou mesmo sem perceber — a carranca dos garçons, deixou que um prato após outro se esfriasse, enquanto mergulhava no jogo. Para meu espanto, sua esposa acompanhava a partida com intenso interesse e, em lugar de censurá-lo por esquecer-se de almoçar, ela também permanecia surda às repetidas súplicas dos garçons. Quando seu famoso marido, finalmente, sucumbiu diante de um ataque que eu consegui iniciar com o inesperado sacrifício de um Cavalo, ela comentou com um profundo suspiro: "Ah! Que seria a vida sem o xadrez!"

Observando minha expressão intrigada, acrescentou rindo: "Deve saber que meu primeiro marido foi um jogador de xadrez muito forte; e certamente não me teria casado com este, se ele não partilhasse do meu amor pelo jogo."

Rosenthal, com seus modos irônicos e bonachões, que eram muitas vezes erroneamente interpretados como cáustico sarcasmo, comentou: "Sim, o marido dela era um bom jogador. Mas, naturalmente, partilhava da característica dominante de todos os jogadores de xadrez, inclusive vocês, os mestres, no sentido de avaliar sua força no jogo com excessivo otimismo, para não dizer pior. Certa noite, ele me disse: 'Foi pena você não ter estado no Café Central esta tarde. Você me teria visto arrasar o grande Zinkl!'. 'Realmente?', perguntei. 'Como aconteceu isso?'. 'Bem, eu abri com um maciço Ruy López e ele fez um ataque prematuro na ala do Rei. Logo o ataque falhou e ele ficou numa posição desesperada...'. 'Então você derrotou realmente o mestre Zinkl! Preciso felicitá-lo!'. 'Bem, não', explicou ele, 'eu fiz um ligeiro engano depois e perdi a partida, mas não há dúvida que o arrasei!'"

Enquanto ríamos dessa história, Fannie Bloomfield Zeisler e seu filho Ernest aproximaram-se da mesa. Estavam hospedados no mesmo hotel e eu fiquei surpreendido ao vê-la conversar com o primo, pois era um segredo conhecido desde anos antes, nos círculos musicais, que os dois não se falavam, em resultado de um dos gracejos de Rosenthal, no qual figurava o nome da pianista e que ela sem dúvida levara muito a sério. Em resposta a meu olhar interrogativo, Ernst segredou-me: "Eles fizeram as pazes ontem à noite. Tudo está correndo bem!"

Fannie Bloomfield Zeisler disse: "Parem com esse jogo tolo! O sol está brilhando! Vamos dar um passeio!" Fomos, e eu pedi a ela e a Rosenthal que posassem para uma fotografia.

Incapaz de controlar sua língua maliciosa, Rosenthal observou: "Você certamente vai mandar essa fotografia para os jornais de Chicago. Descreva-a corretamente, por favor: "A grande pianista Fannie Bloomfield Zeisler e Moritz Rosenthal."

Rosenthal esteve novamente nos Estados Unidos em 1924 e tivemos muitos bons encontros. Fiquei admirado quando me disse certo dia que Johannes Brahms, aquele grande perfeccionista musical cujas canções estudei durante anos com inesgotável admiração, fora amigo seu. Sempre que tinha oportunidade, extraía de Rosenthal alguma história sobre Brahms e, sem dúvida, ele se lembrava de algumas bem agradáveis.

Certo dia, Rosenthal foi com Brahms ouvir a primeira interpretação de um dos quartetos do último, numa residência particular em Viena. Brahms sempre tivera uma aversão pessoal pelo primeiro violino do quarteto que executava a composição. Não disse uma palavra de louvor quando terminou o número, embora a platéia aplaudisse calorosamente. O violinista, depois de esperar em vão que o compositor dissesse alguma coisa, não pôde mais conter-se e perguntou: "Mestre Brahms, que achou de nosso ritmo?" "Oh! muito bom", respondeu Brahms, "particularmente o seu!"

Em outra ocasião, Brahms e Rosenthal estavam caminhando pelo Prater, em Viena, acompanhados por um conhecido crítico musical que se mostrava, às vezes, bastante cáustico em relação a Brahms. Quando passavam por uma praça rodeada de estátuas de homens famosos, o crítico apontou para um espaço vazio e disse: "Sabe, Brahms, acho que este seria um local ideal para Viena erguer um monumento a você." Brahms sorriu, satisfeito com o elogio implícito, enquanto o crítico prosseguia: "Imagine só, daqui a mil anos, multidões como esta passarão diante de sua estátua e lerão JOHANNES BRAHMS. E perguntarão: 'Quem foi esse?'"

A história de que mais gosto é a que Rosenthal me contou a respeito de uma observação feita por Brahms ao Príncipe Metternich, um dos famosos patronos da Música em Viena, que o convidara para jantar em sua casa, após a execução de uma de suas sinfonias. Foi aberta uma garrafa de vinho, de uma safra que Metternich disse ter reservado para grandes ocasiões. "Não tem um buquê maravilhoso?" perguntou ele. "Para mim, é como uma canção de Brahms! Prove-o! Diga-me se concorda comigo." Brahms tomou um gole e manifestou sua aprovação. "Agrada-me saber que gostou!" disse Metternich. "Não me resta muito deste vinho, mas eu o economizarei e, da próxima vez que executarem uma de suas sinfonias, você virá jantar de novo e nós tomaremos outra garrafa como esta. Que me diz?" "Eu gostarei de vir jantar de novo", respondeu Brahms, "mas quer fazer-me um favor?" "Sem dúvida! Que deseja?" "Da próxima vez que eu vier, abra uma garrafa de Johann Sebastian Bach!"

Durante o grande torneio que se realizou em Nova Iorque, em 1924, Rosenthal conseguiu uma cadeira na primeira fila e lá permanecia sentado durante horas intermináveis, todos os dias, a fim de não perder uma única partida. Ficou desconsolado quando um compromisso para uma excursão de concertos na Europa obrigou-o a deixar Nova Iorque, vários dias antes do término do torneio. Precisei prometer-lhe que cabografaria, para seu navio, os resultados das partidas de cada dia. Rosenthal esperava ardentemente que o torneio fosse vencido por Emanuel Lasker, que era quase de sua idade. Lasker estava um ponto à frente de Capablanca quando Rosenthal partiu e ele observou: "Vê como é absurdo dizerem que os artistas com mais de cinqüenta anos estão *passé*?"

Lasker era mais sábio, resignando-se às inevitáveis limitações que a idade impõe a todas as atividades vitais. Antes do início do torneio, disse-me que não podia mais esperar vencer em competição com os jovens. Quando lhe ofereci o brometo — "Não seja absurdo! Cinqüenta e seis anos não é velhice em nosso tempo! Você está nos seus melhores anos!" — sorriu com entusiasmo, mas não conseguiu disfarçar uma nota de melancolia em sua jovial resposta: "Não, Edward, eles já são de fato os meus melhores!"

Um concorrente vitalício de Rosenthal, no piano assim como nas batalhas de espírito, foi o pianista e compositor Leopold Godovsky, que, antes de vir fixar residência neste país, ocupara a invejável posição de diretor do Instituto Imperial de Música (Kaiserliche Musikhochschule) de Viena.

Godovsky era um pianista de pianistas. Além de seu fenomenal virtuosismo, tinha profunda visão de compositor para o conteúdo musical das obras que executava e sua interpretação jamais deixara de apresentar matizes emocionantes e sutis que outros virtuoses ignoravam. Assim, para as exigentes platéias de Viena, Berlim ou Dresden no primeiro quarto deste século, um recital de Godovsky era sempre um acontecimento musical de primeira ordem. Os ingressos eram vendidos com muita antecedência. Para conseguir um passe de estudante, como eu precisava fazer, era necessária a tenacidade da juventude, que não recua diante de maratonas de filas, com chuva ou com sol. Godovsky era particularmente famoso como intérprete de Chopin; tanto assim que era publicamente mencionado como o par e futuro sucessor de Vladimir de Pachmann, o qual, antes da ascendência de Godovsky, fora o deus de todos os obcecados e decididos amantes de Chopin, entre os quais, na época, eu me incluía.

Lembro-me de um incidente muito engraçado a que essa rivalidade deu causa num concerto de Godovsky, que incluía todos os Prelúdios e Noturnos de Chopin. Como de hábito, havia na platéia uma constelação de pianistas profissionais. Entre eles estava de Pachmann que, em companhia de um músico mais jovem, chegara para a segunda metade do programa. De Pachmann tinha uma maneira incômoda de sussurrar tão alto que todos o ouviam num raio de três metros ao redor. Enquanto Godovsky tocava, de Pachmann dizia excitado a seu jovem amigo: "Maravilhoso! Extraordinário! Que delicadeza maravilhosa! Esta é a maior interpretação de Chopin que já ouvi!" e numerosas outras expressões de alto louvor, inspiradas pelo inconsciente impulso de não parecer ciumento. O jovem conservou-se em silêncio até Godovsky ter terminado e a ovação que se seguiu ter silenciado. Em seguida, quando, junto com de Pachmann, se levantou e se encaminhou para o camarim do artista, observou: "Sim, você tem razão. Godovsky é o maior intérprete de Chopin que nós temos." Diante disso, de Pachmann estacou e, com mal disfarçado orgulho ofendido, disse: "Bem! Existem também outros intérpretes de Chopin!"

Não conheci Godovsky pessoalmente senão anos mais tarde, depois de um recital que ele deu em Chicago, onde eu estava trabalhando para a Sears, Roebuck and Company na qualidade de engenheiro. Mischa Elman, com quem eu jogava bastante xadrez naquele tempo, também estava por acaso na cidade e Max Adler, um vice-presidente da Sears e ótimo violinista, convidou Mischa Elman e Godovsky para visitarem as instalações da organização, servindo eu como guia.

Os dois famosos artistas ficaram impressionados pela vastidão do grande estabelecimento. Quando viram como muitos milhares de pedidos passavam simultaneamente pela organização, a maioria deles referente a mercadorias que precisavam ser recolhidas em muitos departamentos diferentes, não conseguiram compreender como cada freguês chegava a receber o que encomendara. Contei-lhes que H. G. Wells, ao visitar o estabelecimento, fizera a mesma observação, mas depois de terem-lhe explicado pormenorizadamente o sistema, dissera: "Agora, eu não compreendo como poderia ocorrer algum èrro."

A visita devia durar cerca de uma hora e o Sr. Adler sugerira os departamentos a serem percorridos. Houve, porém, uma falha em seus cálculos. O departamento de móveis estava incluído na visita e parte dele era formada por uma linha de pianos. Essa deveria ter sido a última coisa da lista. Quando chegamos aos pianos, depois de ter percorrido o estabelecimento durante meia hora, tudo se acabou. Godovsky e Elman não cogitaram de dar um único passo além. Foi bom os pianos estarem numa sala separada do resto dos móveis. Cada um deles foi experimentado e Godovsky ficou muito surpreendido pela ação de alguns deles que, mesmo em sua exigente opinião, era boa. Escrevia algumas complicadas figuras em velocidade fantástica e em seguida tocava-as em terças. Mischa Elman, radiante de admiração, dizia: "Repita isso, 'Papsie'." E a Sears, Roebuck ficou completamente esquecida.

"Papsie" Godovsky é carinhosamente lembrado por todos quantos o conheceram. Tinha um espírito ferino, mas embora às vezes suscetibilizasse os outros, nunca tinha realmente a intenção de ofender. Na verdade, seus melhores amigos eram as vítimas mais freqüentes de seus epigramas. Parecia sentir um prazer desinteressado e artístico com seus gracejos, sem orgulho de autor, como se estivesse ouvindo outra pessoa proferi-los. Isso ocorria mesmo quando se referia a Rosenthal, que freqüentemente lhe fazia observações sarcásticas.

Certo dia, Harry Brunswick Loëb, mútuo amigo nosso, que durante muitos anos foi o espírito orientador de todas as atividades musicais em Nova Orleãs e que se encontrava em visita a Nova Iorque, contou-me que acabara de avistar-se com "Papsie" Godovsky e lhe mostrara um crítica absurda sobre um recital dado por Rosenthal numa cidade relativamente grande do Médio Oeste. O crítico, provavelmente um redator de basebol servindo como crítico musical, chamava Rosenthal de "Napoleão do Piano". "Você já viu coisa mais ridícula?", perguntou Harry Loëb a Godovsky. "Você acha ridículo?" retorquiu Godovsky. "Eu absolutamente não acho. O piano sempre foi o Waterloo de Rosenthal!"

Dos gracejos de Godovsky, o mais conhecido é provavelmente a observação que fez a Mischa Elman num camarote do Carnegie Hall, onde ambos estavam assistindo à primeira apresentação de Heifetz neste país. Heifetz havia terminado o primeiro movimento do Concerto de Brahms e entusiásticos aplausos ecoavam no salão. Elman tirou o lenço do bolso e, enxugando a testa, disse: "Está terrivelmente quente aqui, 'Papsie', não acha?", "Para violinistas, sim", respondeu Godovsky. "Para pianistas, está perfeitamente confortável." Embora a posição de Elman no cenáculo da fama violinística não estivesse plenamente assegurada, de modo que essa observação poderia tê-lo ferido fundo, Godovsky provavelmente teria sido incapaz de abster-se de fazê-la.

Encontrava um prazer enorme em toda espécie de trotes. Elman era com freqüência sua vítima, pois, sendo um amigo íntimo, Godovsky sabia que ele perdoaria facilmente.

Elman era um jogador de xadrez muito bom e certa vez convidou-me para ficar em sua casa durante uma semana, a fim de podermos empenhar-nos em prolongadas batalhas. No domingo daquela semana, Elman convidara Josef Hofmann para almoçar. Uns quinze minutos antes da hora do almoço, o telefone tocou e eu ouvi Elman dizer: "Oh! Alô, Harry! Você está na cidade? Está em casa de 'Papsie'? Quer vir até aqui? Ótimo! Mas venha depois do almoço. Edward Lasker está aqui e nós estamos esperando Josef Hofmann a qualquer momento. Sinto muito, mas a cozinheira me disse que tem apenas três costeletas de carneiro, senão eu o convidaria para almoçar conosco." Cerca de dez minutos mais tarde Hofmann chegou. Mal nos tínhamos sentado para almoçar, quando a campainha tocou e Harry Loëb apareceu. "Alô, Mischa", disse ele. "Sei que você tem apenas três costeletas de carneiro, mas eu vim assim mesmo. Espero não o incomodar, mas trouxe 'Papsie' também." Antes que Elman tivesse podido dizer uma palavra, Godovsky entrou e acrescentou: "Mischa, fiquei aborrecido quando soube que você tinha apenas três costeletas de carneiro. Seria difícil dividi-las em cinco partes. Por isso, trouxe Josef Levhinne!" Puxou então para a sala de jantar Levhinne, que ficara escondido no *hall*, e Elman não teve outro recurso senão participar da hilaridade geral e dividir em duas cada uma das costeletas de carneiro. Duvido que quatro dos maiores virtuoses do mundo se tenham reunido algum dia de maneira tão pouco convencional.

Nova Orleãs foi palco de outra cuidadosa peça que Harry Loëb pregou em Elman. Este último chegara à tarde para um concerto, que deveria dar no mesmo dia e Loëb foi recebê-lo na estação a fim de levá-lo para jantar em sua casa. No carro, Loëb disse: "Mischa, sei que você não gosta de ouvir música, a menos que seja magistralmente tocada. Quero, porém, pedir-lhe um grande favor. Abra uma exceção e ouça uma mocinha, uma querida amiga minha, que está estudando para ser pianista profissional. Você poderá dizer-me francamente o que pensa dela. Talvez eu esteja sendo parcial em seu favor."

A expressão de Elman demonstrou que não ficara muito satisfeito com a sugestão, mas de maneira alguma poderia recusar. Quando o carro se aproximou da casa de Loëb puderam ouvir, através de uma janela aberta, o som de um piano. Era uma pequena peça muito conhecida, bastante fácil de tocar. Mas o ritmo estava errado, os acentos estavam errados, até mesmo algumas notas estavam erradas. Em suma, era horrível. Elman sofria visivelmente. "É essa a mocinha?" perguntou ele, mantendo com dificuldade sua compostura. "Sim. Não é maravilhosa?" perguntou Loëb num tom de alegre entusiasmo. "Venha conhecê-la." A música terrível continuava quando entraram na casa. Ao chegarem à sala, sentado ao piano, estava... Godovsky, rebentando de riso.

Uma fraqueza de Godovsky, que nunca consegui compreender, foi seu interesse pelas ciências ocultas. Certa vez, quando estava sentado com ele a uma mesa de xadrez em minha casa, observou que a mesa parecia excelentemente adequada a experiências de levitação. A princípio, pensei que estivesse brincando, mas contou-me, com absoluta seriedade, que estivera presente em várias sessões de levantamento de mesa e vira realmente mesas se erguerem sem a aplicação de qualquer força mecânica visível. Meu argumento de que evidentemente ele olhara na direção errada não o impressionou. Disse que algum dia me levaria para que testemunhasse o levantamento da mesa.

Quando algum tempo depois me telefonou para perguntar se queria ir com ele ver um médium operar, naturalmente concordei. Contou-me que não conhecia o médium, mas que um médico, seu amigo, lhe dissera ser o homem realmente notável. Um pintor francês, amigo de Godovsky, foi conosco. Enquanto esperávamos pelo médium na casa do médico, este nos mostrou uma mesa laqueada na qual algumas rosas haviam sido pintadas por uma sua paciente. O médico parecia muito orgulhoso dela e perguntou ao pintor o que pensava do trabalho. O francês não disse sim nem não. Quando o médico acrescentou que sua paciente nunca estudara realmente pintura, mas aprendera tudo sozinha, o francês observou friamente que essa fora sua impressão desde o começo. Godovsky ouvia, com a fisionomia resplandecente. Tentando salvar a situação, o médico alegou que sua amiga ainda precisava acrescentar alguns toques finais. O pintor, porém, foi impiedoso. Disse: "Whistler observou certa vez que uma obra-prima está acabada em qualquer fase. Estou certo de que deseja que eu seja honesto com você. Não posso dizer que gostei da pintura." Nesse ponto, Godovsky não pôde mais conter sua hilaridade. "Penso que poderíamos resumir o caso", aventurou-se ele, "chamando este quadro de um brilhante exemplo de incompetência autodidática."

Essa jóia consolou-nos do completo fiasco da atuação do médium. Era evidentemente um desses repugnantes trapaceiros que se aproveitam de pessoas ignorantes, desejosas de receber mensagens do "além" para saber o que o destino lhes reserva. Simulou uma espécie de transe e disse a Godovsky que não precisava preocupar-se, que seus esforços lhe trariam êxito se perseverasse em seu trabalho. Quando explodimos em risadas, lhe dissemos que bastava e o pagamos, ele saiu às pressas com uma expressão assustada na fisionomia. Duvido que essa experiência tenha afetado as tendências espiritualistas de Godovsky. Não foi ele o primeiro homem de alta categoria mental que eu vi apanhado na intrigante rede das tolices ocultas.

Richard Strauss

Menciona-se com freqüência que Richard Strauss era um fanático aficionado de *skat*, um jogo de cartas alemão, do qual participam três pessoas. Que gostava também do xadrez é fato menos conhecido.

Onde quer que Strauss fosse reger suas músicas, seus

amigos ou o empresário musical da cidade em questão tinham de arranjar duas pessoas para jogarem *skat* com ele depois do espetáculo. Foi desse modo que conheci Strauss em Chicago, quando realizou uma excursão pelos Estados Unidos em princípios da década de 1920. Nesse visita a Chicago, dirigiu *Tod un Verklaärung* e *Ein Heldenleben,* atuando também como acompanhante de Claire Dux, que cantou um ciclo de suas canções.

F. Wight Newman, czar da Música em Chicago naquele tempo, era também um entusiasta do *skat* e arranjara naturalmente para ser uma das pessoas que teriam o prazer e a distinção de jogar com o mais famoso compositor do século XX. Escolheu-me para a honra de ser o terceiro do grupo.

A primeira sessão de *skat* deveria realizar-se depois da apresentação de *Ein Heldenleben.* O concerto teve lugar no Auditorium, de onde uma passagem subterrânea levava ao Congress Hotel, naquela época local tradicional de hospedagem dos músicos que passavam por Chicago. Coloquei-me na entrada daquela passagem logo que Strauss terminou, a fim de acompanhá-lo até seu quarto no hotel. O tumultuoso aplauso da platéia retardou-o um pouco, mas quando apareceu no grande saguão repleto de admiradores, que tentavam vê-lo mesmo de relance, estava ainda tão profundamente dominado pela emoção despertada pela música que caminhou através da multidão como em estado de transe, sem ver nem ouvir as pessoas que tentavam falar-lhe. Foi uma cena notável. Strauss era muito alto e seus olhos eram separados por um espaço anormalmente grande. Quando avançava em direção à passagem, com a multidão abrindo-se para deixá-lo passar, tinha-se a impressão de que, com os olhos fixos num ponto muito distante, estava nadando através de um mar de cabeças humanas.

Quando chegamos ao seu quarto, recebemos um telefonema de Wight Newman, o qual dizia serem tantas as pessoas implorando ingressos para um segundo concerto que não lhe era possível retirar-se. Pediu-me que arranjasse outro parceiro de *skat* para Strauss. Felizmente, encontrei o Dr. Zeisler em seu escritório, que ficava apenas a uma quadra de distância do hotel. Naturalmente, ficou entusiasmado pela oportunidade de ocupar o lugar de Wight Newman. Enquanto esperávamos por ele, Strauss propôs-me uma partida de xadrez. Com um sorriso, disse que só jogava xadrez de vez em quando, nas ocasiões em que não conseguia encontrar um terceiro parceiro para o *skat*. Desde os primeiros lances, porém, tornou-se evidente que não era um noviço no jogo. Estava longe de aproximar-se de Rosenthal, Elman ou Prokofieff, mas jogava cuidadosamente e sabia o que estava fazendo. Jogamos apenas uma partida, pois nesse meio tempo o Dr. Zeisler chegara.

No jogo de *skat*, Strauss era realmente um mestre. A primeira meia hora de nossa sessão foi muito penosa, pois diversas celebridades musicais, que haviam estado no concerto, apareceram para prestar homenagem ao compositor. Vendo que Strauss estava empenhado num jogo de cartas, retiraram-se depois de alguns minutos, com exceção de um famoso regente de ópera italiano, o qual aparentemente não sabia que, para Strauss, jogar *skat* depois de um concerto era um ritual cuja interrupção se assemelhava a uma blasfêmia. Entrando em toda espécie de pormenores, congratulou-se loquazmente com o compositor pelo modo como regera o concerto da tarde e, em seguida, estendeu-se em comentários sobre sua própria maneira de dirigir "Salomé". Strauss fez o possível para não deixar transparecer como estava aborrecido e perturbado. Finalmente, cutucou-me por baixo da mesa e disse baixinho em alemão: "Gostaria que ele fosse embora e nos deixasse jogar." O regente de ópera saiu pouco depois e, até hoje, sinto-me embaraçado quando penso na possibilidade de ele conhecer alemão e ter compreendido o que Strauss dissera.

Sergei Prokofieff

Prokofieff foi um entusiasta do xadrez desde os primeiros anos de sua mocidade. No dia em que se diplomou com distinção na Academia de Música de São Petersburgo, em 1909, foi oferecido um banquete aos mestres de xadrez que haviam encerrado, na noite anterior, um grande torneio naquela cidade. Prokofieff não se conformou em perder essa oportunidade de conhecer os grandes do mundo do xadrez e conseguiu que o Dr. Ossip Bernstein, um dos contendores que conhecia como grande amigo da Música, o levasse ao banquete. Depois da cerimônia de entrega dos prêmios — Emanuel Lasker classificou-se em primeiro lugar, Rubinstein, em segundo, e Bernstein, em quinto — este último apresentou Prokofieff, declarando desejar que todos conhecessem outro mestre em preto e branco que conquistara um prêmio naquele dia.

Conheci Prokofieff durante a primeira excursão de recitais que fez neste país, quando a música moderna estava em sua infância e seus porta-estandartes tinham de contentar-se em tocar diante de um número relativamente pequeno de amantes da Música, em salões de tamanho modesto. Eu vivia em Chicago naquela época e ouvi-o tocar na universidade. Sua aparência e suas maneiras não tinham nenhuma das características através das quais as platéias identificavam então um virtuose. O jovem alto e sério, de cabelos loiros cortados curtos, que se encaminhou para o piano com passos firmes e confiantes, curvou-se sem sorrir e passou a executar suas composições de maneira absolutamente natural, parecia mais um professor de Matemática do que um artista capaz de provocar aplausos. O que interpretou sem dúvida soava estranho aos ouvidos de trinta anos atrás. Ele parecia ter consciência disso e assumir a atitude de quem estivesse dizendo: "Vamos, deixem seus preconceitos, ouçam cuidadosamente, e compreenderão o que eu tenho a dizer e o apreciarão!"

Quando lhe observei depois do recital que duvidava que o público estivesse preparado para aceitar sua música, dominada mais por interesse rítmico do que melódico, respondeu-me: "Sei que você tem razão. Mas isso não importa. Dentro de seis anos o público a compreenderá." A precisão de seu prognóstico foi espantosa. Seis anos mais tarde, ele era reconhecido como a luz cintilante dos compositores modernos. Voltou então a Chicago e a Chicago Opera Company gastou 110.000 dólares em ensaios e cenários para sua ópera *Love of the Three*

Sammy Reshevsky, criança prodígio do xadrez, jogando simultaneamente contra vinte adversários, na Academia Militar de West Point (Copyright, Underwood and Underwood, 1920).

O dr. Claude E. Shannon
demonstrando ao autor seu primeiro enxadrista autômato elétrico.

*Oranges**. A ópera foi apresentada apenas três vezes. Os críticos não se mostraram simpáticos, embora reconhecessem a grande originalidade e eficiência de algumas partes do trabalho. Sua irônica idéia subjacente escapou-lhes completamente. Que contraste com a recepção que a ópera teve na última temporada em Nova Iorque! Os ingressos para todos os espetáculos foram vendidos com semanas de antecedência.

Enquanto Prokofieff estava em Chicago para acompanhar os preparativos da apresentação da ópera, Mischa Elman também lá se encontrava, para dar um recital, e eu reuni os dois em uma partida de xadrez. Elman ganhou. Precisou despedir-se logo depois da partida, pois prometera tocar em um quarteto, na casa de amigos. Prokofieff insistiu para que eu promovesse outra partida na primeira oportunidade que surgisse. Não esperava que Elman jogasse tão bem e não o levara bastante a sério, explicou-me. A oportunidade não surgiu senão um ano mais tarde. Nesse meio tempo, eu me havia mudado para Nova Iorque. Elman e Prokofieff encontraram-se certa noite em meu apartamento, juntamente com diversos outros músicos que também haviam ido jogar xadrez e tocar música sem formalidades. Desta vez, Prokofieff tirou sua desforra. Jogou com grande cuidado e derrotou Elman. Observando os dois, não consegui afastar a divertida idéia de que se mostravam muito mais preocupados com sua classificação no xadrez do que com sua posição no mundo da Música — o que era, talvez, muito natural, pois mesmo para eles a última questão ainda devia parecer sujeita a discussões.

Como Richard Strauss, Prokofieff tinha também um jogo de cartas favorito. Não era *skat*, naturalmente, mas bridge. Um incidente engraçado ocorreu numa reunião que promovi em sua homenagem em Chicago, quando me perguntou se eu poderia reunir, entre os convidados, três jogadores de bridge. Atendi a seu pedido, fazendo sentar à sua frente Ruth Zeisler, bela esposa de um amigo meu. Prokofieff, que nunca media as palavras, disse: "Francamente, preferiria que um homem to-

* *Amor das Três Laranjas.*

masse seu lugar. Nunca encontrei uma mulher, particularmente bonita, capaz de prestar atenção ao jogo." Expliquei-lhe que nenhum dos meus outros convidados jogava bridge e o jogo prosseguiu. Jogaram três *rubbers* e Alma Wells foi a única vencedora.

Neste caso, também, Prokofieff tirou sua desforra. Eu me encontrava em Nova Iorque, no Carnegie Hall, logo depois que ele terminou o primeiro concerto de sua última excursão aos Estados Unidos. Fui aos bastidores cumprimentá-lo e perguntar se desejava que eu promovesse algumas partidas de xadrez. Encontrei-o conversando em russo com uma jovem e bela mulher. Apresentou-ma como sua esposa recém-casada, que naturalmente exigia todo seu tempo de folga, de modo que os encontros de xadrez tinham de ser adiados.

Expressei meu pesar por não saber falar russo e perguntei a Prokofieff se podia dirigir-me a sua esposa em inglês, francês ou alemão. Ela própria respondeu, falando fluentemente em inglês: "Oh! Pode falar comigo em qualquer língua." Sorri e disse: "Bem, bem! Essa é uma bela e corajosa declaração. Mas que me diria se eu lhe falasse em espanhol?" Devolvendo o sorriso, respondeu: "Eu lhe responderia: *Sou* espanhola."

CAPÍTULO X

Autômatos jogadores de xadrez

A idéia de uma "máquina pensante" sempre intrigou — em escalas diferentes — tanto as pessoas que não pensam como aquelas que pensam. Ninguém gosta de acreditar que o processo, pelo qual os pensamentos ocorrem em nosso cérebro, possa ser imitado por uma máquina. Não é de surpreender, portanto, que enorme interesse tivesse sido despertado em todo o mundo quando, há cerca de 180 anos, apareceu em cena um autômato jogador de xadrez. Seu inventor, Wolfgang von Kempelen, especialista em engenharia na corte imperial de Viena, demonstrou primeiramente o autômato a uma platéia selecionada, na presença da Imperatriz Maria Teresa, e, posteriormente, também perante a Imperatriz Catarina II, da Rússia.

O jogador automático era uma figura do tamanho de um homem, vestido como turco e sentado diante de uma grande caixa que servia como mesa de jogo. Para mover uma peça de xadrez, a mão esquerda do Turco, com muito barulho de maquinaria, executava movimentos angulares até colocar-se sobre a peça em questão, depois descia, agarrava a peça com seus dedos e finalmente a depositava na nova casa escolhida.

A caixa tinha portas de todos os lados e uma grande gaveta no fundo. Antes de iniciar o jogo, a platéia podia examinar a gaveta e os compartimentos, para verificar que nada mais continham além de alavancas, engrenagens, eixos etc. Parecia absolutamente impossível um jogador ocultar-se dentro da caixa, ainda que ele pudesse mudar as repartições entre os compartimentos de modo a passar para um, enquanto von Kempelen mostrava outro à platéia. Contudo, essa era, naturalmente, a única explicação possível e é divertido encontrar considerável volume de controvérsia sobre o assunto em artigos escritos por contemporâneos do Turco, alguns tentando explicar a *performance* do autômato em bases puramente mecânicas, outros sustentando ser indispensável a orientação humana, mas sem oferecer solução correta para o mistério. A única exceção foi um artigo escrito, em 1789, por certo Freiherr J. F. von Racknitz, o qual apresentava uma explicação quase exata da maneira como o jogador humano ficava oculto no interior do autômato e como manipulava as peças. Trabalhando com base em sua teoria, o autor do artigo construiu também um autômato. O desenho não era, de maneira alguma, tão engenhoso quanto o de Kempelen, e não parece ter impressionado as poucas pessoas que o viram. Seja como for, o Turco de Kempelen gozou de enorme popularidade durante os numerosos anos de sua carreira pública à qual foi lançado em 1783, por insistência do Imperador José II — muito contra a vontade de seu reticente inventor.

Von Kempelen havia realizado algumas pesquisas notáveis nos setores da hidráulica e acústica, e o autômato enxadrista resultara de certas experiências magnéticas no decurso das quais lhe ocorrera que o movimento de uma peça de xadrez podia ser indicado a um observador oculto por baixo do tabuleiro, fazendo as peças de ferro e suspendendo sessenta e quatro pequenos discos magnéticos por baixo das casas, de modo que pudessem subir e descer numa pequena caixa. As peças de ferro puxariam os discos para cima em todas as casas ocupadas e, ao deixarem uma casa, permitiriam que o disco correspondente voltasse a cair.

O inventor considerava o autômato enxadrista apenas como um brinquedo destinado ao divertimento da imperatriz, embora tivesse sido necessária considerável engenhosidade para construir, dentro do princípio pantográfico, um mecanismo que permitisse ao operador dirigir a mão do Turco para qualquer casa no tabuleiro, movimentando um estilo até a casa correspondente em um pequeno tabuleiro no qual ele próprio acompanhava o jogo. O mecanismo incluía também uma alavanca através da qual o operador podia fazer o Turco sacudir a cabeça para indicar que seu adversário realizara um lance falso.

Muitas pessoas ficavam mais intrigadas com a maneira como o Turco movia seu braço do que com o problema representado pela permanência mesmo de uma criança pequena dentro do engenho, de modo que von Kempelen sempre podia deixar abertos a exame todos os compartimentos, menos um, sem revelar o segredo. Todavia, o inventor repeliu a reputação de mágico. Desejava que seu trabalho científico fosse reconhecido. Para isso, produziu uma máquina falante que servia como demonstração experimental de suas teorias acústicas. Essa boneca era capaz de articular cerca de trinta palavras diferentes e von Kempelen descreveu os princípios básicos de seu desenho em um livro intitulado *O mecanismo da fala humana.*

Levou a boneca em excursão junto com o autômato jogador de xadrez para sua própria desilusão, pois verificou que era o último que atraía grandes públicos, e não a boneca. Evidentemente, então como hoje, o público preferia ser mistificado a ser instruído.

Von Kempelen não viveu o suficiente para ver o início do vasto desenvolvimento técnico para o qual sua boneca bem pode ter contribuído com a faísca de Prometeu. Ela conduziu o gênio de Alexander Graham Bell para o caminho que o levou à invenção do telefone. Quando criança, Graham Bell assistiu à demonstração de uma boneca falante, construída de acordo com o desenho original de von Kempelen, e estudou avidamente o livro deste último.

Depois da morte de von Kempelen, o autômato enxadrista foi vendido a um músico bávaro, Johann Nepomuk Maelzel, dotado também de considerável capacidade de invenção mecânica. Isso o levou a imaginar um mecanismo infernal, ao qual deu o nome de "Pan-harmonicum", e que, operado por pedais, tocava automaticamente uma grande combinação de instrumentos musicais. O fato de executar apenas boa música — Haydn, Bach, Mozart e, posteriormente, Beethoven — talvez justifique a aceitação de circunstâncias atenuantes. Suspeito, porém, de ter sido o "Pan-harmonicum" que conduziu à invenção das monstruosidades que hoje infestam muitos pequenos restaurantes e hotéis, obrigando os viajantes dotados de sensibilidade musical a passarem fome a fim de fugir aos bárbaros ruídos emitidos por esses "autômatos musicais". Na minha opinião, "Pandemonium" teria sido um nome muito mais apropriado do que "Pan-harmonicum".

A população de Viena sempre teve a reputação de possuir gosto musical altamente civilizado e estou certo de que a orquestra automática de Maelzel não teria durado dois dias, se não executasse composições finas. Assim, Maelzel ganhou com ela dinheiro suficiente para comprar o Turco e obteve também uma nomeação como mecânico da corte.

De uma maneira qualquer, Maelzel e Beethoven tornaram-se amigos. Essa amizade marcou o início de um estranho episódio na vida do grande compositor. A perspectiva de ganhar dinheiro — coisa não sonhada pelos compositores antes do advento de Richard Strauss — induziu Beethoven a entrar numa espécie de sociedade com o inventor-musicista, cuja capacidade de empresário atraía grandes multidões aos concertos por ele promovidos com sua orquestra automática. Beethoven compunha peças para o "Pan-harmonicum", assim como para um trombeteiro automático que Maelzel acrescentara aos seus intérpretes mecânicos e que, a princípio, apenas emitia toques de cavalaria francesa e austríaca. A renda que Beethoven obteve através dessas representações parece ter sido bem considerável e quando Maelzel dividiu com ele a fantástica soma pela qual vendeu o autômato enxadrista ao Príncipe

Eugène de Beauharnais, enteado de Napoleão, as preocupações financeiras desapareceram da mente do compositor por bastante tempo.

Maelzel, depois de garantir sua posição oficial na corte, instalou o Turco numa sala do castelo de Schönbrunn, onde Napoleão tinha seu quartel-general durante a campanha de Wagram. Naturalmente, Bonaparte jogou uma partida com o autômato e teria sem dúvida alguma perdido, mesmo que o jogador escondido na caixa não fosse o conhecido mestre de xadrez Allgaier. A capacidade de Napoleão como jogador de xadrez estava abaixo de crítica.

O Príncipe de Beauharnais, que Napoleão fizera vice-rei da Itália, ficou tão intrigado ao ver o Turco jogar que ofereceu a Maelzel trinta mil francos — equivalentes em poder aquisitivo a cerca de vinte e cinco mil dólares — para vender-lhe o autômato e revelar-lhe seu segredo! O contrato foi assinado e selado. O Turco foi transportado para a residência de Beauharnais, a Casa Buonaparte, em Milão. Lá, logo ficou abandonado, pois a descoberta de seu mistério matara o interesse que o príncipe por ele sentia. Beauharnais vendeu-o de novo a Maelzel, em 1817, mediante um acordo pelo qual receberia gradualmente o preço original de sua compra com os lucros das exibições de Maelzel.

O autômato enxadrista continuou a obter tanto êxito quanto antes e, nos quatro anos seguintes, foi apresentado a grandes públicos na França e na Inglaterra. Maelzel fazia sempre questão de obter os serviços de grandes jogadores e raramente o Turco perdia uma partida. Entretanto, quando levou o autômato a Amsterdã, Maelzel viu-se envolvido numa dupla complicação. As exibições não atraíram público suficiente, de modo que ele se atrasou em seus pagamentos a Beauharnais. Além disso, foi processado por violação de patente por um holandês que afirmava ser o inventor do metrônomo. Maelzel dera esse nome a um mecanismo que construíra para marcar o tempo da música, desconhecendo sem dúvida que alguém antes dele havia pensado no mesmo princípio. Produziu e vendeu esse instrumento depois de ter rompido sua sociedade com

Beethoven e mudado para Paris em 1816. Quando os herdeiros do Príncipe de Beauharnais também moveram ação contra ele, Maelzel deu um passo muito comum entre os europeus do século XIX que não podiam pagar suas dívidas: veio viver na América!

Maelzel deu-se bem no Novo Mundo. O autômato jogador de xadrez obtinha *manchetes* nas primeiras páginas dos jornais em toda parte onde era exibido. Maelzel convencera um jovem chamado Guillaume Schlumberger, o mais forte jogador (depois do grande mestre de la Bourdonnais) do Café de la Régence, a vir de Paris para os Estados Unidos operar a máquina e não havia enxadrista americano que pudesse derrotá-lo. O Turco conservou-se vitorioso contra a melhor oposição que pôde ser organizada em Nova Iorque, Boston, Filadélfia, Baltimore, Washington e outras cidades onde Maelzel promoveu exibições.

As apresentações do autômato eram animadas pelas mesmas controvérsias que haviam surgido na Europa quanto ao método de seu funcionamento. Um novo e característico traço foi emprestado a essas controvérsias por várias tentativas de chantagem, feitas por indivíduos que afirmavam haver descoberto o segredo do Turco e ameaçavam fazer concorrência a Maelzel, a menos que fossem pagos. Dois jogadores concorrentes foram efetivamente produzidos. Maelzel comprou um deles e empregou seu inventor. O outro atuou durante algum tempo, mas, sendo operado por um enxadrista de categoria inferior, despertou pouca atenção.

Edgar Allan Poe assistiu a uma exibição do Turco em Richmond e, num artigo publicado no *Southern Literary Messenger* de abril de 1836, apresentou sua teoria sobre o método empregado na operação do autômato. Embora sua análise, que se distinguia pela qualidade de seu dramático estilo, representasse leitura excitante e absorvente, nenhuma originalidade caracterizava a solução por ele oferecida. Diferia muito pouco de outra que ele lera num artigo publicado em 1821 por Robert Willis, da Universidade de Cambridge, e que absolutamente não se aproximava da verdade. Willis nada adivinhou com correção, a não ser a posição do operador oculto, quando o público examinava o interior da máquina, antes do início do jogo. Não teve a menor idéia da indicação magnética da posição por meio de discos que se erguiam e caíam ou do método pelo qual eram movimentados os braços do Turco. Como Willis, Poe acreditava que o operador via realmente o tabuleiro através de um pequeno orifício no peito do Turco e que enfiava seu braço no da figura para executar um lance. Poe deduziu corretamente que Schlumberger era o operador oculto. Eis o seu raciocínio, bastante evidente, mas escrito em estilo inimitável:

"Existe um homem, Schlumberger, que acompanha Maelzel a todo lugar onde ele vai, mas que não tem ocupação ostensiva a não ser a de auxiliar no empacotamento e desempacotamento do Autômato. Esse homem é de tamanho mediano e tem os ombros acentuadamente inclinados. Se ele afirma saber jogar xadrez ou não, é coisa sobre a qual não estamos informados. É absolutamente certo, porém, que ele nunca é visto durante a exibição do Jogador de Xadrez, embora esteja freqüentemente visível imediatamente antes e imediatamente depois da exibição. Além disso, há alguns anos, Maelzel visitou Richmond... e Schlumberger ficou repentinamente doente... Durante sua enfermidade, não houve exibição do Jogador de Xadrez. Esses fatos são bem conhecidos por muitos de nossos cidadãos. A razão apresentada para a suspensão das apresentações do Jogador de Xadrez não foi a doença de Schlumberger. As deduções sobre tudo isso deixamos, sem mais comentários, ao próprio leitor."

A carreira cheia de altos e baixos do Turco teve um trágico fim em 1838, quando Maelzel o estava exibindo em Havana. Schlumberger sucumbiu repentinamente vítima de um ataque de febre amarela e Maelzel morreu da mesma doença a bordo do navio em que regressava aos Estados Unidos. Foi sepultado no mar.

Em 1840, o autômato foi colocado no Chinese Museum, em Filadélfia, mas atuou apenas durante algumas semanas. Sem a capacidade de empresário de Maelzel, que lhe dava sangue e nervos, o Turco atraía apenas pequeno público. Fechado em uma caixa de vidro, o Turco fitou tristemente os ocasionais visitantes durante mais catorze anos, até quando, aos oitenta e cinco anos de idade, pereceu num incêndio.

Sua lembrança continuou viva, porém, e um empreendedor inglês, Charles Arthur Hopper, decidiu aproveitar-se dela. Construiu uma imitação do autômato de Maelzel em 1868, apresentando-a vestida de egípcio. A figura era chamada de "Ajeeb". Teve carreira tão brilhante quanto a do Turco, viajando através da Europa e dos Estados Unidos, em toda parte jogando diante de enormes platéias. Mais de cem mil pessoas visitaram Ajeeb no espaço de três meses, quando foi exibido em Berlim, no "Castan's Panopticum". Em Hanover, Hopper foi vítima de chantagem, como acontecera com Maelzel em Nova Iorque. O extorsionário ameaçou revelar como era operado o autômato, o que mostra até que ponto ele satisfazia o desejo do público de ser enganado. Não sei se "Mephisto", um autômato jogador de xadrez construído por certo C. G. Gumpel, um ano depois da apresentação de Ajeeb em Hanover, teve qualquer relação com a tentativa de chantagem, mas Gumpel era um nome bastante comum em Hanover.

Mephisto jogou na Inglaterra durante cerca de um ano e depois suas apresentações foram suspensas. Era operado pelo mestre de xadrez Gunsberg, que me contou algumas histórias divertidas sobre essa experiência de sua mocidade, quando o conheci, já idoso, em Londres em 1912. Sua galantaria para com o sexo fraco proibia-lhe ganhar uma partida quando jogava com uma dama. Sempre estabelecia primeiro uma posição de vencedor, mas em seguida forçava a dama a dar-lhe xeque-mate, por mais desajeitadamente que ela movimentasse as peças. Realizar isso é um grande feito e eu me recordo como ele ria entre dentes ao comentar a falta de apreciação manifestada pelo público em relação a essas suas proezas. Algumas das damas chegavam a acreditar realmente que o haviam derrotado.

Quando Gunsberg me estava falando sobre Mephisto — isso aconteceu no velho "Chess Divan" que ele mantinha perto do Strand — entrou uma mulher, que ele logo me apresentou, sugerindo em seguida que ela gostaria de jogar comigo uma partida. Enquanto a mulher tirava seu casaco, Gunsberg segredou-me que eu devia agir como ele no tempo em que operava o Mephisto. Depois de fazer os primeiros oito ou dez lances sem muita deliberação, notei que a mulher jogava muito bem. Bem demais, na verdade, para que eu não suspeitasse estar Gunsberg tentando me pregar uma peça. Continuei a jogar com grande cuidado, a fim de estabelecer a superioridade de material indispensável para forçar um "sui-mate". Foi em vão. A mulher manteve sua vantagem inicial e logo minha posição se tornou desesperada. Ela ganhou a partida sem qualquer esforço de minha parte para permitir-lhe isso. Enquanto eu procurava resignar-me, Gunsberg disse sorrindo: "Ora, esqueci-me de mencionar que a Sra. Fagan acaba de regressar de San Remo, onde venceu o campeonato mundial feminino!"

Voltando a Ajeeb, ele invadiu a América em 1885 e jogou no Eden Musée de Nova Iorque, com poucas interrupções, até ser fechado o estabelecimento, em 1916. Alguns dos mais fortes mestres americanos operaram Ajeeb, incluindo-se entre eles Hodges e Pillsbury. Donald M. Liddell, em *Chessmen*, descreve sua experiência ao jogar contra o autômato: "Os olhos da figura eram fixos", diz ele, "de modo a encontrar-se diretamente com o olhar do adversário quando este erguia os olhos e era muito desconcertante ver aquela figura olhando diretamente no rosto da gente, ao mesmo tempo que movia as peças no tabuleiro aparentemente sem prestar atenção." Com Pillsbury em seu interior, a máquina naturalmente não precisava mesmo de qualquer assistência psicológica.

Depois do fechamento do Eden Musée, Ajeeb foi exibido no passeio da praia em Coney Island. Em 1929, seguindo o mesmo destino do Turco de Maelzel, sucumbiu vítima de um incêndio.

CAPÍTULO XI

O jogador de xadrez eletrônico

Pouco depois do término da segunda guerra mundial, revistas e jornais começaram a noticiar feitos fantásticos realizados pelas máquinas computadoras eletrônicas, que haviam sido originariamente desenvolvidas para resolver problemas relacionados com o controle automático dos disparos de artilharia e outras finalidades militares. Afirmava-se que essas máquinas eram capazes, não só de executar cálculos matemáticos com incrível rapidez, mas também, quando convenientemente "instruídas", de chegar a certas deduções lógicas, como escolher com acerto entre várias alternativas. Assim, em certo sentido, estavam tendo "pensamentos" próprios.

Logo se ouviu a sugestão de que os computadores eletrônicos poderiam ser adaptados para jogar xadrez. O Dr. Claude E. Shannon, dos Bell Telephone Laboratories, um pioneiro no setor das máquinas computadoras automáticas, foi um dos diversos matemáticos aos quais ocorreu essa idéia e passou efetivamente a pô-la em prática. Em 1949, apresentou ao Instituto de Engenheiros de Rádio um artigo intitulado *Programming* *a Computer for Playing Chess**. Em 1950, construiu uma máquina original planejada para, de início, jogar apenas diversos finais simples de partidas.

Devido aos exageros com que repórteres leigos enfeitaram suas histórias, a maneira como o enxadrista autômato eletrônico jogaria foi, a princípio, muito mal compreendida. Acreditava-se que o processo da máquina seria absolutamente superior ao de um jogador humano. Era de conhecimento mais ou menos geral que, ainda no caso de um mestre de xadrez poder prever com clareza todas as ramificações dos, relativamente poucos, lances que lhe parecessem razoáveis, a limitação de tempo existente no jogo de *match* e de torneio obrigá-lo-ia a utilizar-se de seu julgamento em lugar do cálculo exato. Entretanto, a grande rapidez com que um computador eletrônico executa seus cálculos permitir-lhe-ia, conforme se acreditava, analisar todo lance possível no tabuleiro, passo a passo, a partir da posição inicial das peças, resolvendo assim de uma vez para sempre o enigma do jogo.

À primeira vista, essa idéia talvez pareça plausível. Alguns dos computadores atualmente em uso levam apenas um segundo para executar cerca de 40.000 de suas operações elementares e estão em planejamento máquinas que funcionarão centenas de vezes mais depressa. Essa rapidez sem dúvida pareceria suficiente, ainda que o programa incluísse 20.000 ou mais ordens, envolvendo muitos milhões de operações de cálculos para chegar a um único lance simples. Contudo, um simples cálculo revela prontamente que, apesar da fantástica rapidez acima prevista, o computador não poderia, em bilhões de anos, começar a esgotar todos os movimentos possíveis.

Uma partida entre jogadores de força bem equilibrada prolonga-se em média por 40 a 45 lances. Jogo inferior da par-

---

* *Programando um Computador para Jogar Xadrez.* Segundo nota do autor, constante do original, "um programa, no sentido empregado pelos engenheiros de computadores, é um conjunto de instruções que devem ser planejadas de modo a permitir ao computador atacar um dado problema. Essas instruções ditam o tipo e a seqüência dos passos operacionais que o planejador do programa espera produzam a solução desejada".

te de um dos competidores conduz provavelmente a uma decisão muito antes. É provável que não estejamos muito longe da verdade, se admitirmos que a duração média de todas as partidas possíveis seria de 25 lances. Quantas possibilidades diferentes precisaria o computador calcular? O número médio de lances legais à disposição de um jogador, em cada jogada, é de aproximadamente 20 a 30 na abertura e no final, e de aproximadamente 30 a 40 no meio da partida. Variando-se de todos os modos possíveis as 20 alternativas à disposição tanto das Brancas como das Negras no primeiro lance, teríamos 400 posições diferentes. Numa posição em que cada jogador tivesse à sua disposição 40 alternativas, resultariam 1.600 variações. Uma boa média para o número de variações possíveis em qualquer fase da partida é provavelmente a de 1.000 para um lance completo pelas Brancas e pelas Negras. Nessa base, dois lances consecutivos levariam a um milhão de posições diferentes, três lances a um bilhão e assim por diante, cada lance multiplicando por 1.000 o número de variações. Assim, para calcular antecipadamente 25 lances, a máquina teria de produzir um número total de lances da ordem de 10^{75} (1 seguido de 75 zeros). Mesmo que o computador pudesse operar no ritmo de um milhão de lances por segundo, o que representa uma rapidez cerca de 500 vezes maior que a considerada exeqüível pelo mais otimista planejador de programa, a máquina levaria 10^{69} segundos para concluir os cálculos.

Bem, não poderíamos esperar tanto tempo. Desde quando nosso sistema planetário iniciou sua existência, cerca de 4 ½ bilhões de anos atrás, não transcorreram mais de 10^{18} segundos. Nesse espaço de tempo, o computador teria atingido apenas o nono lance.

Do ponto de vista do enxadrista, é uma felicidade que o modo de jogar xadrez com perfeição não possa ser encontrado por máquina alguma e dele só se possam aproximar os mais categorizados mestres. O aficionado pode assim continuar a ser gostosamente intrigado pelo jogo até o fim de seus dias!

Torna-se evidente, através dos nossos cálculos, que para jogar xadrez dentro de limite de tempo razoável, o computador teria de limitar-se a um número relativamente pequeno de variações. O jogador de xadrez humano sofre, naturalmente, a mesma restrição. Tanto ele como a máquina se defrontam com o problema de saber quais os lances a analisar e quais os lances a deixar de lado como indignos de consideração.

A não ser quando uma ameaça direta deixa pouca ou nenhuma escolha para a resposta, o método de seleção do jogador humano é em parte dedutivo, baseado nas jogadas bem sucedidas que se lembra de ter visto em posições semelhantes, e em parte indutivo, fundamentado em seu conhecimento dos princípios gerais da estratégia do xadrez. O planejador de um programa de xadrez para um computador tentaria levar a máquina a fazer sua seleção com base nos princípios gerais da estratégia enxadrística sempre que possível. Não que haja qualquer dificuldade fundamental em armazenar na memória da máquina uma lista atualizada de todas as aberturas analisadas, assim como das posições típicas de meio e final de partida. Contudo, fazer a máquina jogar de memória seria tarefa muito trivial para despertar o interesse de um cientista. Seria empreendimento muito tedioso colocar na memória da máquina todas as análises publicadas por grandes mestres como Euwe, Fine ou Pachmann, apenas para observar a admiração do leigo ao ver o computador apresentar a "resposta do livro" ao lance de um adversário em algo assim como um centésimo de segundo.

Ao tentar fazer um computador jogar uma partida leal, o único problema desafiador é naturalmente como fazê-lo encontrar lances razoavelmente bons em posições que não estejam armazenadas em sua memória. Para fazer uma seleção "inteligente" entre alternativas diferentes o computador precisaria realizar uma comparação *qualitativa.* Como poderá ele comparar valores em qualquer base *qualitativa* quando só pode executar cálculos numéricos?

Shannon indicou em seu artigo original como isso poderia ser realizado por um programa de jogo de xadrez. Sugeriu a atribuição de valores numéricos a fatores como mobilidade, ganho territorial, controle do centro e assim por diante, fazendo com que a máquina utilizasse a soma desses valores para determinar a qualidade relativa dos diferentes lances. Desse modo, o computador imitaria toscamente a maneira como um jogador humano chega à conclusão de que, entre vários lances, um tem possibilidade de ser o melhor. Programada com suficiente sutileza, a máquina poderia chegar à mesma decisão que um jogador humano alcança em resultado do processo infinitamente complexo e ainda muito misterioso que chamamos de "raciocínio".

Se o comportamento do computador em tal caso lançaria realmente muita luz sobre aquele mistério é coisa que continua sujeita a sérias dúvidas. Na verdade, existe uma semelhança superficial entre o funcionamento dos elementos envolvidos no processo de pensamento do cérebro humano e do computador. Do mesmo modo que os *relays*, válvulas ou transistores do último, os neurônios do nosso córtex cerebral atuam como válvulas, abrindo ou fechando os caminhos para os impulsos elétricos através dos quais esses elementos comunicam-se entre si. Todavia, existem tantos fenômenos ligados à atividade cerebral que não têm congênere na máquina — processos químicos, por exemplo, ou os efeitos das percepções sensoriais — a ponto de sentir-me certo de que o melhor seria deixar o problema a cargo dos neurofisiologistas.

Contudo, mesmo que apenas pudéssemos ensinar um computador a jogar xadrez tão bem quanto — para usar a comparação de Norbert Wiener — "a vasta maioria da raça humana" (sem intenção de ofender), ofereceríamos prova definida de que uma máquina capaz de operar apenas com números pode executar com êxito tarefas não numéricas. Estaríamos também demonstrando que um autômato pode resolver problemas de complexidade suficiente para desafiar a capacidade de raciocínio de milhões de pessoas durante toda a sua vida. Bastam essas razões para que as diversas tentativas feitas nos últimos anos a fim de planejar programas de jogo de xadrez para computadores sejam inegavelmente de interesse científico.

Foi muito divertido observar a reação de alguns aficionados de xadrez diante dessas tentativas. Numerosos deles não levaram muito a sério as histórias escritas sobre computadores capazes de jogar xadrez, considerando-as como os habituais exageros que os repórteres leigos julgam necessários para tornar a "leitura interessante". O jogo de xadrez exige pensamento e qualquer criança sabe que isso é coisa que uma máquina não pode fazer. Portanto, a menos que um jogador humano esteja oculto dentro da máquina para fazê-la executar seus lances, estes terão de ser introduzidos nela de alguma forma pelo planejador de programa, de modo que o computador possa consultar essa informação armazenada como nós consultamos um dicionário. E se a informação não contiver o lance específico adequado à posição produzida pelo adversário da máquina, esta ficará completamente desorientada.

Um advogado, jogador de xadrez bastante forte, manifestou-me certo dia, em termos inequívocos, sua impaciência pelo "rematado absurdo" de que seria realmente possível construir uma máquina capaz de jogar xadrez suficientemente bem para derrotar mesmo o pior pexote. Citou triunfantemente uma entrevista na qual um cientista "admitia" que um computador só podia executar cálculos aritméticos e fazer alguns cálculos lógicos muito elementares, tais como dizer qual de dois números era o maior; e que jamais poderia calcular um lance no tabuleiro a menos que o programa especificasse, com o máximo de pormenores, os passos a serem dados para a execução daquele cálculo.

Meu encolerizado amigo concluiu peremptoriamente que o programa não poderia evidentemente recomendar uma resposta capaz de corresponder a alguns lances absurdos que o adversário da máquina fizesse apenas para desorientá-la.

Perguntei-lhe se estava certo de que ele, e nesse sentido a maioria dos jogadores de xadrez, não chegava à seleção de um lance mais ou menos da mesma maneira que o computador. Ou um lance de livro lhe dera a informação relevante com tais pormenores que o dispensavam de pensar muito por si só, ou seu professor explicara-lhe os fatores que deviam ser considerados ao enfrentar uma situação não constante do livro.

Assim, no final das contas, sua força no jogo era determinada principalmente pela qualidade de sua memória e pela qualidade do seu professor.

Naturalmente, replicou-me de pronto com o argumento tão velho quanto a humanidade de que só o homem possui a centelha de imaginação criadora, aquele dom divino que o eleva acima de todas as outras criaturas e que produz, aqui e acolá, um grande artista, um grande cientista ou um grande mestre de xadrez. Era pura loucura, para não dizer blasfêmia, sugerir que mesmo o mais frágil relampejar daquela centelha pudesse ser um dia aceso numa máquina.

"Bem", disse eu, "talvez você esteja certo e eu evidentemente não iria ao ponto de dizer que você está errado, sendo eu próprio um mestre de xadrez e estando assim entre aqueles cuja condição você tanto elogia. Apesar disso e apesar da aceitação bastante geral de sua opinião, o que chamamos de intuição ou imaginação criadora não poderia resultar naturalmente da experiência? Talvez a experiência extraordinariamente bem organizada no subconsciente de uma pessoa dotada de cérebro melhor do que a maioria de nós? E, se assim for, o processo de raciocínio envolvido na escolha de um lance por um jogador não poderia ser uma cadeia de conclusões que se seguem uma às outras mais ou menos automaticamente? Deveremos insistir em que o encontro de um lance oculto é prova de nossa brilhante imaginação?"

Meu amigo encerrou a discussão lançando as mãos para o ar, como a indicar que julgava minhas perguntas motivadas por uma noção tão tola que não valia a pena continuar o assunto. Temo não poder afastar de mim a idéia de que o pensamento talvez seja um processo automático, enquanto sua falsidade não ficar provada. Embora "inspiração" seja uma palavra que soa agradavelmente aos nossos ouvidos, não vejo como a tentativa de resolver um problema, contendo bastante quantidades desconhecidas, possa ser beneficiada pela introdução de um mistério adicional.

O nó da questão, no que se aplica ao jogo de xadrez, parece ser este: ao decidir sobre um lance, o computador aplica um processo de "pensamento" muito elementar com enorme rapidez de um para outro dos estímulos que recebe do programa. Poderá ele chegar à mesma conclusão que nosso cérebro alcança reagindo simultaneamente a estímulos numerosíssimos que lhe são transmitidos através da extremamente complexa, embora relativamente vagarosa, interação de bilhões de células cerebrais?

Deve-se ter em mente que, embora um jogador de xadrez humano planeje o programa que causa a seleção dos lances pelo computador, seria muito excesso de otimismo esperar que a máquina sequer se aproximasse da força enxadrística do planejador antes que este tivesse dedicado anos ao refinamento de seu programa. Numerosíssimos que sejam os fatores que ele faz o computador levar em consideração na avaliação de uma posição, pode ficar certo de que deixará de incluir muitos daqueles que ele próprio examinaria ao analisar possibilidades alternativas. A razão está em que grande parte do processo mental envolvido na escolha de um lance não é consciente. Gravadas na memória do jogador existem numerosas situações semelhantes àquela sobre a qual está meditando. Em seu subconsciente, o efeito coletivo dessas recordações sem dúvida sugere fatores que influenciarão a escolha de um lance. Aparentemente, porém, algumas dessas sugestões irrompem no consciente apenas sob a tensão do jogo de *match* ou de torneio. A experiência tem demonstrado que mesmo quando um grande mestre recomenda um novo lance, não podemos ter certeza da correção de seu julgamento senão depois de ter sido aquele lance experimentado em diversas partidas de mestres.

O planejador de um programa de jogo de xadrez não precisa, naturalmente, incluir coisa alguma que se assemelhe ao número de fatores considerados por um mestre ao avaliar um lance. Precisará, porém, fornecer uma boa lista dele, ainda que a máquina seja destinada apenas a jogar tão bem quanto "a maioria da raça humana". Além disso, terá de imaginar um método para limitar o número de lances que a máquina analisa. Nossos cálculos mostraram que o exame de toda variação possível conduziria a um milhão de posições diferentes encarando-se apenas dois lances com antecedência. Avaliar esse número dentro de tempo razoável estaria além da capacidade de qualquer computador. Em algumas situações, prever um lance com antecedência poderia ser suficiente para chegar a uma boa avaliação. Todavia, onde são encontradas ameaças diretas, como capturas, ataques duplos ou o avanço de um Peão passado, por exemplo, as defesas teriam de ser examinadas até o fim das agudas combinações envolvidas, caso contrário a avaliação numérica da posição poderia ser absolutamente desorientadora.

Os programas de jogo de xadrez até agora elaborados por vários grupos de pesquisa tendem a provar que a rigorosa limitação do número de lances alternados a serem analisados representa realmente o método mais promissor para desenvolver uma máquina capaz de uma boa partida. O primeiro programa experimentado serviu como uma prova do mais simples plano sugerido por Shannon. Foi planejado por A. M. Turing, na Inglaterra. Não foram oferecidos meios para a escolha de lances razoáveis para análise. Todo lance legal foi experimentado e, assim, as considerações de limite de tempo impediam a previsão de mais de um único lance. Somente quando uma troca poderia ocorrer no lance seguinte é que o programa retardava a avaliação da posição até estarem completados todos os lances envolvidos na troca. Na avaliação das posições, só era considerado o material dos jogadores. Quando mais de uma posição apresentava a mais alta contagem, a avaliação era modificada com base nos fatores de posição a fim de desempatar. Como seria de esperar, o programa não pôde produzir uma partida acima do nível da categoria de principiantes.

Um segundo programa, planejado por S. Ulam e P. Stein no Laboratório Científico de Los Alamos, representou uma experiência muito interessante. Investigou-se através dele se um computador poderia chegar a lances razoáveis sem quaisquer instruções, exceto as necessárias para fazê-lo avaliar posições com base em dois objetivos: ganho material e aumento de mobilidade. O programa previa a experiência de todo lance legal, como o de Turing, mas considerava todas as variações com dois lances completos de antecedência. A máquina em que foi aplicado esse programa, conhecida como MANIAC I, precisaria de mais de uma hora para cada lance se fosse empregado na experiência o tabuleiro comum de 8 por 8 casas. Por isso, o tamanho do tabuleiro foi reduzido para 6 por casas, eliminando para esse fim os Bispos e os Peões dos Bispos. Com isso o tempo de computação ficava reduzido a cerca de 10 minutos por lance e a questão em foco não era afetada. O resultado da prova mostrou além de qualquer dúvida que um computador eletrônico podia jogar uma partida inteira com base em instruções operacionais de natureza estritamente geral.

Que desenvolveria ainda jogo muito fraco era coisa que os autores do código sabiam desde o princípio. Como foi observado antes, as ameaças diretas — poderíamos dizer: "encontros corpo a corpo" — teriam de ser calculadas até o fim das combinações envolvidas a fim de permitir avaliação razoavelmente precisa. Sob esse aspecto, o programa não podia ser comparado vantajosamente nem mesmo com o de Turing. No entanto, a máquina de Los Alamos derrotou efetivamente um principiante que aprendera o jogo uma semana antes para fins de prova comparativa do nível de jogo do computador. O resultado provou que o acréscimo da consideração de um único princípio geral de estratégia enxadrística à dos valores materiais mais do que compensava a insuficiência técnica do programa. Uma conclusão razoável foi que, embora fosse desejável a previsão antecipada de mais de dois lances diante de ameaças diretas, a inclusão de princípios mais estratégicos no processo de avaliação era o aperfeiçoamento mais importante a introduzir nos futuros programas.

Esse grande passo à frente foi realmente dado num programa elaborado para o computador IBM de tipo n.° 704 por Alexander Bernstein, um matemático que joga muito bem xadrez. Seu programa foi preparado para o tabuleiro padronizado de 8 por 8 casas e, como o programa de Los Alamos, faz com que a máquina preveja dois lances com antecedência. Assim, por motivos já explicados, era necessário inventar um método de limitar drasticamente o número de variações sujeitas a análise. Bernstein conseguiu isso, fazendo com que o computador não selecionasse mais de sete alternativas com base em oito questões investigadas uma após outra a fim de decidir se um lance era ou não digno de análise.

A primeira questão era saber se o Rei estava em xeque. Em caso afirmativo, o computador consideraria apenas lances tendentes a defender o Rei do xeque e ignoraria as demais questões. A segunda questão era saber se uma peça estava sendo atacada. Em caso afirmativo, a máquina verificaria se a peça estava adequadamente defendida ou se devia ser movida para outra casa. Seguiam-se quatro questões referentes ao desenvolvimento e ocupação das fileiras abertas ou de casas importantes. As últimas duas questões referiam-se apenas a finais de partida, para determinar se uma peça podia ser movida.

A máquina registra os lances assim descobertos numa Tabela de Lance Plausível até a lista conter sete lances — ou menos, no caso de menor número de lances apresentarem-se como plausíveis. Em seguida, examina cada lance na lista de quatro meio lances antecipados, utilizando os mesmos 8 critérios para a seleção provável de sete respostas plausíveis por parte de seu adversário. Continua, dessa maneira, produzindo sete respostas suas para cada resposta do adversário e finalmente apresenta sete contralances plausíveis do adversário, atingindo assim 2.800 posições diferentes depois de dois lances completos.

A máquina passa então a avaliar cada uma dessas posições, computando a soma de valores numéricos indicados pormenorizadamente pelo programa no referente a ganho material, garantia do Rei, mobilidade e controle de casas importantes. Decide qual o primeiro lance que levará seu adversário à pior posição possível, embora selecionando para ele, a cada passo, o desenvolvimento que lhe ofereça a maior vantagem. Naturalmente, aplica o mesmo método ao seu próprio segundo lance. Quando é possível uma troca, a máquina produz respostas e contra-respostas até terem sido completadas todas as capturas envolvidas na troca.

O número de operações que o programa de Bernstein faz a máquina executar para chegar à avaliação de uma posição é de aproximadamente 7.000. Como 2.800 posições devem ser avaliadas para chegar a decidir qual o lance a fazer, um total de cerca de 20 milhões de operações foi executado para esse fim. Assim, no ritmo de 40.000 operações por segundo, que é a rapidez da IBM 704, a máquina leva cerca de 8 minutos para apresentar a resposta ao lance de seu adversário. Isso é um pouco mais do dobro do tempo concedido em média por lance a um jogador num torneio de xadrez.

O programa de Bernstein foi experimentado na prática pela primeira vez por um computador sobre tabuleiro de 8 por 8 casas em partidas completas. Essas partidas mantiveram-se ainda decididamente em nível de principiante, em grande parte devido à fraqueza imposta ao programa pelas limitações do modelo particular de IBM 704 de que Bernstein dispunha para a experiência. Esse modelo tinha apenas uma unidade de armazenagem rápida de memória, de um tipo do qual várias unidades podem ser ligadas à máquina. O programa não poderia, portanto, fazer com que a máquina se lembrasse de mais de umas 4.000 "palavras" (instruções ou dados numéricos) ao executar as operações necessárias para decidir sobre um lance. Em resultado, não era possível aumentar o número de questões empregadas para qualificar um lance como plausível e os fatores considerados para chegar a uma avaliação numérica de uma posição tiveram de ser reduzidos a quatro. Acho que, aplicado a uma máquina dotada de suficiente rapidez e capacidade de memória, o programa de Bernstein poderia produzir um jogo bastante forte, sem necessidade de alterar, em princípio, o seu método. Provavelmente, seria vantajoso modificá-lo de modo a aumentar o número de fatores incluídos no processo de avaliação e ampliar a lista de questões que conduz à seleção dos lances plausíveis. Todos os lances legais poderiam ser conferidos por essa lista e seria possível incluir condições que limitariam o número de lances escolhidos para análise a 3 ou, no máximo, 4. Esse aperfeiçoamento dos processos de qualificação e avaliação exigiria muito maior número de operações por posição avaliada; todavia, o tempo assim perdido seria mais que compensado pelo tempo ganho através da drástica redução do número de lances analisados.

Um jogador humano só raramente consideraria mesmo quatro alternativas. Certamente jamais incluiria em seus cálculos quatro respostas diferentes para cada uma delas. As exigências de uma posição sugerem-lhe com maior probabilidade apenas um ou dois lances para análise e ele não consideraria mais desenvolvimentos que aqueles de cada passo. Quando lhe perguntaram quantos lances procurava em geral prever com antecedência, o mestre de xadrez Réti respondeu certa vez: "Ora, um... às vezes dois." No caso de ameaça direta, seja de natureza material ou posicional, naturalmente iria ao extremo para ver claramente o resultado.

O processo do jogador humano foi talvez simulado mais de perto em um programa planejado por H. A. Simon, do Instituto de Tecnologia Carnegie, e Allen Newell e J. C. Shaw, da Rand Corporation. Esses pesquisadores não qualificaram movimentos plausíveis pela verificação da mesma lista de objetivos em cada posição, mas variaram os objetivos ("metas"), escolhendo apenas aqueles que uma análise preliminar estabelece como apropriados a determinada situação com que se defronta o jogador.

Um processo um pouco mais complexo que o de Bernstein serve para escolher lances plausíveis e determinar qual deles deve ser finalmente selecionado. Em primeiro lugar, os objetivos escolhidos são postos em ordem de acordo com sua importância. Associado a cada objetivo existe um gerador de lance, isto é, um processo semelhante ao usado por Bernstein para qualificar lances plausíveis. Entretanto, cada gerador de lance escolhe apenas alternativas úteis à consecução do objetivo específico a que é destinado. Outra diferença, em relação ao programa de Bernstein, reside em que a procura de movimentos plausíveis não é interrompida após ter sido qualificado um número estipulado deles, mas todos os lances possíveis são conferidos com as condições recomendadas pelo objetivo em questão. Isso prolonga muito o processo de qualificação e torna necessária uma capacidade de memória muito maior que o método de Bernstein, mas evita a escolha final de um lance que seja absolutamente inferior a outros incluídos na procura. Apresentando outro contraste, em relação ao programa de Bernstein, os desenvolvimentos a partir de uma posição atingida por um lance plausível não são escolhidos pelos mesmos geradores de lance que qualificaram aquele lance como plausível, mas por um conjunto separado de "geradores de lance de análise".

Cada objetivo é novamente associado a um conjunto específico de tais geradores; e novamente os lances por ele propostos são avaliados pelo processo de análise apenas do ponto de vista do objetivo em consideração. Com muitos dos objetivos, isso não envolve a atribuição de um valor numérico, mas apenas o fato de determinar se um lance atende ou não à condição em relação à qual é conferido. Embora isso economize apreciável volume de esforço de computação, em alguns ramos da análise será preciso atingir considerável profundidade, e o número de operações mecânicas aumenta geometricamente com o acréscimo de cada desenvolvimento. Alem disso, o processo de análise deve ser repetido com referência a cada um dos objetivos originariamente escolhidos e tem de ser realizado para cada lance qualificado como plausível. O número desses lances, como é natural, provavelmente será muito maior que 7, número escolhido arbitrariamente por Bernstein. Jogar uma partida com o programa Newell-Simon levará portanto muito mais tempo que com o programa Bernstein. Os próprios autores calculam que poderiam ser necessárias de uma a dez horas para decidir sobre um lance, mesmo com o emprego da rapidíssima IBM 704. Uma experiência efetiva, com uma partida inteira, teria assim de ser adiada até ser possível utilizar uma das máquinas ultra-rápidas atualmente projetadas. Ao invés de dez horas, essa máquina talvez precisasse menos de um minuto para apresentar uma resposta a qualquer lance que um adversário pudesse fazer, de modo que haveria mesmo oportunidade para novo aperfeiçoamento do programa.

O leitor que não está familiarizado com as funções técnicas de um computador eletrônico apreciará uma rápida descrição da maneira como ele executa as instruções dadas por um programa. Isso lhe dará uma idéia melhor do comportamento que a máquina pode ter, como se estivesse pensando em termos de xadrez, o que evidentemente ela não faz.

Um computador eletrônico inclui quatro seções principais:

1. Uma seção de armazenagem (memória), na qual são colocados todos os números que representam os dados aos quais se referem as instruções do programa.

2. Uma seção aritmética, para onde os números armazenados são transferidos quando o programa exige a realização de uma operação aritmética com eles.

3. Uma seção de controle, que interpreta as instruções do programa uma depois da outra e as executa, ativando para esse fim os circuitos adequados.

4. a) Uma seção de entrada, que transmite à seção de controle instruções recebidas em um código traduzível para a linguagem da máquina de uma maneira prescrita pelo programa; b) uma seção de saída, que imprime a informação dada pela máquina depois de decifrá-la.

Antes de iniciada uma partida, a memória do computador receberia todas as informações de que um principiante humano precisa para poder jogar xadrez. A posição das peças seria registrada e teriam de ser explicadas a maneira como as diferentes peças se movem e capturam, as providências a serem adotadas no caso de xeque ao Rei etc.

A linguagem da maioria dos computadores de grande escala é o sistema numérico binário. Utilizando apenas dois algarismos, 0 e 1, esse sistema é particularmente adequado para cifrar a informação a ser fornecida ao computador. A representação elétrica dos dois algarismos é simplesmente a ausência ou presença de fluxo de corrente nas milhares de válvulas, *relays* ou transistores que servem para manipular os números na execução dos cálculos ditados pelo programa.

O "método algébrico", que é empregado em muitos países para descrever as casas do tabuleiro de xadrez, oferece quase um código pronto para dizer à máquina qual o lance feito por seu adversário. Nele, as letras de "a" a "h" designam as colunas verticais e os números de "0" a "8" indicam as fileiras horizontais. O emprego dos algarismos de "0" a "7" em lugar das letras, assim como em lugar dos números, seria a única modificação necessária a fim de tornar a descrição mais conveniente para tradução na linguagem binária da máquina. Os números de "0" a "7" exigem apenas três algarismos binários cada um para expressão: 000, 001, 010, 011, 100, 101, 110, 111. Quatro algarismos (1.000) seriam necessários para expressar 8. Isso exigiria um equipamento adicional, pois é necessária uma válvula eletrônica para registrar cada algarismo.

As letras P, C, B, T, D e R, que servem como símbolos das seis diferentes peças de xadrez, teriam igualmente de ser substituídas por números (isto é, de 1 a 6). Como a máquina não tem olhos, não pode ver um tabuleiro de 64 casas. Ao registrar uma posição, ela se limita a fazer uma lista das 64 casas e, depois de marcar os dois números que representam cada uma delas, grava o número de uma peça que a ocupa ou usa zeros para mostrar as casas vazias.

O computador faria então listas incluindo as casas para as quais pode ir cada uma das peças no tabuleiro. Para esse fim, utilizaria "sub-rotinas" armazenadas em sua memória, as quais descreveriam a maneira como as peças se movem e capturam. No IBM 704, esses passos preliminares, que devem ser repetidos em cada lance, levam cerca de um décimo de segundo.

"Ver" se uma peça está sendo ou não atacada ou defendida não é tarefa simples para quem não tem olhos. A máquina teria de conferir se a peça em questão estaria incluída também em qualquer das listas de lances das peças do adversário ou das suas próprias. Sendo incapaz de fazer uma comparação visual, o computador precisaria empregar aqui também um processo diferente. Executaria a tarefa subtraindo o número que designa a casa em questão dos números correspondentes a todas as casas daquelas listas de lances. Se a diferença fosse zero para uma das peças do adversário, isso indicaria um ataque por aquela peça; se fosse zero para uma das suas próprias peças, isso mostraria uma defesa existente.

Para executar a série de subtrações necessárias, a máquina teria de transferir os números de todas as casas constantes das listas de lances da seção de memória para a seção de aritmética e devolvê-los novamente, um após outro, para a seção de memória, depois de executada a subtração. Sempre que o resultado fosse zero, a casa em que se encontrasse a peça, assim como seu valor, teria de ser confiada a uma caixa de "memória temporária" até terem sido concluídos os cálculos da combinação.

Esse exemplo mostra a complexidade das operações envolvidas, mesmo na execução de combinações enxadrísticas extremamente simples. Em última análise, porém, não há prova de que um computador com suficiente rapidez e capacidade de memória fosse incapaz de lidar com as complexidades inerentes ao problema. Tudo quanto parece ser necessário é tempo e dinheiro suficientes para permitir programação cada vez mais pormenorizada. Efetivamente, já se sugeriu que boa parte desse aperfeiçoamento gradual do programa poderia ser confiada à própria máquina. Depois de perder uma partida, o computador poderia rememorar os lances adversários que ele não previu ou não avaliou com correção, e modificar as instruções existentes, dando pesos diferentes aos vários fatores incluídos no processo de avaliação.

Entrementes, tudo quanto podemos fazer é esperar até que as máquinas ultra-rápidas atualmente projetadas se tornem uma realidade. Presume-se que jamais será possível atingir rapidez maior que a dessas máquinas, pois as correntes elétricas em seus circuitos desenvolverão uma velocidade que se aproxima da velocidade da luz.

Argumenta-se que mesmo o mais rápido computador, capaz de lidar com o mais complicado programa de xadrez imaginável, sem levar numa partida mais tempo que aquele concedido aos jogadores de torneio, seria afinal de contas apenas uma versão moderna do Turco de Maelzel. Este utilizava o interior da maquinaria para ocultar o mestre Schlumberger e o computador IBM 704 utiliza seu programa de xadrez para ocultar Alex Bernstein. Assim, como o Turco, o computador jogador de xadrez seria apenas uma coleção de ferragens habilmente organizada.

Evidentemente, a comparação é muito falha. O Turco não era um autômato. Seu jogo era um engenhoso número de circo, imaginado para mistificar o público. O computador jogador de xadrez é um autômato, embora dirigido pelo programa de um jogador humano. O jogo da máquina fornece muitas informações de interesse científico. Por ele podemos ver até que ponto compreendemos a maneira como nosso cérebro chega à decisão sobre qual o lance a fazer. Podemos aprender alguma coisa sobre a estrutura lógica do xadrez. E talvez possamos obter indicações capazes de ajudar-nos a esclarecer a velha questão de ser ou não o nosso pensamento um processo automático.

SEGUNDA PARTE

Uma cartilha de xadrez

INTRODUÇÃO

Durante dois mil anos pessoas aprenderam a jogar xadrez, mas, com poucas exceções, fizeram isso tão a esmo que raramente chegaram ao ponto de poder desenvolver um bom jogo.

Sem dúvida, na maioria dos casos, a culpa foi tanto do professor quando do estudante. Este último invariavelmente deseja jogar uma partida assim que aprende a mover as peças, mas o professor não devia fazer concessão a esse desejo de aventura precoce. Deveria acentuar ao seu discípulo que dificilmente poderá esperar atuar com êxito como general antes de familiarizar-se com as realizações potenciais de suas diferentes armas: a Dama, as Torres, os Cavalos etc.

Saber como se movem as peças não implica conhecimento das numerosas ameaças e surpresas de que elas são capazes. Entretanto, para jogar uma partida inteligentemente e obter dela pleno prazer, esse conhecimento é indispensável.

Os jogadores de xadrez, em sua maioria, mesmo aqueles

que têm anos de experiência e à custa disso desenvolvem um bom jogo, não percebem como progrediriam muito mais depressa e obteriam do jogo muito mais prazer, se lhes fossem explicadas as suas sutilezas, ao invés de esperar descobri-las por si próprios. É bem possível que tenha sido um jogador de xadrez quem inspirou a declaração de que não nascemos para aprender com nossas experiências.

Não exagero quando afirmo que, convenientemente ensinado, um estudante pode aprender em poucas horas mais do que descobriria em dez anos de erros e correções sem professor. Através de experiências com muitos estudantes, concluí que o meio adequado de ensinar consiste, não em dizer ao discípulo imediatamente como se movem todas as peças, mas tomar uma ou duas peças de cada vez e mostrar as manobras para as quais são especialmente adequadas. Desse modo, o discípulo não obtém informação suficiente para jogar uma partida às ocultas do professor antes de preparado para isso. Mas, quando atingir esse ponto, superará facilmente o principiante médio.

Eu me sentia profundamente orgulhoso de meu sistema de ensino até quando, recentemente, descobri que H. G. Wells expressara exatamente a mesma idéia cerca de cinqüenta anos antes. Num ensaio, *Concerning Chess*,* no qual recomenda o jogo como um método muito mais civilizado e seguro que o punhal ou a bomba para destruir um adversário, diz ele:

"É bom, talvez, que o meio correto de ensinar xadrez seja tão pouco conhecido... De outro modo, nós todos seríamos jogadores de xadrez — não restaria ninguém para cuidar dos negócios do mundo... As pessoas colocam o tabuleiro diante do aprendiz com todas as peças em formação de batalha, dezesseis de cada lado, com seis espécies diferentes de movimentos, e o pobre coitado fica simplesmente esmagado e apavorado... Como pode ele começar a jogar antes de saber por que

* *A Respeito de Xadrez.*

está jogando? É como fazer atletas iniciarem uma corrida e deixar que descubram onde está oculto o ponto de chegada.

"Seu verdadeiro professor de xadrez, seu sutil envenenador de xadrez... começa exatamente na direção contrária. Dar-lhe-á, digamos, o Rei, a Dama e um Peão colocados nas posições mais descuidadas possíveis. Assim, você dominará as possibilidades militantes da Dama e do Peão sem complicações embaraçosas. Em seguida, o Rei, a Dama e um Bispo, talvez; o Rei, a Dama e um Cavalo; e assim por diante. . . Depois, para posições mais complicadas e, finalmente, de volta ao começo formal. Você principia a ver agora para que fim é feita a formação e a compreender porque um gambito difere de outro em glória e virtude. E a mania de xadrez do seu professor agarra-se a você daí por diante e para sempre."

Não posso ser considerado como possuído pela mania do xadrez, nem penso que esse atroz destino recaia sobre qualquer dos meus alunos apenas porque adoto o sistema de ensino recomendado por Wells. As seguintes lições elementares incluem tipos representativos de combinações que castigaram quarenta gerações de jogadores de xadrez. Assim, o leitor terá proveito em olhar os exemplos, ainda que jogue xadrez há anos. Provavelmente encontrará posições que farão lembrar suas próprias dificuldades no passado. Mas verá também combinações novas para ele e poderá estar vigilante quando reconhecer constelações semelhantes de peças em partidas futuras.

As combinações, isto é, séries de lances agressivos, representam a essência da tática enxadrística e as partidas de amadores são praticamente, todas elas, uma sucessão de manobras táticas. Os relativamente poucos jogadores que se dedicam a sério ao xadrez de torneio interessam-se principalmente pela estratégia enxadrística — o problema de colocar as peças de modo que a posição resultante não tenha probabilidade de oferecer ao adversário oportunidade de fazer uma combinação vencedora.

Esta não é uma cartilha destinada a preparar jogadores de torneio. Apesar disso, acrescentei um capítulo sobre estratégia enxadrística, pois mesmo o conhecimento superficial de seus princípios desenvolverá a força do principiante muito mais rapidamente do que a simples experiência. Além disso, permitirá ao leitor compreender alguns dos pontos mais belos das partidas de mestres e assim aumentará muito sua capacidade de encontrar prazer nas coleções de partidas que são abundantes na literatura enxadrística.

Ao acompanhar o texto desta cartilha, o estudante achará útil tentar dispensar tabuleiro e peças, executando em sua mente os lances descritos, auxiliado apenas pelos diagramas que retratam as fases consecutivas do jogo em discussão. Desse modo, é treinado o tipo de processo mental exigido no efetivo jogo de xadrez.

Todavia, quem aprender o jogo desejará ter seu próprio conjunto de equipamento de xadrez. Ao escolher um tabuleiro, deve preferir um que tenha casas medindo de 1 ½ a 2 ¼ polegadas, pois é o mais adequado para proporcionar uma vista clara de todo o campo de batalha. A cor das casas negras deve ser de preferência preta, ou marrom ou verde muito escuro; a das casas brancas deve ser castanho claro ou marfim. Tabuleiros muito baratos desse tipo podem ser encontrados em papelão ou linóleo. Naturalmente, um tabuleiro de madeira é mais bonito, particularmente se as casas forem incrustadas, mas o custo desses tabuleiros é bastante elevado. O mesmo se aplica às peças de xadrez. Peças de madeira dão uma impressão mais agradável, mas custam mais caro. Quando o preço não for fator muito importante, devem ser escolhidas peças com chumbo na base, sendo o Rei de 2 a 3 ½ polegadas de altura.

AS REGRAS DO JOGO E OS MOVIMENTOS DAS PEÇAS

EQUIPAMENTO E OBJETO DO JOGO

O inventor do xadrez pretendeu retratar a guerra antiga. Como as regras do jogo não foram materialmente modificadas no decorrer dos séculos, o exército do jogador de xadrez ainda luta e sucumbe com seu Rei. Se o Rei não puder escapar à captura, a partida está perdida.

O campo de batalha é representado por um tabuleiro de 8 por 8 casas, coloridas alternadamente de claro e escuro, e geralmente chamadas de "brancas" e "negras". Os dois jogadores, "Brancas" e "Negras", dispõem de quinze peças cada um, além do Rei: uma Dama, duas Torres, dois Bispos, dois Cavalos e oito Peões.

No início da partida, as peças são arrumadas como mostra o Diagrama 1, com uma casa branca no canto à direita dos jogadores. As peças principais são arrumadas na primeira fileira e os Peões, na segunda. O Rei e a Dama são colocados no centro, ocupando a Dama a casa de sua própria cor. De cada lado deles, ficam os Bispos. As Torres ocupam as casas dos cantos e os Cavalos assumem suas posições entre as Torres e os Bispos.

DIAGRAMA 1

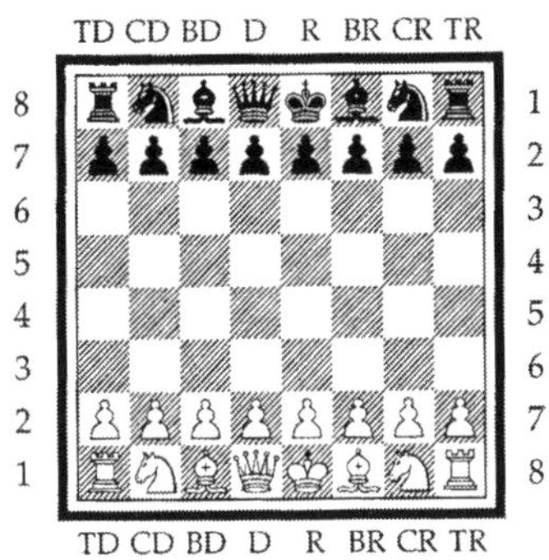

SÍMBOLOS EMPREGADOS PARA AS PEÇAS E CASAS

As peças da "ala da Dama" são chamadas Torre da Dama, Cavalo da Dama e Bispo da Dama, distinguindo-se assim daquelas da "ala do Rei", que são chamadas Torre do Rei, Cavalo do Rei e Bispo do Rei.

Na descrição dos lances de uma partida, os nomes das peças são abreviados, mencionando-se apenas suas primeiras letras. Assim, a Torre da Dama torna-se TD, o Bispo do Rei, BR etc.

Dois métodos diferentes são empregados para descrever as casas do tabuleiro. O mais antigo, chamado "notação descritiva", é ainda empregado na maioria dos livros de xadrez ingleses, franceses e espanhóis, embora seja desajeitado e dê margem a freqüentes erros. O sistema moderno, chamado "notação algébrica", é simples e lúcido, eliminando toda possibilidade de erro. Entretanto, contra sua adoção geral militam as mesmas razões que durante muito tempo impediram a adoção do sistema métrico de medidas nos países de língua inglesa. A cara literatura enxadrística que existe em inglês, francês e espanhol tornar-se-ia mais ou menos obsoleta.

Em ambos os sistemas, uma casa é designada pela citação das colunas verticais e fileiras horizontais que nela se cruzam. Na notação descritiva, as colunas verticais são designadas de acordo com as peças que nelas se encontram no início da partida (ver Diagrama 1). Assim, mencionamos uma coluna da Torre da Dama, uma coluna do Cavalo do Rei etc. As fileiras horizontais são numeradas de 1 a 8, mas cada jogador as numera de acordo com a posição que ocupa. As Brancas chamam de primeira fileira aquela ocupada pelas suas peças principais e de oitava fileira, aquela onde se encontram as peças principais das Negras. A última fileira do ponto de vista das Negras é a primeira do ponto de vista das Brancas. Em resultado, cada casa tem dois nomes diferentes, conforme seja mencionada com referência à descrição de uma manobra das Brancas ou das Negras. No referente às Brancas, seu Peão do Rei fica em R2. As Negras chamam essa casa de R7. Quando queremos dizer que ambos os jogadores estão disputando o controle de certa casa, somos obrigados a acrescentar se nos referimos à casa branca ou negra daquele nome.

Tais complicações não existem na notação algébrica. As fileiras horizontais são sempre numeradas do ponto de vista das Brancas, de modo que as peças principais das Negras ficam na oitava fileira ao iniciar-se a partida. As colunas verticais são designadas por letras de "a" a "h", a partir da esquerda das Brancas. Assim, a casa chamada R2 ou R7 na notação descritiva — conforme seja vista pelas Brancas ou pelas Negras — é sempre "e2" na notação algébrica.

Bastam apenas alguns minutos de prática para alguém familiarizar-se com qualquer das duas notações. Alguns estudantes consideram útil colar pequenas indicações ao longo das margens do tabuleiro, como mostra o Diagrama 1, a fim de acompanhar com maior facilidade os comentários contidos nos livros de xadrez. Contudo, a memória é melhor treinada sem essa espécie de auxílio.

MOVIMENTO E CAPTURA

Os jogadores "movem" alternadamente uma de suas peças, de acordo com as regras explicadas neste capítulo. As Brancas sempre fazem o primeiro lance. Nas partidas entre mestres, isso representa certa vantagem. Nas partidas entre jogadores medianos, porém, essa vantagem é insignificante, pois desaparece depois de alguns lances.

Quando uma peça é movida para uma casa ocupada por uma peça adversária, esta última é retirada do tabuleiro. Esse processo é chamado "captura". Não é permitido mover uma peça para uma casa ocupada por outra de sua própria cor.

O jogador é obrigado a fazer um lance quando chega sua vez de jogar, embora haja posições em que preferiria "passar", pois qualquer lance será em sua própria desvantagem. Essa obrigação de mover uma peça é geralmente mencionada pelo termo alemão "Zugswang".

O REI E A TORRE

Embora o Rei seja a mais importante das peças do xadrez, sua força, comparada com a das outras peças principais, é muito limitada. Pode movimentar-se em qualquer direção, mas apenas de casa em casa. No Diagrama 2, o Rei poderia ser movido para qualquer das sete casas indicadas pelas flechas. Não poderia ser movido para C2 porque essa casa está ocupada por um Peão de seu próprio exército.

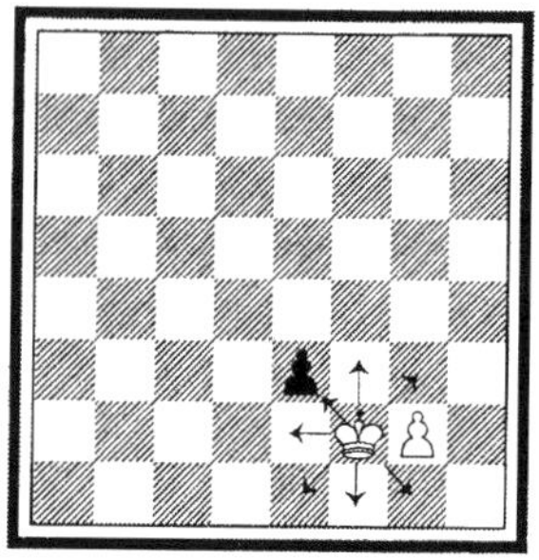

DIAGRAMA 2

Não é permitido mover o Rei para qualquer casa onde possa ser capturado pelo adversário na sua próxima vez de jogar. Assim, no Diagrama 3, as casas R4, BR4 e CR4 (R5, BR5 e CR5, do ponto de vista das Negras) são inacessíveis a qualquer dos dois Reis. Eles não podem nunca se aproximar um do outro.

DIAGRAMA 3

A Torre pode ser movida para qualquer casa da coluna ou fileira em que se encontra, a menos que o caminho esteja obstruído por uma peça de sua própria cor. Nesse caso, não poderá avançar além da casa vizinha à ocupada pela peça que obstrui o caminho.

Se uma peça adversária obstrui o caminho da Torre, este não pode avançar além da casa ocupada pela mencionada peça e, ao fazer isso, captura aquela peça, conforme foi anteriormente explicado.

Com base nessas regras, a Torre branca no Diagrama 3 pode ser movida para qualquer casa na terceira fileira, à esquerda do Rei, assim como para C1, C2, C4, C5 e C6. Neste último caso, a Torre capturaria o Peão. Mas seria por sua vez capturada pela Torre Negra, que "controla" a terceira fileira e a coluna da Torre do Rei. Diz-se, nesse caso, que o Peão negro está sendo "atacado" pela Torre branca e "defendido" pela sua própria Torre.

XEQUE AO REI

As Brancas poderiam efetivamente capturar o Peão movendo primeiro a Torre para C5. Com esse lance atacariam o Rei, pois ameaçariam capturá-lo no lance seguinte. As regras do jogo exigem que o jogador, quando atacar o Rei, diga "xeque" e que seu adversário faça um lance capaz de tirar o Rei do xeque. Conforme as circunstâncias da posição, isso pode ser conseguido: a) movendo o Rei para uma casa que não esteja sendo atacada (controlada) pelo inimigo; b) capturando a peça atacante; c) interpondo uma peça na linha entre a peça atacante e o Rei. Em nosso exemplo, a única alternativa das Negras é mover o Rei para uma das três casas a ele acessíveis na terceira fileira, digamos, para B3. Nesse caso, as Brancas capturariam o Peão, dando xeque novamente.

Essa seqüência de dois lances é um exemplo de "combinação" em sua forma mais simples, embora uma série de movimentos agressivos seja em geral honrada com essa expressão, apenas quando um ou mais dos lances envolvidos tenham um caráter de surpresa. Capturar o Peão no Diagrama 3 é simplesmente uma questão de técnica elementar e não envolve manobra alguma de surpresa.

Se fosse a vez de as Negras jogarem, poderiam capturar a Torre branca, dando xeque em T6, caso em que o Rei branco teria de recuar para a segunda fileira, deixando um caminho livre entre as duas Torres.

REGISTRO DE LANCES

Para registrar lances em forma colunar, como é geralmente feito nos livros e revistas de xadrez, é costume apresentar os lances das Brancas à esquerda e os lances das Negras à direita da coluna. Um traço (—) significa "movida para". Um "x" significa captura. Xeque é abreviado em "ch".

As duas jogadas feitas com relação ao Diagrama 3 seriam registradas do seguinte modo:

Com as Brancas jogando primeiro:

1. T—C5 ch	C—B3
2. TxP ch	

Com as Negras jogando primeiro:

1. ...	T—T6 ch
2. R—R2	TxT

A palavra "xeque" é abreviada para + na notação algébrica e, em lugar de um "x", para indicar captura, o símbolo: é às vezes acrescentado ao símbolo da casa onde ocorre a captura.

Quando a descrição de lances faz parte de um texto recorrido, uma vírgula é colocada entre um lance branco e um negro, e um ponto-e-vírgula depois de um lance negro, assim: 1. T—C5 ch, R—B3; 2. TxP ch.*

Um ponto de interrogação depois de um lance indica ser esse lance de valor discutível e um ponto de exclamação mostra que foi um lance forte.

LANCES ILEGAIS

Quando um jogador faz um lance que não esteja de acordo com as regras do jogo, deve voltar atrás e fazer outro lance diferente *com a mesma peça*, desde que isso seja legalmente possível. Em caso contrário, deve fazer um lance legal com qualquer outra peça.

---

* Respeitado o sistema de notação do original. Para orientar-se quanto ao uso em nosso meio, veja o livro *Partidas Selecionadas*, que foi seguido no registro de lances das demais partes deste livro (N. do T.).

Uma regra obsoleta estabelecia penalidade para o jogador que fizesse um lance ilegal. Era ele obrigado a fazer um lance com seu Rei. Essa regra foi abolida há alguns anos porque não se enquadrava no espírito do jogo. Afinal de contas, a maior satisfação do jogador, ao ganhar uma partida, é ter vencido por haver jogado melhor que o adversário. Para uma pessoa dotada de espírito esportivo, vencer graças a um pormenor técnico será sempre coisa embaraçosa.

Se um jogador deixa de dizer "xeque" ao atacar o Rei e o adversário, não percebendo o ataque, deixa de fazer um lance que tire seu Rei de xeque, o último deve desfazer o lance e fazer *qualquer outro* que evite o ataque. Entretanto, quando um jogador deixa seu Rei em xeque embora sua atenção tenha sido chamada para o ataque, deverá corrigir seu lance ilegal por um lance *com a mesma peça,* se com isso for possível defender o Rei do xeque. Se for impossível, poderá então mover qualquer outra peça que sirva a tal finalidade.

TOCOU, MOVEU!

As regras não permitem que um jogador desfaça qualquer lance, a não ser os ilegais. Essa regra é estritamente observada nas partidas sérias. Em sua vez de jogar, quando um jogador toca uma peça, precisa movê-la. Pode decidir para que casa a moverá, enquanto sua mão estiver tocando a peça; mas assim que a largue, não poderá mudá-la da casa.

Se um jogador não pretende mover uma peça, mas apenas ajustar sua posição, deve dizer *"j'adoube"* (ajusto) *antes* de tocar a peça.

Essa regra de "tocou, moveu" não precisa ser aplicada tão drasticamente em partidas de principiantes. Até aprenderem a olhar antes de cada passo, os principiantes tendem a colocar peças *en prise,* isto é, em casas nas quais ficam expostas à captura. Não seria mais divertido ganhar uma partida apenas porque o adversário cometeu um erro do que ganhá-la graças a um mero pormenor técnico.

XEQUE-MATE E "STALEMATE"

Se o jogador cujo Rei está em xeque não pode fazer algum lance que o tire dessa situação, trata-se de "xeque-mate", e a partida está terminada. Às vezes acontece de um jogador, cujo Rei *não esta em xeque,* não poder fazer lance algum sem expor o Rei à captura. Nesse caso, está em *stalemate* e a partida está empatada. Assim, o Rei nunca é capturado e retirado do tabuleiro. A partida termina quando qualquer lance que o jogador possa fazer leve a uma posição em que o Rei fique em xeque.

XEQUE-MATE COM UMA TORRE

O "final de partida" Rei e Torre contra Rei é sempre uma vitória certa. O Diagrama 4 mostra uma posição típica. Três das seis casas a que o Rei negro tinha acesso lhe são negadas pelo Rei branco e as outras três pela Torre. Evidentemente, o Rei só pode levar xeque-mate desse tipo quando encostado à margem do tabuleiro. Em qualquer outro lugar, ficariam acessíveis a ele nove casas, e Rei e Torre não podem controlar mais que seis delas.

DIAGRAMA 4

Não há dificuldade em forçar o Rei a encostar-se à margem do tabuleiro, seja qual for a casa onde se encontre. Uma boa regra a lembrar é a de dar xeque apenas quando os Reis estão "em oposição", isto é, na mesma linha, separados por uma única casa, pois somente então o Rei será forçado a aproximar-se de uma das margens do tabuleiro.

Duas Torres podem forçar um xeque-mate sem o auxílio de seu Rei. O método, aqui também, consiste em obrigar primeiro o Rei a encostar-se à margem do tabuleiro. No Diagrama 5, as Brancas começariam com 1. T2D, por exemplo, con-

DIAGRAMA 5

finando o Rei negro à ala do Rei. Em seguida, R5R; 2. T8R+, R6B. As Brancas continuariam com 3. T7D, para colocar a Torre fora do alcance do Rei. Depois, R5B; 4. T7B+, R4C; 5. T8C+, R3T levaria à posição no Diagrama 6, na qual somente mais dois lances são necessários para forçar o mate: 6. T (7B) 7CR, R4T, e agora qualquer das Torres dá o mate, ocupando a coluna da Torre.

DIAGRAMA 6

Duas Torres contra uma forçariam uma vitória perseguindo o Rei, da mesma maneira antes indicada. Finalmente, o jogador com uma única Torre, sob um xeque que não lhe deixe lance algum para seu Rei, teria de interpor a Torre e permitir sua troca, como na posição do Diagrama 7, onde as Negras não podem fazer outro lance senão T6T. Depois da troca TxT+, RxT, o final fica reduzido ao que foi discutido com relação ao Diagrama 4 e, em tal posição, as Negras abandonariam sem jogar mais, pois não poderiam evitar de receber o mate.

DIAGRAMA 7

A DAMA

A Dama pode ser movida para qualquer casa em linha reta ou diagonal a partir do ponto onde se encontra, a menos que o caminho até aquela casa esteja obstruído. Depois se aplicam as mesmas regras que no caso da Torre. Se o caminho da Dama estiver obstruído por uma peça de sua própria cor, ela não poderá avançar além da casa vizinha à ocupada por aquela peça. Se o caminho estiver obstruído por uma peça adversária, esta poderá ser capturada da maneira descrita anteriormente.

DIAGRAMA 8

No Diagrama 8, a Dama branca tem à sua escolha vinte e dois lances, como indicam as flechas. Devido à sua maior mobilidade, a Dama é uma peça mais poderosa que a Torre. O final de partida com Rei e Dama contra Rei e Torre é sempre vencido pelo jogador que dispõe da Dama, se for a sua vez de jogar.

No diagrama, as Brancas ganham a Dama em troca de sua Torre com 1. T8C+. As Negras são obrigadas a capturar a Torre, deixando assim sua Dama sem proteção, pois se jogassem 1. ..., R2B, as Brancas continuariam com 2. T7C+ e 3. DxD mate.

Depois de 1. ..., RxT; 2. DxD (Diagrama 9), as Negras tentarão salvar sua Torre, recuando-a para perto do Rei.

DIAGRAMA 9

Contudo, a Torre tem apenas muito poucos lances que não a exponham à captura imediata mediante um xeque de Dama que a ataque ao mesmo tempo. Em 5TD ou 4C, por exemplo, seria capturada através de 3. D8R+. Em 3C, o xeque em 8D a apanharia, em 5BR seria o xeque em C5 e em 5CR seria o xeque em 6R. Restam assim apenas as casas 1C, 5D e 5BD. Em 1C, a Torre seria logo capturada através de 3. D5C+. Se o Rei for para a coluna do Bispo, 4. D4B ataca Rei e Torre, se for para a coluna da Torre, o mesmo será obtido com 4. D4T+ e 5. D3C+.

A Torre sucumbirá igualmente com rapidez depois de 2. ..., T5D. Em resposta a 3. D8R+, as Negras se conservarão fora da diagonal negra a fim de evitar D5R+, mas depois de 3. ..., R2T; 4. D7B+, o Rei precisará ir para uma casa negra e 5. D6B+ capturará a Torre.

No Diagrama 9, apenas dois lances seriam necessários para capturar a Torre depois de 2. ..., T5B+. As Brancas jogariam 3. R3D e a Torre não teria lance algum que a salvasse de um xeque de Dama para capturá-la.

O PEÃO

De todas as peças de xadrez, só o Peão captura de maneira diferente daquela em que se movimenta. O Peão é também a única peça que não pode ser movida senão para *a frente.* Ele movimenta-se apenas de casa em casa em linha reta para diante, mas captura diagonalmente, também apenas uma casa à frente. Em seu *primeiro* lance, qualquer dos Peões *pode* avançar duas casas; esse privilégio não se aplica, porém, ao caso de captura.

No Diagrama 10, por exemplo, o Peão da Torre branco não pode avançar, porque o Rei negro ocupa casa à sua frente. Pode, porém, capturar o Peão do Cavalo negro (dando ocasionalmente um xeque "descoberto" com a Torre). Dos Peões do Rei, nem o branco nem o negro pode movimentar-se. Um está bloqueando o outro. O Peão da Dama não pode mover-se, porque está "imobilizado" pela Dama negra. Se avançar, o Rei branco ficará em xeque, o que torna ilegal o lance.

DIAGRAMA 10

O Peão do Cavalo branco poderia avançar uma ou duas casas. No último caso, porém, as Negras poderiam recorrer a um privilégio chamado "capturar *en passant*" (de passagem). Poderiam capturar o Peão branco como se ele tivesse avançado apenas uma casa, isto é, retirar o Peão branco do tabuleiro e colocar seu próprio Peão em 6C (ocasionalmente dando xeque, pois o Peão atacaria o Rei branco).

A regra *en passant* aplica-se somente quando um Peão, ao avançar duas casas ao invés de uma, passa sobre uma casa na qual poderia ser capturado por um Peão adversário. Nenhuma das outras peças, além do Peão, pode capturar um Peão *en passant.*

O símbolo usado para designar *en passant* no registro dos lances em qualquer idioma é "e. p.".

LEVAR UM PEÃO A DAMA

De acordo com as regras mencionadas, quando um Peão chega à oitava fileira, não pode mais mover-se. Para evitar esse indesejável estado de coisas, o Peão deve ser transformado numa peça principal de sua própria cor — qualquer peça, exceto o Rei. Como normalmente o jogador substitui o Peão por uma Dama, a peça mais poderosa, esse processo de promoção é chamado "levar um Peão a Dama", embora haja casos em que o jogador terá boas razões para promover o Peão a uma peça diferente.

DIAGRAMA 11

Exemplo clássico é o problema de final mostrado no Diagrama 11. Aqui, se as Brancas levarem seu Peão a Dama, as Negras poderão responder com T5B+ e, depois de DxT, a partida estaria empatada, pois o Rei negro não poderia ser movido sem ficar em xeque. As Brancas podem ganhar a partida promovendo o Peão a Torre! Depois de 1. P8B (T), o Rei negro é ameaçado de mate em sua 1T e o único lance que tem para evitar isso é 1. ..., T5TD. Então as Brancas jogam 2. R3C. Com isso, não apenas atacam a Torre, mas ameaçam dar mate em 1B, de modo que as Negras perdem sua Torre e a partida.

FINAIS COM PEÕES

É notável quantas combinações surpreendentes e sutis são muitas vezes possíveis quando não restam sobre o tabuleiro senão os Reis e alguns Peões. Nesses casos, a questão é quase sempre saber se um dos jogadores poderá ou não levar um Peão a Dama antes que seu adversário tenha oportunidade de fazer o mesmo. Sendo tudo o mais igual, ganha em geral o jogador cujo rei tiver maior mobilidade. O Diagrama 12 explica o que significa isso.

DIAGRAMA 12

As Brancas têm um Peão "passado", isto é, um Peão que, em seu avanço para a casa onde será levado a Dama, não pode ser bloqueado nem capturado por um Peão adversário. O Rei branco tem liberdade de avançar para a ala do Rei e capturar o Peão negro. O Rei negro, por outro lado, precisará primeiro perder dois lances para capturar o Peão passado, antes de poder seguir o Rei branco até a outra ala. Se não fizer isso, o Peão passado será levado a Dama e decidirá a partida em poucos lances.

O meio mais fácil de determinar se as Negras terão tempo

de deter o Peão do Cavalo do Rei branco é contar separadamente os lances das Brancas e das Negras. As brancas gastarão cinco lances para capturar o Peão negro: R4B, R5D, R6C, R6B e R6C. Enquanto isso, até onde terão chegado as Negras?

Estas precisam de dois lances para capturar o Peão passado. Em mais três lances, o máximo que poderão fazer é chegar a 2R ou 1R. No sexto lance, as Brancas jogarão R7T. Em seguida, as Negras não poderão ocupar a casa 1CR e o Peão branco poderá avançar para a casa onde será levado a Dama sob a proteção do seu Rei.

IMPORTÂNCIA DA OPOSIÇÃO DO REI

As Brancas teriam perdido seu tempo se, no Diagrama 12, tivessem tentado levar a Dama seu Peão passado. Depois de 1. R4C, R3C; 2. R4B, R2C; 3. R5B, R2B; 4. P6C+, R2C; 5. R5C (Diagrama 13), as Negras moveriam seu Rei *de modo que as*

DIAGRAMA 13

Brancas não pudessem entrar em oposição: 5. ..., R1C!!; 6. R6B, R1B; 7. P7C+, R1C. Agora, as Brancas são forçadas a abandonar o Peão, pois 8. R6C deixaria o Rei negro impossibilitado de mover-se, empatando assim a partida.

Contudo, se no Diagrama 13 as Negras jogassem R1T ou R1B, permitindo ao Rei branco entrar em oposição, o Peão poderia ser levado a Dama. Por exemplo: 5. ..., R1B; 6. R6B, R1C; 7. P7C, R2B; 8. R7B. Agora a casa onde o Peão será levado a Dama está protegida pelo Rei branco e as Negras levam xeque-mate em mais três lances. Como?

O Diagrama 14 mostra um caso em que as Brancas parecem estar bloqueadas porque seu Peão extra não pode avançar sem ser capturado. Em resposta aos movimentos do Rei, as Negras jogariam sempre de modo a poderem voltar a 5D no momento em que as Brancas se movimentassem para 2D. Todavia, o sacrifício 1. P3B+! efetivamente ganha a partida, pois após 1. ..., PxP+; 2. R2B, o Rei negro não poderá manter defendido seu Peão. Assim, as brancas capturam o Peão negro e reduzem o final ao exemplo ilustrado no Diagrama 12.

DIAGRAMA 14

No Diagrama 15, os dois jogadores têm o mesmo número de Peões, mas as Brancas estão perdidas porque não podem impedir que as Negras ganhem a oposição e forcem o acesso ao Peão da Dama. A partida poderia prosseguir da seguinte maneira: 1. R3C, R4C; 2. R3B, R5T; 3. R2D, R5C; 4. R3D, R6C; 5. R2D, R5B; 6. R3R, R6B, e o Peão sucumbe.

DIAGRAMA 15

No Diagrama 16, as Brancas têm um Peão de vantagem. Poderão ganhar a partida somente se levarem o Peão a Dama. A tentativa mais evidente seria 1.T2CD, que defende o Peão contra o ataque da Torre negra e, ao mesmo tempo, ameaça avançá-lo para a casa onde será levado a Dama. Entretanto, as Negras podem bloquear o Peão com 1. ..., T1D; 2. P7C, T1CD. Em seguida, as Brancas não poderão impedir que o Rei negro marche para 3BD, juntando outro ataque contra o Peão, de modo que a Torre possa capturá-lo no lance seguinte.

DIAGRAMA 16

Terão as Brancas outra oportunidade? Se jogarem 1. P7C imediatamente, as Negras não poderão deter o Peão com T1D, pois 2. T8B se seguiria e, quer as Negras capturassem ou não a Torre, o Peão seria levado a Dama. Portanto, as Negras terão de jogar 1. ..., T3C, que ataca o Peão e impede seu avanço. De nada adiantará às Brancas defendê-lo com 2. T7B, porque o Rei negro caminharia também para 3B e em seguida capturaria o Peão. Assim, parece que as Brancas terão de contentar-se com uma partida empatada. Todavia, muitas vezes vale a pena examinar um pouco mais profundamente a posição. Aqui, um exame mais demorado revelaria prontamente uma manobra vencedora. Evidentemente, se as Brancas pudessem forçar a Torre negra a deixar a coluna do Cavalo, teriam possibilidade de levar o Peão a Dama. Podem efetivamente conseguir isso com 2. T6B+! Tanto o Rei como a Torre das Negras são atacados, de modo que as Negras só podem salvar sua Torre com

2. ..., TxT. Então as Brancas levam o Peão a Dama e vencem de maneira semelhante à que foi discutida em relação ao Diagrama 9.

Com Reis e Torres em um tabuleiro limpo, é preciso ter sempre cuidado com a possibilidade de um xeque que apanhe uma peça na mesma linha em que é atacado o Rei. No Diagrama 17, por exemplo, as Negras não podem mover seu Rei para 2B, porque nesse caso as Brancas poderiam jogar T8T e, após as Negras terem capturado o Peão, as Brancas ganhariam a Torre com T7T+. Enquanto as Negras conservarem seu Rei em

DIAGRAMA 17

2C ou 2T, as Brancas jamais poderão ganhar a partida. Logo que o Rei movimentar-se para 7CD a fim de ajudar a levar o Peão a Dama, as Negras obrigá-lo-ão novamente a fugir mediante xeque.

Do mesmo modo, no Diagrama 18, as Negras não devem mover o Peão imediatamente para 6C, pois em seguida a T3T o Peão não pode salvar-se avançando, uma vez que T3C+ o capturaria.

DIAGRAMA 18

As Negras poderiam empatar a partida com 1. ..., R4B. Depois de 2. R6B, P6C; 3. R5D, R5B; 4. R4D, P7C; 5. T1TR, R6B; 6. R3D, R7B, o Peão forçaria as Brancas a trocarem sua Torre por ele.

Coisa a ser temida quando se joga contra Peões é a chamada "forquilha". No Diagrama 19, que parece mostrar um empate sem solução, as Brancas ganham 1. TxP+!, pois em seguida TxT, 2. P4R+ apanha o Rei e a Torre numa "forquilha" e 2. ..., R4R; 3. PxT, RxP leva o Rei até longe demais para poder defender seu Peão do Cavalo e impedir que o Peão branco restante seja levado a Dama.

DIAGRAMA 19

O BISPO

O Bispo pode mover-se para qualquer casa em uma linha diagonal a partir do ponto onde se encontra, desde que não haja obstrução no caminho para aquela casa. Se uma peça adversária obstruir o caminho, o Bispo poderá capturá-la, ocupando sua casa. No Diagrama 20, sete casas são acessíveis ao Bispo, como indicam as flechas. O Bispo tomaria a Torre capturando o Peão em 6B, porque o lance atacaria ao mesmo tempo o Rei e a Torre. Movendo-se para 5T, o Bispo tomaria a Dama, pois esta ficaria imobilizada, sendo incapaz de deixar a diagonal sem expor o Rei a xeque. Dessas duas alternativas, as Brancas escolheriam a primeira, pois em seguida a 1. B5T as Negras imobilizariam por sua vez a Dama branca com T5TR e a troca de todas as peças deixaria as Negras com um Peão passado que decidiria a partida em seu favor.

DIAGRAMA 20

O jogador que tenha sobre o tabuleiro apenas o Rei e um Bispo não pode dar xeque-mate num Rei sozinho. Mesmo num canto, onde o Rei que se defende tem o mínimo de mobilidade, seria necessário controlar três casas além da casa do canto para efetivar o mate. Somente duas dessas casas, uma negra e uma branca, podem ser controladas pelo Rei atacante. Das duas restantes, uma negra e uma branca também, o Bispo pode controlar apenas uma. Se esta for a vizinha ao canto, o Rei não poderá mover-se e a partida estará empatada. Se for a casa do canto, o Rei poderá escapar.

Um jogador que ainda tenha os dois Bispos pode dar sem dificuldade xeque-mate em um Rei sozinho. No Diagrama 21, o processo seria o seguinte: 1. B1B, R7T; 2. R3B, R8T; 3. R2B, R7T; 4. B6D+, R8T; 5. B2C mate.

DIAGRAMA 21

VALOR RELATIVO DA TORRE E DO BISPO

Pelo fato de um jogador não poder forçar o mate só com um Bispo, concluímos prontamente que um Bispo não vale tanto quanto uma Torre, pois esta última é suficiente para ganhar uma partida contra o Rei sozinho.

Mesmo sem esse convincente argumento, chegaríamos à mesma conclusão ao considerarmos que apenas trinta e duas das sessenta e quatro casas do tabuleiro são acessíveis a um Bispo, ao passo que a Torre pode chegar a todas as sessenta e quatro casas.

Rei e Torre não podem vencer contra Rei e Bispo, exceto em alguns casos que ocorrem muito raramente. O Diagrama 22 mostra um deles. As Negras estão perdidas porque seu Rei está limitado à margem do tabuleiro, adjacente ao canto da cor do Bispo.

As Brancas jogam 1. T4BD, atacando o Bispo e obrigando-o a ir para 3D, de modo que depois de 2. T8B+ ele pode interpor-se em 1B. Então a Torre faz um lance de espera, por exemplo 3. T8C. O único lance que resta às Negras é R1T, depois do qual virá 4. TxB xeque-mate.

DIAGRAMA 22

Se ambos os jogadores ainda tiverem um Peão, aquele que tiver a Torre muitas vezes ganha trocando a Torre pelo Peão e Bispo do adversário, e em seguida levando seu próprio Peão a Dama. O Diagrama 23 ilustra um desses casos. Com 1. T5T, as Brancas ameaçam com TxP. Isso porque depois de BxT e RxB, as Brancas teriam a oposição dos Reis, o Rei negro teria de permitir que o Rei branco avançasse para a sétima fileira e o Peão seria levado a Dama. Por exemplo: 1. ..., B6D; 2. TxP+, BxT; 3. RxP, R2R; 4. R6C, R1B; 5. P5B, R1C; 6. P6B, R1B; 7. P7C, R2R; 8. R7C etc. Para evitar esse desenvolvimento, as Negras teriam de mover o Rei em resposta a 1. T5T, a fim de poderem ganhar a oposição dos Reis depois que as Brancas capturassem o Peão:

1. ..., R1R; 2. TxP?, BxT; 3. RxB, R2B! Agora as Brancas não podem ganhar, porque depois de 4. R5R, R2R; 5. P5B, as Negras detêm o Peão, impedindo-o de ser levado a Dama, da maneira descrita em relação ao Diagrama 13.

DIAGRAMA 23

No Diagrama 23, as Brancas forçariam a vitória depois de 1. T5T, R1R obrigando o Rei negro a ir para a coluna da Dama ou para a coluna da Torre do Rei, de modo que ele não pudesse chegar à casa 2B após as Brancas terem capturado em 5BR. Esse é um processo bastante demorado, mas as Negras não tem defesa contra ele. As Brancas começariam com 2. R6R, ameaçando mate. Depois de R1B; 3. R6B, R1R; 4. R7C!, ,as Brancas manobrariam sua Torre até 5R, de modo que o Rei negro teria de mover-se para 1D, 2D ou 3D, depois do que as Brancas ganham com R6B e TxP.

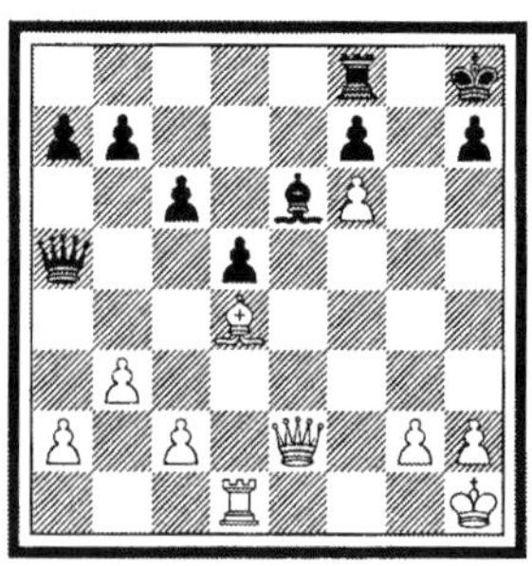

DIAGRAMA 24

Como a Dama e a Torre, o Bispo às vezes ameaça combinações que envolvem um xeque descoberto. O Diagrama 24 ilustra um caso típico. As Brancas ganham com 1. DxB! Isso porque, se as Negras capturarem a Dama, o Peão do Bispo avança com um xeque descoberto e, depois de interpor o Peão do Rei, as Negras levam o xeque-mate com BxP.

O CAVALO

O Cavalo pode mover-se em qualquer direção para a segunda casa *de cor diferente* daquela onde se encontra. Assim, no Diagrama 25, o Cavalo pode mover-se para qualquer das sete casas indicadas pelas flechas. Não pode mover-se para 5R porque uma peça de sua própria cor ocupa aquela casa. Movendo-se para 5C, as Brancas capturam o Bispo.

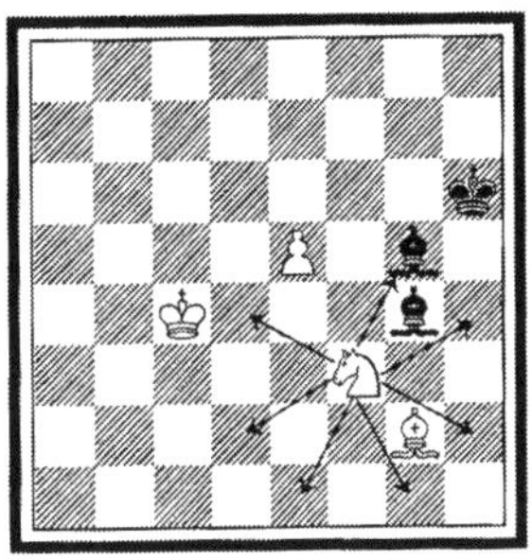

DIAGRAMA 25

Peças amigas ou adversárias em casas sobre as quais o Cavalo passa, ao fazer seu movimento, não são afetadas por ele, nem obstruem seu caminho. Assim, o Bispo branco não impede que o Cavalo vá de 2R para 1C, nem o Bispo na casa negra 5C é capturado pelo Cavalo quando ele se movimenta para 4T ou 5C.

O movimento do Cavalo é muitas vezes descrito como formado de um passo duplo numa linha reta, seguido de um passo simples em ângulos retos a ela, formando o trajeto uma letra "L". Todavia, o principiante conseguirá com mais facilidade ver rapidamente os lances do Cavalo tendo em mente que a casa de onde ele parte e a casa onde chega são de cores opostas, não adjacentes, mas separadas por uma casa.

A experiência mostra que um Cavalo tem mais ou menos o mesmo valor de um Bispo. O Bispo é mais rápido, mas está limitado às casas de uma única cor. Dois Bispos são, em geral, mais fortes do que dois Cavalos, porque o jogador dos Bispos pode controlar casas de ambas as cores e, além disso, tem a vantagem de atingir casas distantes mais depressa do que seria possível com Cavalos.

O Bispo pode imobilizar uma peça adversária e o Cavalo não pode. Por outro lado, o Cavalo, com muito mais freqüência que o Bispo, pode apanhar duas peças numa forquilha sem ser atacado por qualquer delas. No Diagrama 26, por exemplo, as Brancas ganham um Peão, seja pela forquilha do Cavalo em 4BR ou pela forquilha em 5BD.

DIAGRAMA 26

Na margem do tabuleiro, onde o Cavalo dispõe no máximo de quatro lances, ele é às vezes apanhado numa cilada por um Bispo que controla as quatro casas acessíveis ao Cavalo. No Diagrama 27, por exemplo, as Negras ameaçam capturar o Cavalo atacando-o com o Rei ou o Peão. Portanto, as Brancas devem jogar 1. P3CD. Depois de R3C; 2. C4B+, BxC; 3. PxB, R4B, as Negras capturam o Peão do Bispo. O resultante final de partida com Peões será vencido pelas Negras, pois terão um Peão passado na ala do Rei, que conservará o Rei branco ocupado durante tempo suficiente para permitir ao Rei negro capturar o Peão da Torre da Dama, depois do que o Peão do Cavalo avançará sem obstáculos até a casa onde será levado a Dama.

DIAGRAMA 27

De uma casa central, um Cavalo exerce às vezes poder tão grande que se torna muito mais forte que um Bispo. No Diagrama 28, posição extraída de um estudo de final de partida de Réti, o lance é das Brancas. Não precisam retirar seu Cavalo porque se as Negras o capturarem, o Rei negro atrasar-se-á e não terá mais tempo de impedir que o Peão da Torre seja levado a Dama. O Bispo também não poderá cobrir a casa 2T antes que o Peão branco a atinja. Se o lance fosse das Negras no diagrama, estas perderiam imediatamente, pois o Bispo não tem um único lance em que um xeque de forquilha pelo Cavalo não o capture. Em 6R, naturalmente, o Bispo seria capturado pelo Peão. O Rei não pode mover-se para 3D, porque C5B+ capturaria o Bispo, e com R4D o Peão da Torre avançaria também sem obstáculos.

DIAGRAMA 28

Mas que farão as Brancas para aproveitarem-se dessa situação? Não podem avançar o Peão da Torre, pois R3C o capturaria. Nem podem avançar o Peão do Bispo, pois a casa 6R ficaria então acessível ao Bispo, e o Cavalo teria de mover-se, com o que o Rei negro atacaria o Peão da Torre e o capturaria. As Brancas não podem vencer no final levando o Peão do Bispo a Dama, pois o Bispo capturaria o Peão ainda que ele avançasse sob a proteção do Rei ou do Cavalo. Só com o Cavalo um xeque-mate não poderia ser imposto, pelas mesmas razões dadas no caso de um Bispo sozinho.

As Brancas não podem começar jogando 1. RxP, porque nesse caso as Negras poderiam capturar o Cavalo e ainda deter o Peão da Torre através de B5B+, depois do que o Bispo poderia atingir a casa 1C. O único lance com o qual as Brancas podem vencer é 1. R1T!! Isso mantém o *Zugswang* e as Negras perdem o Bispo no lance seguinte, depois do que o Peão do Bispo será levado a Dama.

ROQUE

Existe uma única exceção à regra segundo a qual um jogador não pode mover senão uma peça em sua vez de jogar. Se as casas entre o Rei e a Torre estiverem desocupadas, essas duas peças podem fazer o "roque", movendo-se simultaneamente. No roque, o Rei avança duas casas na direção da Torre e esta é colocada na casa que foi pulada pelo Rei. No Diagrama 29, o Rei branco fez o roque do lado do Rei (roque TR) e o Rei negro do lado da Dama (TD).

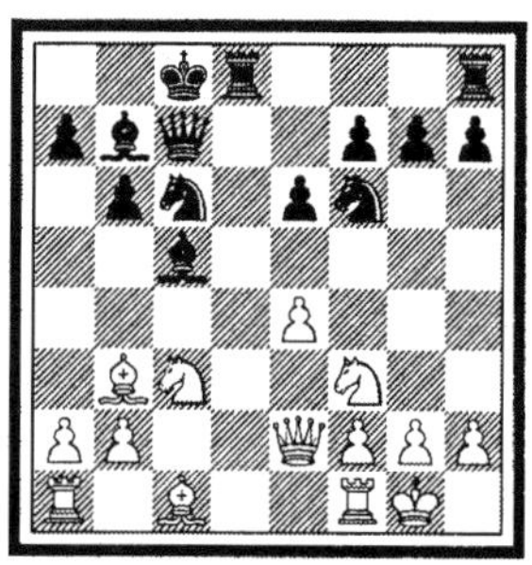

DIAGRAMA 29

Na notação inglesa nenhum símbolo é usado, escrevendo-se por extenso a palavra *castles*. Em todos os outros países, inclusive nos Estados Unidos, o símbolo 0—0 é usado para representar o roque TR e 0—0—0 para representar o roque TD.

O roque só é permitido quando o Rei e a Torre não fizeram movimentos anteriores, quando o Rei não está em xeque e quando a casa a ser pulada pelo Rei não está sob ataque do adversário. Não é preciso dizer que o roque não é possível quando a casa para onde vai o Rei está sob ataque.

Ao fazer o roque, o jogador deve tocar primeiro o Rei, pois um passo duplo com o Rei indica claramente sua intenção de rocar, o que não acontece com um movimento da Torre. Convém o principiante acostumar-se com esse modo de rocar, embora numa partida amistosa dificilmente um jogador deseje obrigar seu adversário a mover a Torre ao invés de rocar, apenas porque não tocou primeiro o Rei ao executar seu lance. Nas partidas de torneio, a regra é estritamente observada. Se não o fosse, os contendores poderiam também relaxar na observância da regra do "tocou-moveu", do que resultariam intermináveis discussões.

PARTIDAS EMPATADAS

Para evitar que uma partida se prolongue indefinidamente, quando nenhum dos jogadores pode forçar o mate, as regras estabelecem que um jogador pode reclamar a declaração de empate, depois de terem sido feitos cinqüenta lances sem que uma peça tenha sido capturada ou um Peão tenha mudado de posição. Excluem-se dessa regra certos finais de partida nos quais ficou demonstrado serem necessários mais de cinqüenta lances para forçar o mate.

Um jogador pode também reclamar a declaração de empate quando o lance é seu numa posição que já ocorreu duas vezes anteriormente em sua vez de jogar.

Se o leitor está começando a aprender o jogo, é possível que alguns finais, discutidos neste capítulo, tenham parecido um pouco além de seu alcance — e talvez sejam mesmo. No entanto, o estudo deles serviu à sua finalidade ainda que o leitor não tenha senão se familiarizado com a maneira como se movem as diferentes peças e com as combinações muito elementares envolvidas em dois ou mais deles.

O leitor achará muito útil voltar aos exemplos precedentes mais tarde, quando tiver certa experiência de jogo efetivo. Descobrirá então muitos pontos que lhe escaparam na primeira leitura e terá uma visão mais ampla da estratégia de final de partida, que é talvez a parte mais importante do conhecimento do xadrez. Isso porque na maioria das partidas de xadrez o Rei não recebe xeque-mate numa luta corpo a corpo em um tabuleiro cheio de peças. As peças são gradualmente trocadas até restarem apenas algumas delas, em geral alguns Peões, e a decisão ocorre no final de partida; isto é, na fase da partida em que as manobras do Rei e de Peões são de suprema importância.

É verdade que, como principiante, o leitor provavelmente não atingirá a fase de final de partida mesmo quando enfrentando adversários de experiência apenas muito modesta. Para empregar uma frase do grande mestre Tarrasch, os deuses puseram o jogo de meio de partida antes do jogo de final e o leitor provavelmente levará xeque-mate, na maioria dos casos, durante o jogo de meio de partida. Não deve ficar surpreendido com isso. Em primeiro lugar, fará muitos lances apressados que lhe custarão uma peça ou terão conseqüências ainda piores, até ter aprendido a examinar primeiro se o adversário pode capturar a peça na casa para onde pretende movê-la. Além disso, é necessária muito experiência para familiarizar-se com certas constelações de peças que ocorrem com freqüência e que envolvem *ameaças* que não se materializam senão dois ou mais lances depois.

O leitor poupará sem dúvida grande parte do tempo necessário para adquirir essa experiência se examinar os exemplos típicos apresentados na próxima seção, que ilustra os ataques de xeque-mate desenvolvidos por várias peças em combinação.

Na grande maioria das partidas, os jogadores rocam do lado do Rei, por ser esse o meio mais rápido de pôr a Torre em ação e colocar o Rei em segurança por trás de uma muralha de Peões. Por esse motivo, a maioria dos ataques de xeque-mate ocorrem na ala do Rei. Às vezes, envolvem o sacrifício de uma peça para abrir uma brecha na muralha protetora de Peões.

Praticamente todos os exemplos que apresento foram tirados de partidas reais. O tipo de combinações ilustrada tenderá por isso a repetir-se nas partidas em que o leitor empenhar-se.

Fundamentalmente, existem apenas dois tipos de combinações enxadrísticas. Um jogador tenta atacar duas peças de uma vez, na esperança de capturar uma delas, ou visa atacar uma peça mais vezes do que ela pode ser protegida. O último tipo de combinação naturalmente só tem sentido quando o ataque é dirigido contra uma peça que está presa a seu lugar, ou por estar guardando outra peça ou por estar imobilizada, de modo que, movendo-a, o jogador exporá à captura uma peça mais valiosa.

Às vezes, os dois tipos são combinados, como no Diagrama 30, por exemplo, onde as Brancas ganham através de uma combinação que um jogador desenvolveria da seguinte maneira: o Peão da Torre do Rei negro é atacado pela Torre, Dama e Bispo brancos. Este último deve ser também considerado como agindo contra 7T, embora a Dama obstrua seu caminho, pois se as Brancas jogarem 1. TxP e as Negras responderem

DIAGRAMA 30

com CxT, a Dama branca, protegida pelo Bispo, capturaria o Cavalo, dando xeque-mate.

Na realidade, as Brancas não podem fazer essa combinação, pois em seguida a TxP as Negras trocariam as Damas, eliminando assim uma das peças brancas que atuam contra o Peão da Torre. Como esse Peão está duplamente protegido, pelo Cavalo e pelo Rei, as Negras ganhariam a Torre depois de as Brancas recapturarem a Dama.

As Brancas, porém, podem trocar as Damas primeiro, afastando assim o Cavalo da casa de onde protege o Peão da Torre. Depois as Brancas terão duas peças atacando o Peão da Torre e as Negras terão apenas uma para defendê-lo, o Rei. As Brancas podem ganhar capturando o Peão com o Bispo, dando xeque ao Rei e obrigando-o a ir para a coluna aberta dominada pela Torre branca. O Rei fica então exposto a um xeque descoberto e perde uma peça através de B5B, que ataca ao mesmo tempo o Rei e o Cavalo.

As Brancas podem executar essa combinação de maneira mais espetacular começando com 1. DxP+. Depois de CxD; 2. BxC+, R1T; 3. B5B, com xeque descoberto, as Brancas capturam a Dama e saem com a vantagem de um Bispo, como na outra versão.

SACRIFÍCIO DE MATERIAL

Como as Brancas entregam sua Dama apenas para ganhar em troca a Dama e o Cavalo, o lance 1. DxP não pode ser realmente considerado um sacrifício. Esse termo aplica-se mais convenientemente a situações em que um jogador entrega material apenas em troca de uma vantagem de posição; isto é, uma vantagem que permita um ataque difícil de defender, embora talvez seja impossível prever o resultado final exato. Quando uma combinação de sacrifício envolve uma série de lances agressivos que termina em xeque-mate, a peça sacrificada foi na realidade trocada pelo Rei, prenda muito mais valiosa. Entretanto, como essas combinações geralmente contêm um elemento de surpresa que escapa à maioria dos jogadores até terem visto uma combinação semelhante em partidas de outros, é costume falar em sacrifício sempre que um jogador entrega uma peça por outra de menor valor ou sem receber material algum em troca.

VALOR RELATIVO DAS PEÇAS

O valor relativo das peças, sem considerar ocasiões especiais nas quais uma combinação aguda nos obriga a pôr de lado avaliações padronizadas, é em geral declarado em termos do número de Peões a que a peça em questão é considerada igual. Como foi dito antes, um Cavalo ou Bispo vale três Peões. São chamados de "peças menores", em contraste com a Torre e a Dama. A Torre é considerada igual a cinco Peões, a Dama igual a três peças menores. Assim, seu valor é de nove Peões. Duas Torres valeriam dez Peões, isto é, o mesmo que a Dama e um Peão.

De acordo com essa avaliação, a Dama seria igual a uma Torre, uma peça menor, e um Peão, ... 5+3+1=9. Com efeito, a experiência prática tem mostrado que isso é certo em muitos casos.

DAMA, TORRE E BISPO

O Diagrama 31 mostra um caso em que, como no Diagrama 30, as Brancas vencem, graças ao poder que uma Torre exerce numa linha aberta.

DIAGRAMA 31

As Brancas forçam o xeque-mate sacrificando sua Dama com 1. DxC! Com isso ameaçam dar mate em 7C e as Negras são forçadas a responder com PxD. Agora, a coluna está aberta para a Torre entrar na luta. 2. T3C obriga o Rei a ir para o canto e, em seguida, 3. BxP é mate.

Essa é uma das posições típicas que mostram Torre e Bispo cooperando num xeque-mate dado pelo Bispo. Um caso típico de cooperação entre essas duas peças com uma Torre dando o mate é visto no Diagrama 32.

DIAGRAMA 32

As Brancas começam com 1. T3C, ameaçando 2. TxP+, R1T; 3. DxP mate. As Negras não podem interpor seu Bispo em 3B, pois as Brancas simplesmente o capturariam, uma vez que as Negras não poderiam tomar o Bispo branco com o Peão do Rei, que está imobilizado protegendo o Rei. As Negras deveriam interpor seu Peão ao Bispo, pois 1. ..., P3B reduziria o efeito do Bispo branco. Um erro fatal seria 1. ..., P3CR. Isso aumentaria a eficiência do Bispo e as Brancas poderiam dar xeque-mate com 2 . DxPR+!, RxD; 3. T3T+, R1C; 4. T8T.

DAMA, TORRE E CAVALO

Existem algumas combinações clássicas com as três peças acima, que é conveniente conhecer, não apenas por serem muito belas, mas porque ocorrem em partidas reais com bastante freqüência a menos que o jogador se proteja contra elas.

No Diagrama 33, as Brancas ganham com 1. TxB, DxT; 2. C7B+. As Negras precisam mover o Rei, pois TxC levaria ao

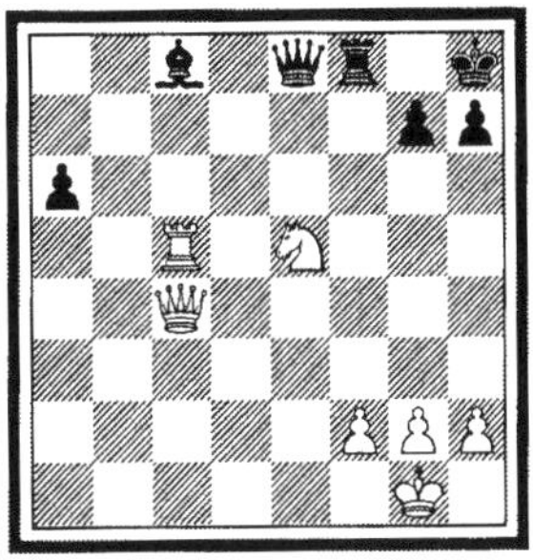

DIAGRAMA 33

mate através de DxD. Depois de 2. ..., R1C, as Negras ficam expostas a um xeque descoberto pelo Cavalo. 3. C6D+ daria oportunidade para a resposta salvadora DxD. As Brancas têm, porém, à sua disposição, uma combinação dramática que força o mate em três lances. 3. C6R xeque duplo!!! As Negras não têm escolha. Precisam jogar R1T. Seguem-se 4. D8C+!!, TxD; e 5. C7B xeque-mate. O sacrifício da Dama obrigou as Negras a bloquearem com a Torre a única casa de fuga do Rei, eliminando ao mesmo tempo a defesa de 7BR, de modo a permitir que o Cavalo dê naquela casa um mate pela impossibilidade de movimento do Rei.

Igualmente surpreendente é a combinação que pode desenvolver-se da posição do Diagrama 34. O lance é das Negras. As Brancas ameaçam sacrificar a Dama com DxPT+!!, pois em seguida a RxD, as Negras levariam xeque-mate da Torre em 5T. Se as Negras se defenderem com 1. ..., P3CR, as Brancas respondem com 2. D6T. Agora as Negras não podem jogar P3D, porque levariam mate através de 3. T5T!! ameaçando DxP mate; e PxT não ajudaria, pois 4. D6B é mate.

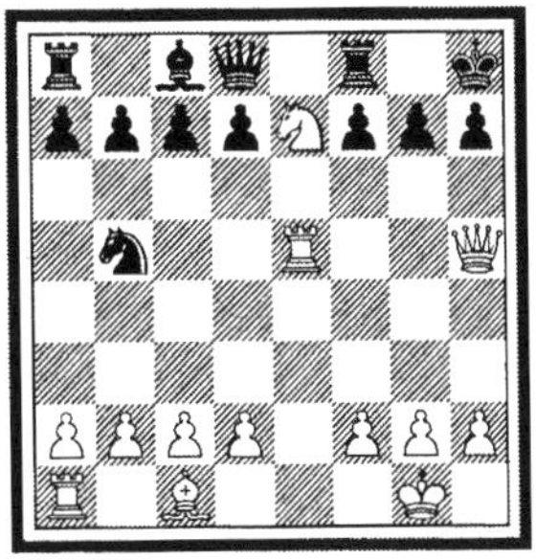

DIAGRAMA 34

Se tivermos em mente a posição final da combinação que acaba de ser ilustrada, é fácil ver no Diagrama 35 um mate em três lances que as Brancas podem impor. BxP+ rompe a muralha protetora de Peões diante do Rei negro. 1. ..., RxB; 2. D5C+, R1T; D6B mate encerra a partida.

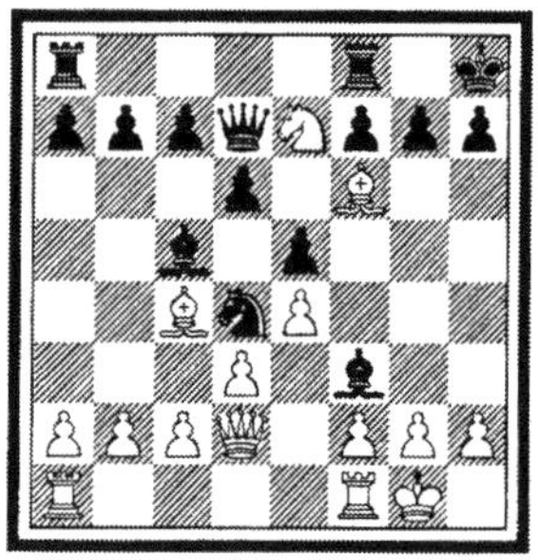

DIAGRAMA 35

Um ataque de xeque-mate de tipo muito comum, no qual o Bispo do Rei é sacrificado em 7T a fim de expor o Rei a uma investida por parte da Dama e do Cavalo, é ilustrado no Diagrama 36.

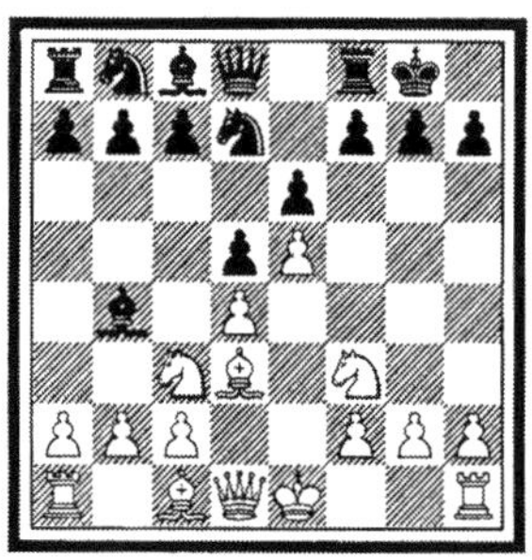

DIAGRAMA 36

Depois de 1. BxP+, RxB; 2. C5C+, as Negras só podem escolher entre R1C e R3C, pois 2. ..., R1T levariam a 3. D5T+ e mate em 7T; e 2. ..., R3T exporia o Rei ao xeque descoberto CxPB ou CxPR, com a conseqüente captura da Dama.

Em resposta a 2. ..., R1C, as Brancas forçariam o mate em seis lances do seguinte modo: 3. D5T, T1R; 4. DxP+, R1T; 5. D5T+, R1C; 6. D7T+, R1B; 7. D8T+, R2R; 8. DxP mate.

As Negras não podem fugir ao seu destino com 2. ..., R3C. 3. P4TR ameaçaria a captura da Dama, forçando o Rei a ir para 3T com P5T+ e em seguida dando um xeque descoberto com o Cavalo, da maneira já demonstrada. As Negras precisam portanto mover sua Dama para uma casa em que não possa ser atacada pelo Cavalo, por exemplo, D2R. Todavia, depois de 4. P5T+, R3T (Diagrama 37), as Brancas teriam igualmente uma vitória inevitável. 5. D3D, ameaçando mate através de D7T, assim como CxPB xeque duplo, obrigaria as Negras a responderem com P4BR. Em seguida 6. PxP e.p. renova a ameaça e desta vez não há defesa.

DIAGRAMA 37

TORRES E BISPOS

A força das Torres é muito impressionante quando elas são dobradas numa coluna ou fileira. No último caso, é na sétima fileira que seu efeito se torna mais devastador, pois essa é a fileira inicial dos Peões adversários e a mais próxima de seu Rei. O Diagrama 38 apresenta um instrutivo exemplo.

DIAGRAMA 38

Capablanca, jogando com as Negras contra Niemtsovich, forçou a entrada de sua segunda Torre na sétima fileira com 1. ..., P4R! Depois de BxPR, T(1)7D, as Brancas não poderiam defender o Peão do Bispo com 3. T1BR, porque se seguiria DxPR. (Diagrama 39). 4. PxD levaria então ao xeque-mate em três lances: T7C+; 5. R1T, TxPTR+; 6. RlC e T(B)7C mate.

DIAGRAMA 39

Da mesma forma, se no diagrama as Brancas jogarem 4. B4B, as Negras darão xeque-mate com TxP; 5. BxD, T7C+ etc. ou 5. TxT, DxT+ etc.

Raramente são vistos xeques-mates com dois Bispos no jogo de meio de partida. Os dois diagramas seguintes mostram casos em que isso realmente aconteceu

No Diagrama 40, as Brancas ameaçam mate com 1. D4T e, depois de P4T, podem sacrificar a Dama com 2. DxP, pois PxD tem como resposta B7T mate.

DIAGRAMA 40

Na posição do Diagrama 41, eu joguei 1. TD1D. Isso parecia tão inocente que meu adversário, o campeão sueco F.

Englund, não suspeitou de qualquer cilada. Rocou e a conseqüência foi 2. DxP+!, PxD; 3. B6T mate.

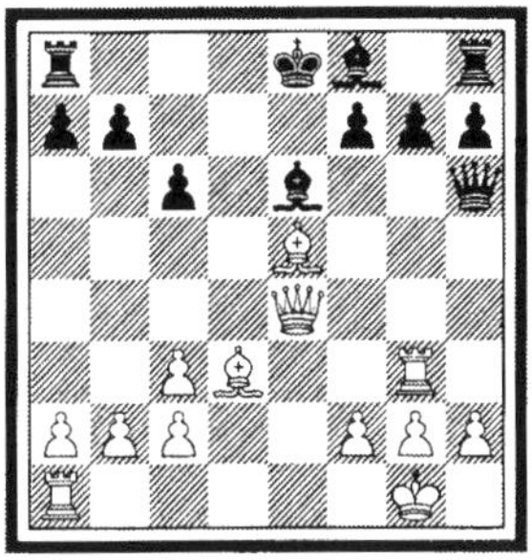

DIAGRAMA 41

Recomendo ao estudante que jogue repetidamente as combinações ilustradas neste capítulo. Desse modo, ele se familiarizará com os elementos sempre repetidos de que se formam as combinações: ataques duplos, imobilizações, bloqueios, xeques descobertos, sacrifícios a fim de abrir avenidas que levem ao Rei etc.

Como são pré-condicionadas, por assim dizer, posições para tornar provável a existência de combinações vencedoras é assunto que cabe mais apropriadamente na "Teoria de Aberturas". Essa expressão é em geral erroneamente aplicada a coleções de variações de abertura que apenas registram os resultados de análises extraídos do jogo de mestre. Com muita freqüência, principiantes cometem o erro de consultar tais coleções para obter informações sobre como orientar a abertura da partida. Isso pouco efeito pode ter sobre o principiante, a não ser confundi-lo, até que compreenda as razões pelas quais os mestres preferiram um lance a outro, em posições onde nenhuma combinação aguda forçava uma resposta específica. O capítulo seguinte explica essas razões, que formam a base do "jogo de posições". Resultam elas da concepção de que todas as manobras na abertura devem ser orientadas por certos princípios estratégicos gerais que indicam o curso mais promissor em qualquer luta competitiva. É da aplicação específica desses princípios ao tabuleiro de xadrez que cuida a teoria do jogo de abertura. A prática apenas aumentará a facilidade do estudante em realizar combinações. É necessária uma boa concepção dos princípios de estratégia enxadrística para compreender o jogo de posições.

CONSIDERAÇÕES ESTRATÉGICAS

Observando as posições escolhidas no capítulo anterior como exemplos de ataques combinados com o tabuleiro cheio de peças, o leitor notará que a queda do Rei pode ser quase sempre atribuída a uma de duas razões. Ou o jogador atacante consegue concentrar forças superiores no ponto onde desencadeia seu ataque ou, com as forças atacantes e defensivas bem equilibradas, a cadeia de Peões que protege o Rei é penetrada por peças adversárias. Estas últimas, perigosamente próximas do Rei, limitam a mobilidade de seus auxiliares ao ponto de não lhes permitir uma resistência organizada.

Uma conclusão muito simples a ser tirada dessas observações é que representa um perigo mover um Peão diante do Rei rocado quando isso permite a peças adversárias se alojarem nas casas que perderam sua proteção em decorrência do movimento do Peão.

Menos simples é o problema de impedir que o adversário reúna força superior para fazer pressão contra nosso Rei. Uma regra racional a seguir parece ser a de tornar todas as nossas peças o mais móveis que for possível e fazer isso da maneira mais rápida. Depois, caso o adversário lance um ataque combinado, estaremos em condições de mobilizar em tempo uma força defensiva adequada.

Essa regra serve como excelente guia em todo jogo de abertura. Diz-nos que não devemos dispor nossas peças de modo que uma obstrua o caminho de outra e que, até quando todas as nossas peças tiverem sido "desenvolvidas", só devemos fazer os lances de Peão que forem necessários para abrir caminho às nossas peças ou para fechar o caminho das peças adversárias. O principiante invariavelmente tem visões sedutoras que o levam a esquecer-se de que esse desenvolvimento das peças é o único e exclusivo objetivo da fase de abertura do jogo. Deseja sempre apanhar numa cilada uma ou outra das peças do adversário, ou mesmo investir contra o Rei num ataque prematuro, ao invés de adiar tais planos para depois de ter desenvolvido suas peças.

Alguns exemplos que mostram os efeitos desastrosos dessas manobras prematuras esclarecerão a significação da regra geral, ilustrando ao mesmo tempo a maneira como podem ser prontamente punidos aqueles que violam a regra.

PARTIDA N.° 1

Suponhamos que as Brancas abriram a partida com 1. P4R. Esse lance é sem dúvida bom, pois abre caminho para o Bispo e a Dama, o que aconteceria também com P4D. Qualquer outro movimento de Peão permitiria a uma única peça sair para o campo aberto e seria portanto muito provavelmente inferior, pelo menos até onde podemos julgar nesta fase da partida.

Suponhamos que as Negras, não estando familiarizadas com essa linha de raciocínio, joguem 1..... P3CD, a fim de colocar seu Bispo em 2CD, onde atacará o Peão branco central. Depois de 2. P4D, B2CD, chegaríamos à posição reproduzida no Diagrama 42. As Brancas poderiam defender seu Peão de muitas maneiras diferentes. A melhor continuação será aquela que mais contribuir para o desenvolvimento das peças. Assim, as Brancas rejeitarão lances de Peão como P3BR ou P5D ou P5R. Rejeitarão também D2R ou D3D porque esses lances

DIAGRAMA 42

obstruiriam o caminho do Bispo. Pela mesma razão, não desejarão jogar C2D. Todavia, C3BD ou B3D estariam dentro do espírito de desenvolvimento rápido. Por isso, as Brancas não cogitarão de quaisquer outros lances. Muito provavelmente C3BD é o melhor, pois o Cavalo tem em 3B maior mobilidade do que poderia obter em qualquer casa que lhe fosse possível atingir em seu primeiro lance. O Bispo possivelmente encontraria maior campo em 4B ou 5C, dependendo de como as Negras alinhassem suas peças. Suponhamos, porém, que as Brancas prefiram 3. B3D.

Agora, as Negras poderiam com toda razão pensar em atacar mais uma vez o Peão do Rei. Poderiam fazer isso com C3BR, P4D ou P4BR. Somente os dois primeiros lances mencionados contribuiriam para aumentar a mobilidade das peças negras. Escolhendo 3. ..., P4BR, as Negras enveredam portanto por um caminho duvidoso. Na verdade, o lance aparentemente atrai as Brancas a uma cilada. Se as Brancas tomarem o Peão avançado, as Negras podem responder com BxP e capturar a Torre imobilizada. A posição depois de 4. PxP, BxP é mostrada no Diagrama 43.

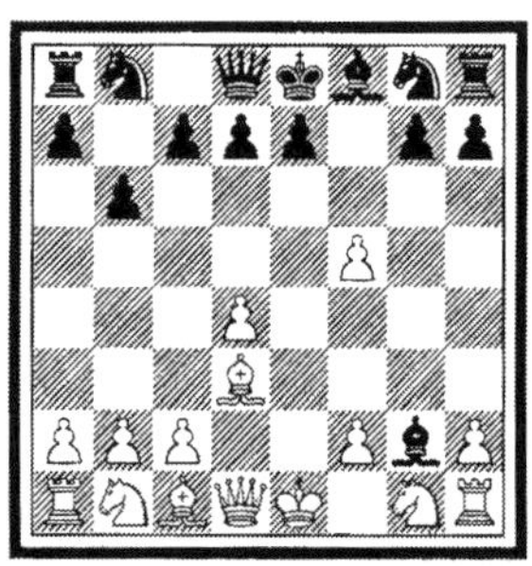

DIAGRAMA 43

As Brancas perderiam, com efeito, a sua Torre se não pudessem explorar com êxito seu desenvolvimento superior e a exposição do Rei negro. O avanço do Peão do Bispo enfraquece o ponto mais vulnerável do alinhamento original das peças de xadrez, a casa 2BR, que é defendida apenas pelo Rei. Assim, em resposta a um xeque na diagonal, deixada vazia pelo Peão, as Negras não teriam uma única peça para interpor em

2BR e o próprio Rei não teria como mover-se. Depois de 5. D5T+, as Negras não teriam senão P3C. Em seguida 6. PxP ameaçaria mate através do avanço do Peão com xeque descoberto (Diagrama 44).

DIAGRAMA 44

As Negras não podem evitar o mate, afastando a Dama branca de sua ameaçadora posição com 5. ..., C3BR, porque o Bispo branco permanece pronto para assumir o papel da Dama na fatídica diagonal 5T-8R. PxP xeque descoberto, CxD; 8. B6C seria mate.

No diagrama, as Negras podem salvar seu Rei abrindo-lhe um caminho de fuga com 6. ..., B2CR. Isso impede também o xeque descoberto 7. P7C, que resultaria na captura da Torre e daria às Brancas uma segunda Dama.

Todavia, o xeque descoberto ganha uma peça em qualquer caso: 6. ..., B2CR; 7. PxP xeque descoberto, R1B; 8. PxC (Dama) xeque, RxD. Agora, as Brancas já têm um Cavalo e um Peão em troca da Torre que as Negras capturarão no lance seguinte. Além disso, depois de 9. D4C, BxT; 10. P3BR, o Bispo provavelmente não escapará e o Rei negro continua exposto a ataque.

PARTIDA N.° 2

A frágil casa 2BR com muita freqüência oferece um alvo na fase inicial da partida, não apenas nos casos em que foi movido o Peão do Bispo, como em nosso primeiro exemplo.

Esse Peão é prontamente atacado pelo Cavalo do Rei e pelo Bispo do Rei se, depois dos lances 1. P4R, P4R, qualquer dos jogadores negligenciar o rápido desenvolvimento de suas peças menores.

O segundo lance mais comumente empregado pelas Brancas é C3BR. Isso desenvolve uma peça e ataca o Peão central. A melhor resposta das Negras é provavelmente C3BD, que defende o Peão ao mesmo tempo que desenvolve uma peça. Jogando 2. ..., P3D, as Negras também avançariam seu desenvolvimento, pois abririam uma diagonal para seu Bispo da Dama. Ao mesmo tempo, porém, encurtariam a diagonal que seu primeiro lance abriu para o Bispo do Rei. Portanto, é provavelmente melhor retardar o avanço do Peão da Dama até ter sido levado para fora o Bispo do Rei, a menos que esse Bispo não possa ser colocado em 4B ou 5C por outras razões imperiosas.

Tenho empregado prudentemente as expressões "provavelmente" ou "muito provavelmente" porque não dispomos de meio quantitativo exato para medir os valores relativos dos lances, exceto no caso de combinações agudas, nas quais é possível mostrar um lance que conduz à vitória, enquanto outro poderia não conduzir. Há muitos mestres que gostam de jogar a "defesa de Philidor"*, caracterizada pelo lance 2. ..., P3D escolhido nesta partida, embora saibam muito bem que a imobilização do Bispo do Rei pode levá-los a uma posição um tanto embaraçosa. Em tais posições, o adversário é às vezes tentado a fazer um ataque prematuro do qual ele próprio sai ferido.

As Brancas dispõem de vários meios para continuar seu desenvolvimento. O movimento mais vigoroso (Diagrama 45) seria 3. P4D, que ataca novamente o Peão central. É vantajoso ter um Peão numa casa central (4 R ou 4D), porque dessa posição ele controla duas casas centrais no campo inimigo — em nosso caso 5D e 5BR.

---

* As diferentes aberturas são em geral designadas pelos nomes dos mestres que as recomendaram pela primeira vez. Não há necessidade alguma de lembrar-se desses nomes.

DIAGRAMA 45

As casas centrais são os melhores pontos de desenvolvimento para as peças, particularmente para os Cavalos, pois do centro eles podem ser prontamente levados para qualquer ala em caso de necessidade. É por isso que, em resposta a 3. P4D (Diagrama 45), as Negras não gostariam de entregar seu Peão central, trocando-o em 5D, se pudessem evitá-lo. Contudo, podemos dizer, com base em nosso princípio de desenvolvimento rápido, que dificilmente terão oportunidade de escolha. 3. ..., C2D obstruiria o Bispo da Rainha e 3. ..., C3BD permitiria que as Brancas trocassem primeiro em 5R, abrindo a carreira da Dama e, em seguida, trocassem Damas, obrigando as Negras a mover seu Rei, que perderia assim o privilégio do roque. Com seu Rei no meio do tabuleiro, as Negras logo ficariam expostas a um vigoroso ataque que as Brancas desencadeariam dobrando suas Torres da coluna aberta da Dama.

Em resposta a 3. ..., C3BD, muitos principiantes seriam seriamente tentados a atacar o Cavalo com 4. P5D. Cuidadosa atenção ao princípio de desenvolvimento rápido evitaria que cometessem esse grave erro posicional. O fato de o avanço do Peão atacar o Cavalo não tem significação alguma. O Cavalo pode afastar-se e procurar abundantes pastagens na ala do Rei. Por outro lado, as Brancas aliviariam o Peão central negro de toda pressão afastando seu Peão de 4D e ainda, ao invés de aumentar a mobilidade de suas peças, a diminuiriam. Em 5D o Peão bloqueia a diagonal 2TD-8CR na qual o Bispo do Rei branco poderia ser orientado contra a casa congenitamente fraca 7BR.

As Brancas poderiam colocar seu Bispo naquela diagonal imediatamente, jogando 3. B4B no Diagrama 45. Continuando seu desenvolvimento, as Negras precisariam então tomar cuidado para não permitir um segundo ataque ao Peão do Bispo com C5C até terem uma segunda peça pronta para defendê-lo. Assim, não jogariam imediatamente C3BR, mas levariam primeiro o Bispo para 2R e em seguida desenvolveriam o Cavalo, de modo a poderem, em resposta a C5C, defender o Peão mediante o roque.

Seria muito má idéia para as Negras defenderem-se contra a ameaça de C5C com 3. ..., P3TR, pois esse não é um lance de desenvolvimento. Além disso, viola a regra de que nenhum Peão deve ser movido sem necessidade na ala onde presumivelmente o Rei vai rocar.

Jogando 4. C3B em resposta, as Brancas teriam três peças prontas para a aventura, contra nenhuma da parte das Negras. Como pode ser perigosa tal vantagem de desenvolvimento é coisa que as Negras descobririam para seu pesar, se levassem o Bispo para fora com 4. ..., B5C, imobilizando o Cavalo, de modo a responder a 5. P4D com C3BD, ameaçando CxP.

A posição depois de 4. ..., B5C é mostrada no Diagrama 46.

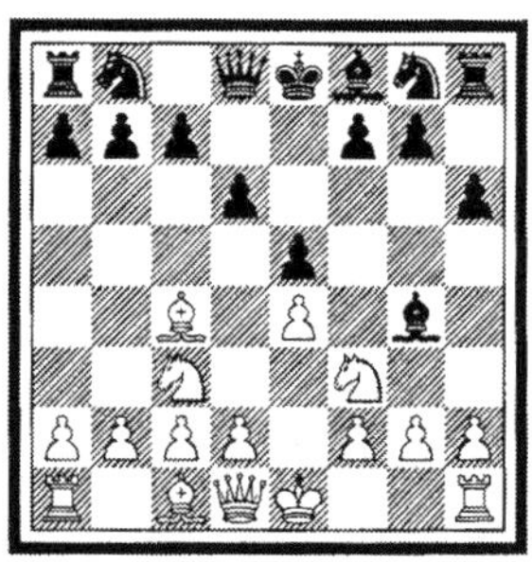

DIAGRAMA 46

O lance das Negras é drasticamente repelido pelo surpreendente sacrifício da Dama 5. CxP! !, pois se BxD, as Brancas darão o mate em dois lances através de 6. BxP+ e 7. C5D. O fato de ter sido possível esse xeque-mate (Diagrama 47) é algo que poderia ser considerado como mero acidente, pois o lance

DIAGRAMA 47

das Negras 4...., B5C foi sem dúvida um lance de desenvolvimento e dificilmente poderia ser considerado como uma violação das leis gerais que estamos discutindo. Entretanto, como foi acentuado anteriormente, o lance de Peão 3. ..., P3TR representou tal violação e mesmo outros lances de desenvolvimento, que não B5C, poderão ser insuficientes em vista das superiores forças combatentes que as Brancas já têm em campo.

Isso não significa que as Brancas conseguirão necessariamente um ataque combinado precoce. Na realidade, um jogador que goza de considerável vantagem no desenvolvimento de suas peças não deve mostrar-se muito ansioso por sacrificar suas peças apenas para obrigar o Rei adversário a sair em campo aberto. Às vezes, mesmo uma posição embaraçosa ou insuficientemente desenvolvida oferece notáveis possibilidades defensivas e resistirá com êxito a investidas sacrificiais. Todavia, cederia gradualmente sob a lenta e cumulativa pressão das forças inimigas mais móveis.

PARTIDA N.º 3

Os mestres de nossos próprios tempos aprenderam desde bem cedo que negligenciar o desenvolvimento das peças na abertura leva provavelmente à derrota repentina logo no começo do jogo de meio de partida. É por isso que não encontramos mais partidas de mestres nas quais um dos contendores leve xeque-mate antes de prolongada luta. A seguinte exceção foi uma "partida relâmpago", isto é, uma partida na qual os jogadores dispõem apenas de dez segundos para cada lance. Mesmo com essa rapidez os mestres produzem de vez em quando uma verdadeira jóia.

BRANCAS	NEGRAS
Richard Réti	Savielly Tartakover

Disputada em Viena em 1910

1. P4R	P3BD

Essa é a abertura "Caro-Kann". Como a "defesa francesa", caracterizada por 1. P4R, P3R, prepara para 2...., P4D, a fim de eliminar o Peão do Rei branco o mais rapidamente possível de sua posição central.

2. P4D	P4D

Aqui o principiante talvez fosse tentado a avançar o Peão para 5R. Nossos princípios gerais condenariam esse movimento como perda de tempo, pois não aumentaria a mobilidade das peças brancas.

3. C3BD	PxP
4. CxP	C3BR
5. D3D	

Com esse lance as Brancas revelam sua intenção de rocar do lado da Dama. Em caso contrário, desenvolveriam as peças da ala do Rei, depois de trocar o Cavalo que o último lance das Negras atacou.

Um erro decisivo. A idéia por trás do lance é louvável. As Negras desejam trocar o Peão branco central. Todavia, o método que escolhem para executar sua idéia ajuda as Brancas em seu desenvolvimento e, portanto, provavelmente causará contratempos. O Peão avançado não é sacrificado, pois as Negras capturam o Peão branco com o xeque de Dama em 4T. Contudo, em resposta ao xeque, as Brancas tiram seu Bispo para fora

DIAGRAMA 48

e, depois do segundo lance que as Negras precisam fazer com sua Dama para capturar o Peão, as Brancas desenvolvem sua Torre da Dama. Em resultado, ficam com quatro peças em jogo, contra duas peças das Negras. Além disso, o Rei e Dama negros estão localizados na mesma coluna no final da combinação — numa coluna aberta que a Torre branca está pronta para ocupar. O efeito é desastroso.

6. PxP	D4T+
7. B2D	DxPR
8. 0—0—0	

Não há dúvida que Tartakover levara em consideração esse sacrifício do Cavalo, embora tivesse tido apenas dez segundos para calcular as conseqüências de seu quinto lance. Tinha, naturalmente, visto que não poderia tomar o Cavalo com a Dama, porque a última ficaria imobilizada através de 9. T1R. E achava que após capturar com o Cavalo, bloqueando assim a carreira do Rei, encontraria tempo para colocar seu

DIAGRAMA 49

Rei em segurança, embora não pudesse conservar o Cavalo depois de 9. T1R, P4BR; 10. P3BR.

Todavia, Réti deve ter recebido — talvez subconscientemente — uma insinuação da "imortal partida" de Anderssen, que dorme na memória de todo jogador de xadrez. Naquela partida, Anderssen sacrificou sua Dama a fim de forçar o Rei de seu adversário, Zukertort, a ir para uma coluna na qual ficaria exposto a um terrível xeque descoberto por uma Torre e um Bispo.

8. ...	CxC
9. D8D+!!	

A partida foi concluída com três golpes esmagadores.

9. ...	RxD
10. B5CR xeque duplo	R2B
11. B8D mate!!	

Se o Rei tivesse ido para 1R, teria levado mate com T8D.

PARTIDA N.° 4

Hoje em dia raramente vemos partidas nas quais um jogador permita ao seu adversário dar-lhe xeque-mate antes de ter tido oportunidade de rocar. Mesmo um principiante descobre rapidamente que o roque oferece relativa segurança ao seu Rei. O que em geral não percebe é que o desenvolvimento inferior tende a fazer seu Rei sucumbir numa fase inicial da partida, tenha ou não rocado. Mesmo mestres, por estranho que pareça, são tentados às vezes a perder tempo com movimentos de Peões na abertura, desde que isso não interfira com o roque. Esperam sobreviver à inevitável tempestade em que se transformará a vantagem do adversário em desenvolvimento, mas, em geral, sua provocação é castigada. A seguinte partida, disputada por dois famosos gênios da combinação em consulta com autoridades menores, oferece um belo exemplo:

BRANCAS	NEGRAS
D. Janovski	Emanuel Lasker
e	e
B. Soldatenkoff	J. Taubenhaus

Disputada em Paris em 1909

1. P4R	P4R
2. P4D	PxP

As Negras não podem manter muito bem um Peão em 4R com P3D, pois as Brancas trocariam Peões e Damas, como foi explicado na Partida n.° 2. Proteger o Peão com 2. ..., P3BR não interessa porque não desenvolve peça alguma.

3. P3BD

Com este lance e o seguinte, as Brancas entregam dois Peões para desenvolver suas peças antes das Negras. Essa abertura chama-se "Gambito Dinamarquês", significando a palavra *gambito* o sacrifício de um Peão, cuja aceitação leva o adversário a perder tempo na mobilização de suas forças.

3. ...	PxP

Os princípios gerais sugeririam 3. ..., P4D em lugar do lance realizado. Isso eliminaria o Peão do Rei branco do centro e avançaria o desenvolvimento das Negras.

4. B4BD

Uma variação recomendada por Alekhine é 4. CxP, para responder a B5C com 5. B4BD.

4. ...	PxP
5. BxPC	C3BR

DIAGRAMA 50

A melhor oportunidade que as Negras têm de evitar contratempos está em libertar seu jogo com 5. ..., P4D! embora isso significasse a devolução dos dois Peões que haviam capturado. A combinação resultante seria a seguinte: 6. BxPD, C3BR; 7. BxP+, RxB; 8. DxD, B5C+; 9. D2D, BxD+; 10. CxB, P4B, seguindo-se B3R, R1R, C3B e o avanço dos Peões do lado da Dama.

Os finais, em que um jogador tem uma maioria de Peões numa ala e o outro jogador na ala oposta, em geral se mostram favoráveis ao jogador cujo Rei está na ala da maioria de Peões adversários, de modo que o Rei fique pronto para ajudar a deter o Peão adversário passado. Em nosso caso, as Negras teriam portanto melhores probabilidades.

6. P5R	B5C+
7. C3B	D2R
8. C2R	C5R
9. 0—0	CxC
10. BxC	BxB
11. CxB	0—0

DIAGRAMA 51

A fumaça da batalha desvaneceu-se um pouco, mas as perspectivas das Negras são muito mais escurecidas por suas nuvens. Ainda que as Brancas lhes dessem tempo para tomar fôlego, as Negras precisariam de três lances para levar uma de suas peças menores à ala do Rei para defesa. Todavia, as Brancas fazem as Negras perderem outros dois lances de sua Dama sacrificando o Peão do Rei:

12. C5D!	DxP
13. T1R	D3D
14. D5T	P3BD

DIAGRAMA 52

Não importa muito o que as negras joguem. Com as Brancas prontas para atacá-las com todas as suas peças, não há defesa. As Brancas poderiam liquidar o caso muito rapidamente com 15. C7R+, R1T; 16. TD1D. Se a Dama for para 2B ou 5C, 17. T4R ameaça com o xeque-mate ilustrado no Diagrama 34. Com 16. ..., D3T, as Brancas não trocariam Damas mas jogariam 17. D5BD, ameaçando C6C e DxT+ etc. Se as Negras defenderem a Torre com P3CR, 18. T6D conserva-as refreadas e ameaça com 19. C5B. Não há meio algum de enfrentar satisfatoriamente a ameaça.

As Brancas escolheram uma continuação diferente, que é cheia de traços divertidos.

15. C7B!	P3CR

As negras não podem capturar o Cavalo, porque as Brancas lhes dariam xeque-mate com 16. DxPB+!, TxD; 17. T8R.

16. D6T!!	DxC
17. BxP+!	RxB

DIAGRAMA 53

A Torre não poderia capturar o Bispo, porque 18. T8R+, T1B; 19. TxT ou DxT seria mate. Os lances restantes mostram como um Rei exposto é impotente diante de um ataque de Dama e Torre.

18. DxPT+	R3B
19. D4T+	R2C
20. T7R+	T2B
21. D4D+	R1B
22 . D8T+!	RxT
23. T1R+	R3D
24. D5R mate	

LIVROS PARA ESTUDANTES DE XADREZ

Os exemplos mencionados ilustram os mais importantes princípios da estratégia de abertura de maneira suficiente para dar ao principiante uma boa idéia do que significa jogo de posições. Ao estudante que deseja aprofundar-se mais no assunto recomenda-se a leitura do livro de Niemtsovich *My System**. Uma exposição pormenorizada dos

* *Meu Sistema.*

objetivos de cada abertura que se mostrou prática será encontrada em *Modern Chess Strategy** deste autor. Coleções de partidas de mestres inteiramente anotadas, como as que foram publicadas pelo mestre americano Fred Reinfeld, serão sempre uma fonte de agradável instrução. *The Basis of Combination in Chess***, de Du Mont, apresenta uma fascinante coleção de brilhantes combinações desenvolvidas pela prática do mestre. Se o leitor não tiver parceiro para jogar sobre o tabuleiro, pode jogar por correspondência. A *Chess Review**** ou a *Chess Correspondence League of America***** arranjar-lhe-ão quantos parceiros desejar. Aqueles que preferem o elemento estético do xadrez ao elemento de luta encontrarão em *How to Solve Chess Problems******, de K. S. Howard, uma introdução intensamente interessante a um rico terreno de diversão artística.

COMO COMPORTAR-SE DIANTE DO TABULEIRO DE XADREZ******

1. Quando perder uma partida ou partidas, você jamais deve cometer a tolice absurda de admitir que foi lealmente derrotado pela capacidade superior de seu adversário. Há muitos meios de explicar um revés sem ter necessidade de recorrer a uma confissão tão humilhante para seu orgulho próprio. Você pode invocar uma dor de cabeça para esse fim. Tem passado mal de saúde ultimamente. Sua mente estava ocupada com outras coisas. Desejava excitação suficiente — uma desculpa capital, pois insinua que a força de seu adversário é tão inferior à sua que você não pôde sentir suficiente interesse

---

* *Moderna Estratégia do Xadrez.*

** A *Base da Combinação no Xadrez.*

*** *Revista de Xadrez.*

**** *Liga de Xadrez por Correspondência da América.*

***** *Como Resolver Problemas de Xadrez.*

****** Condensado de Sugestões feitas pelo Cap. H. A. Kennedy, um dos maiores jogadores da Inglaterra há, aproximadamente, cem anos. Aparentemente, os hábitos dos jogadores de xadrez são hereditários e não estão sujeitos a diferenças nacionais.

para dar-se ao trabalho de derrotá-lo. Por fim, você pode afirmar categoricamente que sua falta de êxito foi devida a pura sorte — razão que não tenho ouvido com tanta freqüência como devia ser apresentada. Muitas pessoas acham tolo imaginar que alguém tenha pouca, nenhuma ou má sorte no xadrez, mas isso é um grande erro...

2. Igualmente, quando por acaso você for derrotado, pode murmurar baixinho, mas suficientemente claro para que seu adversário ouça:

"I am not valiant neither,
*But every puny whipster gets my sword."**

Ou, se você supuser que essa citação talvez seja como caviar para o intelecto de seu adversário vencedor, não acostumado a Shakespeare, pode dizer delicadamente, mas em tom pesaroso, como se sua mente estivesse cheia de visões de vitórias antigas: "Ai, ai, hoje em dia qualquer pexote do clube pensa que pode derrotar-me."

3. Se tem tendências musicais, você não é proibido — involuntariamente, é natural, e por pura alegria — de cantarolar ou cantar durante uma partida, fazendo o acompanhamento com firmes batidas dos dedos sobre a mesa. Quando for a vez de seu adversário jogar, você pode bocejar à vontade, espreguiçar-se ou olhar com freqüência para seu relógio. Estas pequenas e modestas artes, distraindo a atenção do seu adversário, com toda probabilidade farão com que ele apresse seu lance, e assim você poderá conseguir habilmente uma diversão em seu favor.

4. Quando empenhado numa partida contra um jogador jovem e nervoso, sendo você um enxadrista velho e experimentado, não se dê ao trabalho de ocultar seu desprezo pela pequena proficiência dele no jogo. Isso você pode manifestar facilmente iniciando conversas marginais com os circunstan-

---

* "Eu também não sou valente,
Mas qualquer insignificante fedelho toma minha espada."

tes, fingindo interessar-se muito por uma partida numa mesa vizinha, lendo um jornal ou fazendo observações irônicas quando seu adversário realiza um lance, como estas: "Ho! Ho! O cavalheiro vai para ali, não é?"... "Muito bem, realmente..." "O senhor é um perfeito Philidor, cavalheiro." Por esses meios você estabelecerá imediatamente e de maneira indiscutível a insignificância do seu adversário, e sua própria e enorme superioridade e condescendência.

5. Se por acaso você estiver observando dois jogadores de capacidade muito superior à sua, não se constranja por esse motivo em fazer os comentários que julgar convenientes sobre o jogo deles. Um espectador, como você sabe, proverbialmente vê no jogo mais coisas do que os parceiros nele empenhados. Você deve preparar-se para descobrir que muitos considerarão essa vigilância amistosa como uma impertinente interferência. Mas isso não altera seu inegável direito, como inglês, de manifestar sua opinião livremente e sem controle sobre tudo quanto achar conveniente.

6. Quando você verificar claramente que sua partida está perdida, sem a menor esperança de salvação, coloque sua Dama ou outra peça importante deliberadamente *en prise.* Quando ela for capturada, depois de uma rápida exclamação de surpresa e pesar, comece a arrumar as pecas para outra partida, observando com ar de tranqüila resignação ser assim que você perde todas as suas partidas.

Seguindo cuidadosamente as sugestões antes formuladas, creio poder prometer-lhe que seu comportamento conquistará para você, em pouco tempo, uma reputação de espécie nada comum nos círculos enxadrísticos que freqüenta.

Produzido sob demanda com exclusividade pela Docuprint.
Direitos desta edição reservados à Editora Ibrasa

www.docuprint.com.br